터널
과 다리
의
도시
부산

글쓴이 _ 전국조
펴낸날 _ 2015년 12월 31일 1판 1쇄

펴낸곳 _ 비온후
　　　　주소 | 부산광역시 동래구 온천천로 285번길 4
　　　　전화 | 051-645-4115
꾸밈 _ 김철진
표지사진 _ 이인미

책값 _ 15,000원
ISBN 978-89-90969-93-4 93300

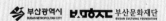

부산광역시 BUSAN METROPOLITAN CITY　부산문화재단 BUSAN CULTURAL FOUNDATION

본 도서는 2015년 부산광역시와 부산문화재단의 사업비 지원을 받았습니다.

터널과다리의도시,부산

— 전국조

책만드는 작업실 비온후

나는 자본주의 그 자체에는 관심이 없다.
나는 자본주의가 1960년대에는 왜 그랬는지 또는
1990년대에는 왜 그런지에 관심이 있다.

-스튜어트 홀

차
례

11 **책머리에**

하나,
내 눈에 보이는 것과 보이지 않는 것,
읽히는 것과 읽히지 않는 것

15 **터널과 다리와 나**

26 **우울한 팽창에서 화려한 증발로**

둘,
부산인인(人 · in) 나와 관계하는
이론과 실제

46 **공동과 해방**

57 **interpoints**

70 **지표**

83 **infrastructures**

서툴지만 독자적인

86 1960년대
88 제1차 동서팽창 : 지리적 불평등
91 국가 통치술의 공간적 구현 : 국토 형성의 전조(前兆)

국토 대동맥, 경부고속도로

101 1970년
103 부산의 두 번째 식민화
109 재벌 중심의 기형적 자본주의

성장 위주의 계획 수립

116 1970년대
117 국토의 본격적 형성
120 제2차 동서팽창과 사상공업단지 : 지리적 불평등의 심화
128 제1차 남북팽창 : 부산의 고사(枯死)

도시 관리와 통제

130 1980년대
131 제3차 동서팽창
134 터널 요금소 : 갈취의 체제
141 성장기계와 도시체제

지속가능성을 위해

145 1990년대
147 제2차 남북팽창 : 질주정과 질주권
151 육화된 지각적 존재로서 '나' 와 공간 : 현상학과 속도
156 터널-다리
163 편위, 그리고 거주와 짓기의 간극 : 부산 동남부 질주권

도시재창조를 목표로

173 2000년대~현재(1)
175 광안대교 메가 프로젝트
180 인식적 지도 그리기
184 매축, 조닝, 기념비주의
191 스펙터클과 장소의 증발(1)

문화의 정치경제학

200 2000년대~현재(2)
201 차연 : 장소의 증발(2)
210 경관의 독해 (불)가능성 : 기호의 정치경제학
213 경관의 정치경제학
222 창조도시 부산 : 정치경제적 함의

셋,

234 공통과 해방을 위한 지리

245 참고문헌

일러두기

1. 참고 문헌의 인용은 번역본일 경우 가급적 그것을 원저와 같이 확인하여 필요한 경우 번역을 수정한 뒤 원저와 번역본을 순서대로 놓고 그 사이에 세미콜론을 넣어 구분하도록 한다. 둘 다 각주로 표기하여 함께 참고할 수 있도록 한다. 이 방식은 각기 출처가 다른 문헌을 한 문장에 두 개 이상 참조할 때에도 똑같이 적용한다.

2. 재인용 또한 같은 방식으로 처리하는데, 이는 일차 문헌을 손에 넣지 못한 경우에 한해서 그렇게 하도록 한다.

3. 인용 부호는 가독성을 위해 최소한으로 하고 꼭 필요한 경우 작은따옴표로 처리한다. 인용 외의 강조 내용도 작은따옴표로 처리하는데 둘의 구분은 맥락에 따라 이루어질 수 있도록 한다.

4. 참조 내용, 특별히 번역한 내용의 이해를 돕기 위해 한 두 마디라도 덧붙일 필요가 있다고 판단하는 경우, [ ]를 써서 그 안에 써 넣도록 한다.

5. 원어 병기나 인용에 괄호로 처리되어 있는 부분은, 번역서의 원어 병기가 괄호와 함께 되어 있는 경우에는 괄호를 그대로 살리도록 하며, 그렇지 않고 자체적으로 번역어와 원어를 함께 쓸 경우나 하고자 하는 말을 더 잘 밝히기 위해 원어 병기가 필요하다고 판단하는 경우 괄호를 쓰지 않음으로써 서로 구분되도록 한다. 단, 번역서에서 원어가 괄호로 묶여 병기되어 있지 않은 경우, 괄호로 묶어 표기하도록 한다.

6. 이탤릭체로 표기된 원저의 강조는 한국어를 진하게 하여 그 강조가 뚜렷이 보이도록 하고, 주에 '강조 원저'를 쓰도록 한다. 그 밖에 인용 중 글쓴이의 강조가 필요한 경우 또한 '강조 글쓴이'로 써서 처리한다.

7. 끝으로 국가기록원 이미지 자료 중앙에 국가기록원 소장기록물 사본 직인이 그대로 찍혀 있는 점, 자료 수령 때부터 있던 것이라 도저히 어찌 할 수 없어 독자제현의 눈을 어지럽히게 해 드린 점, 사과 말씀 올린다.

터널
과
다리
의
도시, 부산

황령산에서 바라 본 전경 [사진 : 이인미]

책머리에

　문득 '길'을 생각하게 된 때가 있었다. 한창 황령산 자락을 오르락내리락 하며 산물도 뜨러 다니고 할 때였는데 2012년에서 그 이듬해로 넘어 오는 겨울이었던 것으로 기억한다. 두어 해 전이었던 2010년쯤부터 집 뒤쪽에 나 있는 산길을 가로질러 이리저리 다니면서 어렴풋하게 느꼈던 것이 조금은 더 뚜렷해진 듯했다 ― '산길이 뜻밖에 가깝다?!' 그날도 평소 때와 별로 다르진 않았다. 으레 그렇듯 잠깐 동안이지만 가파른 산길을 바삐 오르니 숨이 턱까지 차올랐고 허리를 숙여 고개를 처박은 채 가쁜 숨을 몰아쉬었다. 헉헉대느라 정신이 없다가 그 숨이 슬슬 잦아드니 조금은 살 만하다 싶어 허리를 펴고 슬그머니 고개를 들었다. 산등성이 아래의 경관이, 황령터널을 드나드는, 적어도 왕복 8차선 정도는 돼 보이는 찻길과 그 위를 지나다니는 차가 그날따라 유달리 선명하게 눈에 들어오는 것이 아닌가. 도로라는 것이 산 아래를 굽이굽이 돌아서 나 있기 때문에 걷는 것만 놓고 보면 산을 올라 산등을 타고 내려가는 길보다 별로 나을 것도 없겠구나 하는 생각이 들었다. 하잘것없는 이야기일 수도 있겠으나 길을 다니며 누리게 된 이런저런 호사에 익숙해질 대로 익숙해진 내 몸한테는 꽤나 기창한 깨달음으로 다가온 일이었다. '길을 공부해 보는 것도 엄청 재미가 있겠다'는 생각을 해 본 것도 이때였다. 그런데 곰곰이 생각해 보니 그 '길'이라는 게 생각보다는 낯설기도 했다.

　그렇게 느껴질 까닭이 없을 터인데도 그랬다. 땅길·산길·바윗길·뱃길·물길이 있고, 흙길·자갈길·눈길·빗길·오솔길·논두렁길·밭머릿길도 있다. 바람이 지나다니는 바람길, 불이 세차게 이는 불길도 있다. 인생에는 고빗길·갈림길도 있다. 살다보면 지름길로 가기도 하고 샛길로 빠지기도 한다. 어디 그뿐이랴. 사람의 몸에 가닿는 손길, 서로 주고받는 눈길, 잘 알아듣거나 그렇게 못하거나 하는 말길도 있다. 이리도 숱한 많은 길이 있는 것을 보면 길이란 아주 살가운 말이 틀림없을 터인데 웬일인지 낯설기도 하다. 어쩌면 인도·차로·도로·간선도로·고속도로·국도·고속국도·일반국도·지방도 같은 말이 훨씬 덜 낯설게 되어 버렸기 때문인지도 모르겠다. 길은 이제 한 편의 시에서나 보임직한 말이 되어버린 것 같다.

　길이란 말이 좀 더 낯설게 된 까닭에는 터널과 다리도 한몫하고 있지 않을까? 길이되 보통 길과는 다른 길, 더 이상 삶의 처소가 아니며 그런 곳이 될 수도 없는 길. 그곳은 정주도 탈주도 허용치 않는다. 단지 질주와 정체停滯라는 속도의 양극단만 있을 뿐이다. 발파의 굉음, 굴삭기의 소음, 토목공학기술의 발전으로 양산된 공간, 양쪽에 건설된 지상의 포장도로를 연결하기만 할 뿐인 이질적 지하·지상 공간, 이질적인 두 처소를 동질적인 한 공간으로 연결하여 그 공간을 다시 더 큰 공간에게 양도해 버리는 공간, '그곳' 보다는 '그것'이라는 대명사가 더 잘 어울리게 되어버린 공간, 바로 터널과 다리다. 탈근대의 역사, 곧 속도의 극대화를 꾀하는 이 역사는 지금도 여전히 터널을 뚫고 다리를 놓고 있다.

한반도 동남쪽의 한 자그마한 포구, 조선의 동래부에 딸려 있던 자그마한 포구, 서西로는 부민포·감내포 따위를 두고 동東으로는 분포·재송포 따위를 뒀던 한 포구, 부산포浦가 항港이 되었다. 그리고 그 항에는 북항·남항·신항으로 불리는 세 항이 생겨났다. 부산항을 드나드는 수많은 사람과 물건을 실어 나를 길이 필요한데, 산과 물이 곳곳을 가로막고 있어 일이 쉬이 되지 않는다. '길을 터야 한다. 산 아래를 뚫고 물 위를 잇자!' 그래서 생긴 것이 부산의 터널과 다리 또 그것들이 만들어 온 부산이다. 이 책은 이것들의 이야기를 담고 있다.

어떻게 보면 무턱대고 들어선 공부의 길이었다. 한 발, 한 발, 힘들게 발걸음을 옮기는 동안 어느새 이론의 힘을 믿게 되었다. 걸음은 힘차고 빠르게 바뀌어갔다. 비록 힘이 빠지고 더뎌질지언정 그 걸음이 확신에 차지 않았던 적은 없었다. 확신이 불신으로 바뀌어 간다. 이론의 힘에 의구심이 생기기 시작한다. 그 힘, 늘 느낌표와 함께했던 그 힘에 물음표가 붙기 시작한다. 공부의 길이 나락으로 곤두박질치고 있다. 무자비한 이 시대, 그 불합리한 질서, 질서를 가장한 그 비질서 앞에서, 삶을 지탱하던, 그 삶이 내어 준 공부의 길을 걸어가던, 두 다리의 힘이 풀려간다. 점점 더 몸을 가누기가 힘들어진다. 빳빳했던 목에서 힘이 빠지고, 고개가 떨어진다. 털썩 주저앉다 못해 나자빠진다. 머리가 땅바닥에 늘어진다. 늘 푸른 하늘을 향해 뻗어가던 시선이 길을 따른다. 길 위의 수많은 사람. 우두커니 서 있기도 하고 걷기도 하고 뛰기도 한다. 한 사람 한 사람 다 다르게 움직인다. 사람들은 여전히 길 위에서 끊임없이 움직이면서 각자의 삶을 살아가고 있다. 아니, 차라리 살아 내고 있다, 견뎌 내고 있다, 버텨 내고 있다 해야 옳으리라. 퍼뜩 정신을 차린다.

'아, 공부길에서 하늘만 바라보며 내 길만 걸어 왔구나. 그동안 길과 그 길 위의 다른 사람을 또 그 수많은 사람이 함께 만들어 가는 세상과 그 세상의 발자취를 깊이 생각하지 못했구나. 내가 죽 있어 온 곳, 지금 내가 나자빠져 있는 곳, 어쨌든 내가 있을 곳이 바로 그 길임을, 공부길 또한 결국 그 길 위에 나 있음을 깨닫지 못했구나'. 벌떡 일어나 다시 발걸음을 내딛는다. 발걸음은 모순에 이끌리고 그것의 극복으로 향한다. 비록 그 극복이 다른 모순에 빠질지라도. 무슨 길이 되었든, 삶의 길을 내어가는 힘은 결국 거기에 있다. 떨어진 고개를 다시 들고, 위아래가 아닌 앞뒤를 본다. 사람들의 일상생활이 펼쳐진다. 사람과 일상생활을 두고 생각에 잠긴다. 더불어 역사와 사회도. 그것들이 길 위에서 펼쳐지지 않았던 때가 과연 있었던가.

공부의 길로 들어서서 여전히 그 길 위에 있다. 할 수 있는 만큼 많은 길을 새롭게 내기를 기대하면서.

이 길에서 인연을 함께 한 모든 선학 선생님과 동학 · 후학께 깊디깊은 감사를 드린다. 누구보다 이 한 마디를 던져 주신 나의 첫 선학, 아버지께도. "부산은 원래 산이 많아서 터널도 많다".

터널과 다리와 나

　　이 책, 『터널과 다리의 도시, 부산』에는 여러 '나'가 있다. 먼저 이 작업을 생각하고 이것의 계획을 세우고 그에 따라 일을 해 나가려는 내가 있다. 다음으로 이론과 공부의 차이가 자리하고,●01● 그 차이를 몸소 겪어 보려는 욕심에 공부를 해 보려는 나도 있다. 끝으로 '위치성'과 '상황적 지식' 또 이 둘과 깊은 관계를 맺고 있으며 때로는 그것들을 가능케 하는 '지리적·물질적 조건', 이렇게 세 물줄기가 흐르고 있고, 그 속에서 무시로 허우적대는 나도 있다. 하지만 이 '나'는 결코 자족적 존재가 아니다. 오히려 그것은 '관계적 존재'다. 그렇기에 이 '외 *et al.*'라는 표현에 눈길이 쏠리는 것에 어찌할 도리가 없다. 예를 들어 앞서 말한 위치성과 상황적 지식, 이 두 개념을 따온 글은 쿡 ^{Ian Cook} '혼자' 지었다. 그런데도 그는 그 글의 저자를 '이안 쿡 외'로 적고, 그 글이 결코 혼자 힘으로 이루어진 것이 아니라 그가 맺고 있는 수많은 관계의 산물임을 강조하면서 이렇게 힘주어 말하고 있다. '당신은 집단의 일원이다. '이안 쿡 외 ^{Ian Cook *et al.*}'와 같은'이라고.●02●

　　솔직히 이 글을 쓰는 동안 '나'를 감출까 말까를 두고 꽤나 고민했지만, 결국 '필자'보다 '나'를 쓰는 쪽이 더 나으리라 여겼다.●03● 이미 '저자', 더 구체적으로 말하자면 '원작자의 중심성'을 둘러싼 비판이 적잖이 있었기에, '필

●01● 자세한 내용은 전국조(2012). 「이론(理論)과 공부(工夫)」, 『경남도민신문』(2012년 5월 28일), http://www.gndomin. com/news/articleView.html?idxno=20986을 볼 것.

●02● Cook, I. *et al.* (2005). 'Positionality/Situated Knowledge', *Cultural Geography: A Critical Dictionary of Key Concepts*, D. Atkinson, *et al.* (eds.), London & New York: I.B. Tauris, 19~22; 쿡, 이안 외(2011). 「위치성/상황적 지식·Positionality / Situated knowledge」, 진종헌 옮김, 『현대 문화지리학: 주요개념의 비판적 이해』, 앳킨슨, 데이비드 외 엮고 지음, 이영민 외 옮김, 논형, 60~66.

●03● 이는 꼭 필요한 경우, 더 구체적으로 가독성을 해치지 않는 범위에 한해서 적용할 텐데, 이는 자칫 '나'를 지나치게 드러냄으로써 훼손될 수 있는 이 글의 객관성, 비록 이것이 책 한 권이라 해도 이론을 이야기하는 이상 마땅히 지녀야 할 객관성을 유지하기 위해서이다. 이는 가독성 또한 관계적이라는 것, 다시 말해서 이 책을 읽는 사람이 이 책에 갖게 되는, 객관성에 대한 일정한 기대치에 크게 어긋나지 않아야 유지되는 것이 바로 가독성이라는 것을 염두에 두고 있기 때문이기도 하다.

자'보다는 '자신을 형성하는 문화적 자원을 특정하고 유일한 방식으로 배치하고, 자신이 맺어가고 들여다볼 수 있는 숱한 관계와 담론적 자원에 독특한 패턴을 갖고 접근'하는 '주체'인 '나'를 쓰기로 마음을 굳혔다.●04● '나'는 무수히 많은 관계가 이루는 그물 속에서 끊임없이 움직이면서 그물 매듭에 걸려 자빠지기도 하고 그물코에 빠지기도 하는 '나', '나'라는 문화적 기호를 빌어 나타나지만 결국 수많은 사람한테서 들어 온 이야기와 그 사람들한테 해 온 이야기를 어떤 독특한 방식으로 떠올리고 버무려 뱉어내는 '나'다.

'나'는 한 자리에 머물러 있지 있다. 예컨대 내가 어떤 사람한테 두런두런 이야기를 하고 있을 때를 떠올려 보면, 이야기하는 주체인 '나'는 내 이야기를 듣고 있는 사람, 곧 '청자'와 나 '사이'에서 매번 다른 모습으로 생겨난다. 마찬가지로 내가 하고 있는 '이야기'와 그 이야기가 갖게 될 '의미'도 나와 청자가 놓여 있는 서로 다른 '맥락 사이'에서 생겨난다 intercontextuality. 그리고 이 사이에서 일어나는 일이 셀 수 없이 많고 그 많은 일이 늘 좋을 리는 없기 때문에 보통은 어떤 교섭 같은 것이 뒤따르게 된다. 이는 곧 바흐친 Michael Bakhtin의 주장처럼 '의미는 본질적으로 대화적 idalogic 이고 기호 사이에서 생겨나는 관계의 결과이자 화자와 청자 사이에서 생겨나는 의미의 교섭'이라는 것, 따라서 '텍스트는 주체-청자와 텍스트-문맥 사이의 변증법적 관계로서 분석'해야 함을 뜻한다.●05● 그렇다면 이때 '문화적 기호인 나'는 어떻게 봐야 하는가?

기호는 의미가 잔잔한 수면처럼 머무르는 곳이 결코 아니다. 차라리 그것은 그 잔잔함 아래서 수많은 의미가 똬리를 틀고 있는 곳, 하지만 언제든 그 잔잔함을 덮치며 솟구칠 수 있는 의미의 소용돌이가 숨죽인 채 몸을 숨기

●04● Barker, C. (2004). *The SAGE Dictionary of Cultural Studies*, London: SAGE, 10~1; 바커, 크리스(2009). 『문화연구사전』, 이경숙·정영희 옮김, 커뮤니케이션 북스, 268~70.
●05● 같은 책, 50~51; 74.

고 있는 곳이다. 그게 아니라면, 언제든 거친 물결로 일렁일 수 있는 잔잔한 물결이라 말해도 괜찮을 성 싶다. 결코 한 가지 모습으로 존속할 수 없는 것, 그것이 기호다. 그렇기에 기호는 한 마디로 말해서 '싸움터'다. 예컨대 한 낱말의 뜻은 결코 고정된 것이 아니다. 그것은 '한 입 monoglossia'을 통해 한 자리에 줄곧 머무는 것이 아니라 '수많은 입 polyglossia'을 통해 늘 그 자리를 바꾼다. 그런데도 그 뜻의 자리를 한 곳에 정해 놓으려는 '누군가'는 있기 마련이고 그것이 정해진 듯 여기는 '나'도 덩달아 생기기 마련이다. '정말로 기호는 의미에 대한 끊임없는 투쟁의 장이기에 권력 집단은 그 사람들의 이익에 봉사하는 이데올로기적 방식'으로 그 낱말의 뜻을 확정한 채 퍼뜨리려 하고, 늘 그런 상황에 놓여 있는 '나'는 그 낱말, 그것을 두르고 있는 '언어, 그것의 뜻 따위를 사이에 두고 그 사람들과 겨루고 다투고 하면서' 그 사람들이 의도적으로 연착륙시키려는 자리가 아닌 다른 자리에 그 낱말이 불시착할 수 있도록 해야 한다.●06● 이 글에서 집중해서 다루려고 하는 문화나 도시 공간 또한 마찬가지다. 이것들은 아까 말했던 그 누군가와 '나' 둘 중 어느 한 편도 결코 승리를 보장받을 수 없는 **현재 진행 중인** *ongoing* 투쟁의 장소'다.●07●

　여태껏 해 온 이야기를 갖고 '문화적 기호인 나'의 문제로 다시 돌아가 본다면 이런 이야기를 할 수 있을 것 같다. 우선 '나'는 한 자리에 붙박고 있는 것이 아니다. 다만 그렇게 보일 뿐이다. 오히려 그것은 수많은 자리로 옮겨

●06● 같은 책, 51; 74. 참고로 바흐친과 홀Stuart Hall의 관계는 다음에 잘 나타나 있다. '바흐친이 언어를 이해하는 방식에는 소쉬르Ferdinand de Saussure의 기호학에 대한 비판이 내재한다. 그는 소쉬르의 기호학을 중립적이며 정적이며 죽은 탐구의 대상으로 보는데, 이러한 비판은 포스트구조주의적 주장의 전조foreshadow가 되는 듯하다. 그리하여 '대화성'은 능동적이고 역동적인 과정으로서 의미의 구성을 강조하는데, 이 과정은 다양한 사회적 행위자가 다양한 사회적·문화적·역사적 상황에서 다양한 의미와 함축의미를 가질 수 있게 하는 기호에 관여하는 과정이다. … 대화성 개념이 나타내는 것처럼 단어의 복수적 의미를 놓고 벌어지는 투쟁이라는 관념, 곧 복수언어성polyglossia 또는 언어의 경합이 미친 영향은 홀, 라클라우Ernesto Laclau와 무페Chantal Mouffe의 저작에 있는 이데올로기와 헤게모니에 대한 포스트마르크스주의적 이해에서 볼 수 있다'.
●07● Procter, J. (2004). *Stuart Hall*, London & New York: Routledge, 2; 프록터, 제임스(2006). 『지금 스튜어트 홀』, 손유경 옮김, 앨피, 24 ─ 강조 원저.

다닐 수 있는 기호다. 문제는 수많은 '나'의 자리를 할 수 있는 만큼 다양하게 확보할 수 있는 실천을 고안하는 일이며, 그러기 위해서 나는 그것을 놓고, 겨루고 다투는 싸움을 벌여나가야 한다는 것이다. 내가 해 나갈 이야기도 어쩌면 그 같은 싸움의 한 방식일 것이다. 이 싸움은 '나'라는 기호가 '나 아닌 다른 나', '타자'라는 기호와 만날 때 비로소 벌어진다. 곧 그 둘 '사이'에서 생기는 무수한 차이 때문에 '나'의 의미 결정 또한 이루어지지 못한 채 계속 미뤄질 수밖에 없고 '나'의 의미 또한 계속 밀릴 수밖에 없다 différance는 주장은 이렇게 해서 타당성을 얻게 된다. 하지만 이를 줄곧 거듭하기만 할 수는 없을 터이기에 오히려 그렇게 미끄러져 가기만 하는 그 길로 치고 들어오는 우발적 사건에 관심을 기울이고 그렇게 해서 생기는 어떤 터, 국면 conjuncture에 '나'의 특수한 입장을 갖고 적극적으로 끼어들어 말해야 한다는 점은 어떤 새로운 모습을 띤 정체성 정치를 상상해 보고 그 상상을 실천에 옮길 수 있는 논리를 만들어내야 하는 곳으로 '나'를 이끌고 간다.●08●

차이의 정치, 자기 반영성의 정치, 우발성에 열려있지만 여전히 행동에 열려 있기도 한 어떤 정치. 무한한 산포의 정치는 결코 정치가 아니다. … 생각건대 이제 새로운 정치적 정체성이 갖고 있는 본연의 힘을 생각할 수 있을 듯하다. 그것은 어떤 절대적인, 전체를 이루는 일부로서 필요불가결한 자아의 관념에 바탕을 두고 있지 않으며, 분명히 그 자아한테 있는, 완전히 닫힌 내러티브에서 생겨나지도 않는다. 그 어느 것도 다른 어느 것과 '필연적이거나 필수적으로 일치하지 않음'을 받아들이는 어떤 정치, 거기에 반드시 어떤 **절합**의 정치, 곧 헤게모니 기획으로 생각할 수 있는 어떤 정치가 있을 것이다. ●09●

●08● 같은 책, 220~225; 117~22.
●09● Hall, S. (1987). 'Minimal Selves', *Identity: the Real Me*, H. K. Bhabha & L. Appignanesi (eds.), London: Institute of Contemporary Arts, 45 — 강조 원저. 절합 및 헤게모니와 관련한 이야기는 나중에 'interpoints'에서 조금 더 자세히 다룬다.

이는 내 가장 밑바닥에 깔려 있는 문제의식이다. 그리고 그 문제의식을 드러낼 곳, 그곳은 바로 부산의 터널과 다리, 그리고 부산이다.

부산의 터널과 다리를 이야기하기에 앞서 잠깐 부산의 지리를 한 번 살펴보자. 부산은 부산 특유의 뭍과 물의 생김새를 갖고 있다. 뭍에는 어림잡아서 해발 400미터 안팎에서 600미터 안팎의 구릉지가 매우 많다. 물론 지금은 부산 강서구가 된 낙동강 삼각주의 평야지대도 있고, 수영강변의 평야, 동천변의 해안평야(부산진에서 서면 사이) 같은 곳도 있지만 기본적으로 부산은 구릉성 산지가 많은 곳이다. 물은 방금 전에 말한 몇몇 하천이 있고, 남해와 동해가 있다. 이런 부산의 뭍과 물이 만나면서 구불구불한 해안선이 생기고, 특별히 적기 · 우암 · 장군 · 다대 같은 곳은 땅이 튀어 나와 있어 그 사이에는 해운대만 · 수영만 · 부산만 · 감천만 · 다대만과 같은 만이 꽤 있다. 결국 부산의 터널과 다리는 이러한 부산의 뭍과 물의 생김새, 곧 부산의 '지형적 고유성 terraqueous uniqueness'을 부산 사람들이 적극적으로 활용하며 만들어 온 것이다.●10● 부산의 터널은 산이 가로막고 있는 두 곳을, 부산의 강 위에 놓이는 다리는 강이 벌려 놓은 두 곳을, 부산의 바다 위에 놓이는 다리는 바다가 떨어뜨려 놓은 두 만을, 부산의 뭍 위에 놓이는 다리인 고가도로는 이미 난 길이 막아서고 있는 두 곳을 잇는다. 부산의 이 같은 지형적 고유성은 현재 부산의 터널과 다리가 지금의 자리에 있을 수 있도록 한 부산 고유의 뚜렷한 물

●10● 지리[학]를 'geography'로 번역하듯 일반적으로 지형[학] 또한 'topography'로 번역한다. 그렇다면 '지형적 고유성'은 'topographic uniqueness'로 번역해야 마땅할 것이다. 하지만 이렇게 옮길 경우 두 가지 문제가 생길 수 있다. 첫째, topography가 topos + graphy로 이루어진 말이기에 지형[학]말고 장소 또는 장소를 써 내려가는 어떤 것, 마치 장소지(場所誌) 비슷한 어떤 것으로 읽힐 수 있는 가능성이 있다. 둘째, 'topography'라는 용어는 아직 지형학의 체계 속으로 편입하지 않은 '지형', 곧 삶을 이루는 가장 중요한 조건 가운데 하나인 '뭍과 물의 생김새와 그 둘의 물질성'이라는 뜻을 충분히 전달하지 못할 가능성을 갖고 있기도 하다. 따라서 이 작업에서는 전달하고자 하는 뜻을 가장 잘 나타내는 듯 보이는 영어 형용사인 'terraqueous(terra + aqua)'를 써서 '지형적'의 뜻을 보완하도록 한다. 아울러 이 말에는 특별히 의미심장한 측면이 있는데, 무엇보다도 이 책에서 다루고 있는 터널과 다리의 상식적 모습을 아주 잘 보여 주기도 한다는 측면에서 볼 때 그렇다. 다시 말해서 'terraqueous'라는 말은 터널과 다리라는 말을 하거나 들을 때 사람들이 일반적으로 떠올리는 그 둘의 모습, 곧 '땅' 속에 있는 터널과 '물' 위에 있는 다리의 '물질성과 그것이 주변 환경과 맺는 관계'를 잘 드러내 보여준다.

질적 조건이다. 부산이라는 도시 공간과 이 도시의 문화를 이해하려고 할 때 이 조건을 이해하는 작업은 반드시 선행되어야 한다. 그래야 부산의 터널과 다리가 어디에 또 왜 자리를 잡고 있는지를 한 눈에 파악할 수 있게 된다. 그리고 그렇게 할 때 부산의 지역 문화를 살펴보고자 하는 연구는 비로소 '공간의 배치'라는 문제에 적극적이고 구체적인 방식으로 접근할 수 있게 된다.

부산의 터널과 다리를 공간의 배치로 보는 일은 중요하다. 공간을 추상적이고 관념적인 방식으로 다룰 가능성이 거의 없어지기 때문이다. 사람이 살아가는 세상에서 공간은 단 한 순간도 추상적이고 관념적인 방식으로 있었던 적이 없다. 현실 속에서 사람들은 공간을 떼고 붙이고, 나누고 모으고, 여기 저기 놔두고, 파고 메우고, 짓고 허물고, 심지어는 팔고 사기까지 한다. 이 과정을 간단히 '공간의 사회적 배치'로 부른다면, 이는 '넓은 의미의 지리 geo-graphy', 문화지리·정치지리·경제지리·사회지리·지정학 따위를 모조리 아우르는 이른바 '땅 쓰기'와 관련한다. 이러한 배치가 어떤 사람한테는 유리할 수도, 어떤 사람한테는 불리할 수도 있다. 결국 공간의 사회적 배치라는 지리적 문제는, 그것이 미리 계획된 것이든 아니든 상관없이, 결국 어떤 식으로든 한쪽으로 치우치기 십상이고 그에 따라 그것에는 늘 공평함이나 유불리의 문제, 좀 더 거창하게 말하면 '공간의 사회적 정의'나 '지리적 불평등'의 문제가 붙어 다닌다.

공간의 사회적 배치에 항상 따라다니는 지리적 불평등의 문제는 쉽사리 해결될 수 있는 것이 아니다. 대개 그 배치에는 지리적 조건을 가장 먼저 계산에 넣는 일 말고도 엄청난 시간과 사람들의 수고, 또 그것에 따르는 천문학적 비용이 들어간다. 그렇기에 그 배치는 한 개인의 힘만 갖고는 어찌할 도리가 없을 정도로 사람들의 삶의 터전을 갈가리 찢어 놓는 경우가 많고, 그 배치에 따르는 지리적 불평등의 문제에는 어떤 식으로든 사회적 약자들의 '연대'라는 문제 또한 따라다니기 마련이다. 금정터널을 두고 벌어졌던 사회적 갈등에서 '영도다리 전시관'을 두고 영도구와 중구가 다퉜던 일까지, 그리고 비록 부산의 터널과 다리와 조금 떨어져 있는 일이기는 하지만 전기가 지나다니는 길을 두고 정부와 지역 주민들이 겨루는 밀양 송전탑 문제에 이르기까지, 공간의 사회적 배치에 따르는 지리적 불평등의 문제는 일상생활의 여러 다른 구체적 문제로 뻗어 가며 그 예는 헤아릴 수도 없이 많다.

요컨대 공간의 배치나 지리적 불평등 또 그것에 따르는 저항과 연대, 곧 넓은 의미의 지리에 큰 관심을 보이고 끼어들기를 마다하지 않을 때 비로소 문화연구는 문화가 본질적으로 '정치적'이라는 그것의 주장에 더 구체적인 정당성을 부여할 수 있게 된다.●11● 그리고 바로 이것이 문화연구에 지리를 접목한 성과이며 이러한 성과는 이 책을 통해서도 나타날 수 있을 것이다. 우리가 부산의 터널과 다리라는 일상생활의 공간에 주목해야 하는 가장 중요한 이유 하나는 터널과 다리 또한 배치된 공간이며 거기서 생겨나는 지리적 불평등, 공동체의 파편화와 아울러 그것에 맞선 저항과 연대의 가능성을 우리가 결코 놓치지 않아야 하기 때문이다.

부산에는 영주터널(1961)에서 두명터널(2011) 또 현재 시공 중인 천마산터널(남항대교~감천항 배후도로)까지 전부 다 해서 스무 개가 넘는 터널이 있고, 2013년 11월 말에 새로 단장한 영도대교(1934)에서 2014년에 개통한 부산항대교(북항대교)까지, 크기와 상관없이 도로 교통에 큰 역할을 담당하고 있는 것만 해도 서른 개가 넘는 다리가 있다. 역사적·지리적 여건을 포함한 여러 측면에서 부산과 자주 비교되곤 하는 인천의 경우, 터널과 다리가 각각 채 열 개도 안 되는 것으로 봐서 터널과 다리는 부산이 갖고 있는 상당히 독특한 요소로 볼 수 있다.

●11● 이성훈(2012). 「인문학과 그 위기, 그리고 문화연구」, 「오늘의 문예비평」 봄 호, 153.

이러한 독특함으로 부산의 터널과 다리는 부산의 도시 공간을 생각할 때도 풍부한 자원이 된다. 먼저 부산의 터널과 다리는 지난 반세기 남짓 동안 부산의 발자취를 간직하고 있는 '구체적이고도 의미심장한 사료'의 가치를 충분히 갖고 있다. 그것들은 기본적으로 1960년대 초반부터 지금까지 부산이 직할시를 거쳐 광역시의 모습을 띨 수 있도록 한 '구조물'이며, 이에 따라 지난 50여 년간 부산의 역사가 어떻게 흘러왔는지를 알려주는 구체적 '지표'의 역할을 한다.

잘 알려진 이야기겠지만, 부산이 지금의 모습에 이르기까지, 그 과정은 아주 특이하다. 부산은 처음부터 대도시로 계획된 곳이 아니다. 6·25를 거치며 수많은 사람이 몰려들었고, 그 사람들이 살아갈 곳을 어떻게든 만들기 위해 꾸역꾸역 넓혀 온 도시가 바로 부산이다. 이렇게 본다면 부산의 터널과 다리는 부산이 언제, 어디로, 어떠한 목적으로 확장해 갔는가의 과정을 하나도 빠짐없이 보여 줄 수 있는 구체적 사료의 가치로서 '장소'가 된다. 부산 사람들, 곧 부산의 역사를 함께 일궈 온 팔도의 사람들이 만들어 온 구조물로서 부산의 터널과 다리가 충분한 역사적 가치를 지니고 있다고 할 때, 더 나아가 그것들을 통해 부산 문화를 생각하고 이야기 할 수 있게 될 때 문화연구는 드디어 그 상황에 끼어들어 할 말을 할 수 있게 된다. 그렇다면 문화란 대체 무엇인가?

문화는 기본적으로 사람이 주변 환경과 관계를 맺고 그것을 활용하면서 사회를 이루고, 다시 그 사회의 구성원인 수많은 개인이 자신의 일상생활을 소소히 살아가는 가운데 만들어 가는 것이다. 하지만 그 일상생활이 늘 부드럽게 흘러가기만 하는 것도 아니고, 심지어 개인과 사회 간의 관계라는 것도 늘 원만하게 이루어지기만 하는 것은 아니기에 거기에는 모순·갈등·교섭·타협·화해 같은 일이 끊이질 않는다. 문화가 어떤 정치적 과정의 모습을 띠게 되는 연유다. 하지만 그 모습은 눈앞에 쉽게 드러나 있는 제도권의 정치적 과정에서 그렇지 않은 '일상생활의 정치적 과정'까지 아주 다양하다. 문화연구는 그 다양한 과정을 매서운 눈초리로 바라보고 이야기하며, 그렇게 문화연구가 바라보고 이야기하는 대상은 드러난 것일 경우는 말할 것도 없고 그렇지 않은 경우까지 모두 아우른다. 현시대의 문화연구는 특별히 드러나지 않은 문화적 과정, 다시 말해 일상성에 더 많은 관심을 기울인다. 이는 일상성에 숨어 있어서 아직 그 모습이 드러나지 않은 수많은 문화적 과정과 그것들이 엮여 있는 관계의 모습을 밝히고, 거기서 사회와 개인의 관계를 생각해 보려는 문화연구의 의지 때문이다. 그리고 이 의지로 말미암아 문화연구는 문화가 근본적으로 정치적이라는 주장, 한 발 더 나아가 문화의 정치성을 가장 잘 드러내 보일 수 있는 곳이 다름 아닌 일상생활의 영역이라는 주장을 펼칠 수 있게 된다.

하지만 문화가 무엇인지를 밝히는 일 못지않게 중요한 것은 문화라는 '말'이 문화연구의 전유물이 아니라 그것을 말할 수 있는 모든 이의 것이라는 점을 마음에 새겨두는 일이다. 그렇기에 사실 문화는 정말 딱히 뭐라 정의하기가 어려운 말일 수밖에 없다 ― '문화는 어떤 것이다'는 말을 벌써 해 버리긴 했지만. 문화를 정의하는 데 뒤따르는 까다로움이 문화라는 말에 있는 뜻의 다양함에서 비롯하는 것은 사실이다. 하지만 그 말을 '누가' 갖다 쓰고 '왜' 또 '어떻게' 구체화하려는지에 따라 말의 성격이 완전히 달라진다는 측면도 결코 무시하지 못한다. 앞서 문화는 기본적으로 사람이 주변 환경과 관계를 맺고 그것을 활용하면서 사회를 이루고, 다시 그 사회의 수많은 구성원인 개인이 자신의 소소한 일상을 살아가는 가운데 만들어 가는 것이라고 했다. 이때 주변 환경이란 조금 좁게 보면 한 사회의 구성원들이 늘 관계를 맺으며 살아갈 수밖에 없는 '좁은 의미의 지리 geography' 또 그렇게 살아가면서 반드시 생각해 봐야 하는 '지리적 조건'을 포함하는 것이고, 이 지리적 조건은 한 사회의 문화를 이야기할 때 결코 빼놓을 수 없는 엄연한 물질적 조건이 된다. 결국 문화는 사회와 개인의 입장에서 보면 이 '지리'라고 하는 엄연한 물질적 조건과 밀접한 연관을 맺을 수밖에 없다. 지역 문화도 마찬가지다. 부산의 지역 문화를 이야기할 때, 그 주제가 무엇이 되었든 부산의 지리와 지리적 조건을 생각하지 않은 채 이야기를 진행한다면 그것은 문화를 구체적이고 물질적인 방식이 아니라 추상적이고 관념적인 방식으로 다루게 되는 결과를 낳을 공산이 크다. 따라서 사회와 개인, 지역 사회와 주민이 때로는 갈등하고 때로는 합심하여 만들어 가는 문화는 지리라는 물질적 조건을 고려할 때 비로소 허공에 떠 있는 것이 아니라 땅에 발을 딛고 서 있는 것이 되며, 그렇게 될 때 문화연구는 비로소 문화를 구체적으로 다룰 수 있게 되는 것이다.

　문화연구가 일상생활의 정치성에 크나큰 관심을 기울인다는 점에서 볼 때, 공간과 장소에 대한 이해는 매우 중요하다. 일상생활은 늘 공간 및 장소와 함께 하기 때문이다. 그렇기에 많은 경우, 공간과 장소는 자연스럽고 당연한 것으로 여겨진다. 하지만 그것들은 일반적으로 생각하듯 그렇게 자연스럽고 당연한 것이 아니다. 일상생활 또 그것과 불가분의 관계를 맺고 있는 공간과 장소 곳곳에는 다양한 문화적 과정이 깃들어 있다. 보통 조용히 책을 봐야 하는 공간으로 알고 있는 도서관에서 어떤 사람이 이어폰을 꽂고 음악을 들으면서 자신의 자리를 어떤 장소로 만드는 것처럼 공간과 장소에는 일상생활의 아주 다양한 문화적 실천이 일어나고, 그 실천은 또 눈에 보이지만 않을 뿐이지 대개는 정치적이기 마련이다. 그렇기에 문화연구는 일상생활의 드러나지 않은 정치성을 끄집어내기 위해 공간과 장소에 집중하지 않을 수 없다.

　문화와 문화연구가 그런 것이라면 부산의 터널과 다리만큼 매력적인 고민거리도 없다. 앞서 말했듯이 그것들은 지난 50년 남짓한 시간 동안 부산이라는 도시 공간의 역사를 알려주는 구체적 지표의 역할을 충실히 할 수 있기 때문이다. 그런데도 부산 문화에 크나큰 관심을 가진 사람들조차 여태껏 부산의 터널과 다리를 두고 부산과 부산 사람들의 관계를 깊이 생각해 본 적이 없다는 점, 부산의 터널과 다리가 이미 부산 사람들의 일상생활에 깊숙이 들어와 있는데도 그것들이 사람들의 관심 밖에 있었다는 점, 아직도 끝나지 않은 부산의 터널 뚫기와 다리 놓기가 미래의 부산과 부산 사람들의 일상생활에 더욱더 확실히 자리를 잡을 것인데도 그것들을 생각해 보려 않는다는 점에는 보기보다 심각한 문제가 있다. 이제 그 문제를 붙들고 씨름할 때가 왔다. 아무런 생기도 띠고 있지 않은 부산의 터널과 다리라는 구조물에 활기를 불어 넣고 그것들을 '진동하는 것 vibrant matter', 곧 '나와 끊임없이 관계를 맺는 어떤 것'으로 생각해 보려 애써야 할 때가 된 것이다.

우울한 팽창에서 화려한 증발로

부산의 터널과 다리라는 구조물과 그것들의 주변 경관을 매개로 하는 이 책에는 크게 세 가지 목적이 있다. 첫째는 부산이라는 도시 공간이 지난 반세기 남짓 동안 걸어온 발자취, 곧 부산의 도시개발사를 도시 팽창주의의 측면에서 다루려는 일로서 부산의 도시개발사를 '계급의 역사'로 보려는 의도를 갖고 있다. 둘째는 2000년대 이후 많은 이야기를 만들어내고 있는 '신개발주의'와 '토건국가론'을 비판적으로 들여다보려는 일로서 이 문제가 국가적 규모 뿐 아니라 지역적 규모의 문제이기도 하다는 것을, 또한 부산의 경우 그 문제가 2000년대 이후에 갑자기 나타난 것이 아니라 1960년대부터 이미 싹트고 있었다는 것을 밝히는 데 초점을 맞춘다. 셋째는 1980년대 이후의 자본주의, 특별히 포스트모더니즘의 기세에 슬그머니 올라타 다양한 공간적 해결책으로 살길을 찾으려 애쓰고 있는 포스트자본주의의 참모습을 드러내려는 일로서 표면적으로는 자본이 그럴싸하게 만들어 내는 장소가 심층적으로는 증발해 버리고 마는 효과를 드러내는 데 집중한다.

먼저 도시 팽창주의의 관점에서 생각해 볼 수 있는 1960년대 이후 부산의 역사와 관련한 문제다. 시작은 『공산당 선언』의 1872년 독일어판 서문에 있는 한 구절로 해볼까 한다. 『선언』 자체가 말하고 있는 바와 같이, 이러한 기본원리들[『선언』에 개진되어 있는 일반적인 기본원리들]의 실천적 적용은 언제 어디서나 당대의 역사적 제 조건에 의존하게 될 것이다'.●12● 잘 알려진 이야기지만 마르크스와 엥겔스는 '지금껏 존재한 모든 사회의 역사는 계급투쟁의 역사다', 아주 잘 알려진 주장을 이 글에서 펼치고 있다.●13● 하

●12● 마르크스, 칼 · 엥겔스, 프리드리히(1988). 「공산당 선언」, 『마르크스 · 엥겔스 저작선』, 김재기 엮고 옮김, 거름, 37~8. 이 두 사람이 이 글에서 분석하고 있는 '당대의 역사적 제 조건'과 관련한 자세한 논의는 곧이어 'interpoints'에서 자세히 다룬다. 단, 거기서도 『선언』에 개진되어 있는 일반적인 기본원리들'은 다루지 않는데, 그 까닭은 이 글이 '계급투쟁의 역사'를 기술하기 위한 전 단계로서 부산의 도시개발사를 '계급의 역사'로 보고자 하기 때문이다. 앞으로 'Marx'의 한국어 표기는 '마르크스'로 하는 것을 원칙으로 삼아 참고문헌의 옮긴이가 '맑스'로 쓴 경우라도 그것을 고쳐 '마르크스'로 통일토록 한다.

●13● 이 주장의 역사사회적 맥락과 관련해서는 글상자 1을 볼 것.

지만 1960년대 이후 부산의 역사를 도시 공간의 생산과 확대재생산이라는 틀에서 생각해 볼 때 과연 그 같은 계급투쟁이 벌어진 적이 있었는지 의심이 가는 것 또한 사실이다.●14● '당대의 역사적 제 조건에 의존'하기까지 선결되어야 할 구체적이고도 실천적인 이론 작업, 곧 그 조건을 부산의 지리적 조건과 물질적 토대를 통해 살펴 본 작업이 이루어진 적이 없기 때문이다. 그 노력을 게을리 해 온 탓에 '자유경쟁과 그에 상응하는 사회 · 정치제도, 즉 부르주아 계급의 경제적 · 정치적 지배'가 『공산당 선언』이 쓰인 때부터 한 세기 반도 더 지난 지금까지 여전히 기승을 부리고 있다. ●15●

이와 비슷한 움직임이 우리 눈앞에서 진행되고 있다. 부르주아적 생산관계와 교환관계, 부르주아적 소유관계, 마치 마술이나 부린 듯 그렇게도 강력한 생산수단과 교환수단을 만들어 낸 현대 부르주아 사회는 자기가 주문(呪文)으로 불러낸 저승사자의 힘을 더 이상 감당할 수 없게 된 마술사와도 같다. 지난 수십 년 동안에 걸친 공업과 상업의 역사는 현대의 생산관계에 대한, 즉 부르주아지의 존립과 그 지배의 조건인 현대적 소유관계에 대한 현대 생산력의 반항의 역사에 지나지 않는다.●16●

●14● 오해를 할 수도 있을 것 같아 간단히 몇 마디 덧붙이면, 이는 지난 50년 남짓 동안의 부산 역사를 '계급투쟁'의 역사로 볼 수 있는 사건을 도시 공간의 생산과 확대재생산, 그리고 그것을 둘러싼 공간적 의미의 생산과 저항이라는 구체적 맥락에서 다룬 적이 없었다는 뜻이지 그런 사건 자체가 없었다는 뜻은 아니다. 예컨대 1982년에 부산의 몇몇 대학생이 대청동 미문화원을 점거하고 농성을 벌이면서 거기에 불을 놓은 사건은 당시 미제(美帝)의 식민주의적 침략을 이데올로기적으로 구현하고 있던 '건물'(일제강점기 당시에는 그 유명한 동양척식주식회사의 부산지부이기도 했다), 곧 당시 미국 문화를 아무 저항 없이 퍼뜨리는 데 첨병 역할을 하고 있던 그 구체적 공간과 장소를 두고 벌어진 계급투쟁으로 볼 수 있으며, 더욱이 그곳이 투쟁의 흔적이란 흔적은 모조리 지운 채 '부산근대역사관'으로 탈바꿈한 일은 그 공간을 사회적으로 재생산함으로써 그 흔적이 남아 있기를 원치 않는 특정계급의 어떤 목적에 부합하도록 한 일로 볼 수 있다. 여기서는 이런 시각에서 지난 반세기가 조금 넘는 동안의 부산 역사를 보려는 진지한 시도가 여전히 부족하다는 점을 분명히 짚고 넘어가려 한다.
●15● 원문에는 '부르조아'로 표기되어 있으나 용어의 일관적 표기를 위해 '부르주아'로 고쳐 쓰도록 한다. 이는 '부르조아지'와 '부르주아지'에도 마찬가지로 적용된다.
●16● 같은 책, 53.

만약 이것이 지난 반세기 남짓 동안 부산이라는 도시 공간이 이뤄 온 역사가 아니라면, 그 '역사'의 자리에 달리 어떤 것을 대신 갖다 놓을 수 있을지 가늠하기 힘들 정도로, 위의 인용은 부산 도시개발사의 핵심을 정확히 짚어 내고 있다. 그렇기에 부산의 도시개발사를 부산의 지리적 조건과 물질적 토대에 견주어 생각해 보는 일은 부산 도시개발사를 계급투쟁의 역사로 보기 위한 밑그림을 그린다는 측면에서도 반드시 필요한 작업이며, 이는 실로 시급하기 이를 데 없다. 이런 까닭에 이 작업은 우선적으로 지난 50여 년 동안 부산이 걸어온 발자취를 계급투쟁의 역사가 아닌 '계급의 역사'로 보려 하며 그것을 위해 '사적 유물론'을 다시 불러들이려 한다.

'사적 유물론'은 부산의 도시개발사를 계급의 역사로 보기 위해 반드시 필요한 역사관으로, 다음의 두 주장은 그 같은 역사관을 잘 대변하고 있다. '물적 생활의 생산양식이 사회적 · 정치적 · 정신적 생활과정 일체를 조건지운다. 인간의 의식이 그들의 존재를 규정하는 것이 아니라, 반대로 그들의 사회적 존재가 그들의 의식을 규정하는 것이다'. ●17● '의식 das Bewußtsein은 결코 의식된 존재 das Bewußte Sein 이외의 어떤 것일 수 없으며, 인간들의 존재는 그들의 현실적 생활 과정이고, 의식이 생활을 규정하는 것이 아니라 생활이 의식을 규정한다'. ●18● 이는 의식 그 자체가 독립적으로 존재하는 것이 아니라 의식을 가진 존재에 딸려있는 것이기 때문에 역사를 반영하는 것은 의식을 가진 존재의 물질적 삶이지 종교 · 형이상학 · 도덕 따위, 곧 지배계급이 자신의 권력을 영속화하기 위해 고안한 이데올로기가 아니라는 말과 같다.

마르크스와 엥겔스는 사유를 통해 인간을 설명했던 이전 사람들을 매섭

●17● 마르크스, 칼(1988). 「정치경제학 비판을 위하여」, 김호균 옮김, 중원문화, 7.

●18● 마르크스, 칼 · 엥겔스, 프리드리히(1992). 「독일 이데올로기」, 최인호 옮김, 『칼 마르크스 프리드리히 엥겔스 저작 선집 1』, 김세균 감수, 박종철 출판사, 202.

게 비판함과 동시에 현실을 사는 사람들과 그 사람들의 생활에서 사유와 이데올로기를 설명하려 했으며, 이는 철두철미하게 과학적인(경험적으로 입증 가능한) 절차를 밟아야 한다고 생각했다. 이를 그들은 다음과 같이 설명한다.

> 따라서 사실은 이렇다: 특정한 양식으로 생산적 활동을 하고 있는 특정한 개인들은 … 특정한 사회적 및 정치적 관계들 속으로 들어간다. 경험적 고찰은 각각의 모든 경우들에 있어서 사회적 및 정치적 편제와 생산과의 연관을 경험적으로, 그리고 어떠한 기만과 사변도 없이 보여주어야 한다. 사회적 편제와 국가는 특정한 개인들의 생활 과정으로부터 생겨난다. 그러나 이 개인들의 생활 과정은 개인들 자신의 관념이나 타인의 관념 속에서 현상할지도 모를 개인들의 생활 과정이 아니라 **현실적으로** 존재하는 개인들, 곧 작용하는, 물질적으로 생산하는 개인들, 따라서 그들의 자의로부터 독립적인 특정한 물질적 제한들, 전제들 및 조건들 아래에서 활동하고 있는 개인들의 생활 과정이다". ●19●

이 현실의 문제, 자본주의적 생산양식에서 생산관계를 맺고 있는 특정 개인이 처한 현실과 그 사람의 생활 과정이 갖고 있는 문제, 그 사람의 현실과 생활 과정을 둘러싼 물질적 전제 · 제약 · 조건 따위의 문제에 대한 접근은 반드시 역사적 · 지리적 조건을 차근차근 탐색하는 것에서 그 첫 발을 내딛어야 하며, 이는 다시 『공산당 선언』에서 제시된 기본원리들을 실천적으로 적용하기 위해 '당대의 역사적 제 조건'을 살펴보는 일로 이어진다. 마르크스와 엥겔스가 보기에 '핵심이 되는 역사적 문헌을 바꿀 권한이 우리한테 있는 것은 아니지만 우리 모두는 자신의 역사적 · 지리적 조건을 감안하여 그것을 해석

●19● 같은 책, 201 — 강조 원저.

하고 다시 채울 권리뿐 아니라 의무까지 갖고 있는 것'이다.●20●

『선언』을 꼼꼼히 검토해 가다 보면, 자본주의적 축적의 기나긴 역사에서 지리적 변형,
'공간적 조정', 고르지 못한 uneven 지리적 발전[지리적 불균등 발전]의 역할과 관련
하여 어떤 독특한 격론이 있음이 드러난다. 『선언』에 나타나 있는 이러한 차원은 더
욱 철저히 검토해야 마땅한데, 이는 그 차원이 어떻게 부르주아지가 자신의 활동이
이루어지는 지리적 기반, 곧 생태적 · 공간적 · 문화적 기반을 만들어 내기도 하고
무너뜨리기도 하는지, 또한 [그 결과로] 어떻게 부르주아지가 오직 자신의 이미지로
이루어진 세상을 세워 가는지와 관련한 많은 이야기를 담고 있기 때문이다.●21●

　　이로 말미암아 '자본의 축적은 늘 저 밑바닥까지 지리적 문제로 가득하
다 a profoundly geographical affair. 만약 지리적 확장 · 공간적 재조직 · 고르지 못한 지
리적 발전에 내재해 있는 가능성이 없었다면 한 정치경제체제로서 자본주의
는 그 기능을 오래전에 멈추었을 것이다'는 주장은 타당하게 된다.●22● 또한
이 주장은 지난 반세기가 조금 넘는 시간 동안 이루어진 부산의 도시개발사
를 도시 팽창주의, 그리고 그것의 물질적 흔적인 부산의 터널과 다리라는 구

●20● Harvey, D. (2000). *Spaces of Hope*, Edinburgh: Edinburgh University Press, 21; 하비, 데이비드(2001). 『희망의 공간』,
최병두 외 옮김, 45.
●21● 같은 책, 23; 48.
●22● 같은 책, 같은 쪽. 이는 나중에 'interpoints' 부분에서 자세히 다루게 될 '자본주의 사회가 생산하는 도시 공간'의 문제와 깊
은 관련을 맺고 있는 것이기도 하다. 이때 '공간이 사회적으로 생산된다'고 함은 '공간적인 것'이 '사회적인 내용으로 구성되기 때문
에 탐구되어야 할 것은 사회적 관련성의 공간적 형태라고 강조'하는 경향, 다시 말해 '공간 분포와 지리적 차별화는 사회적 프로세
스의 결과일 수도 있다'고 주장하는 경향에 타당한 측면이 있기는 하지만, 다른 한편으로 '사회적 프로세스가 작동하는 방식에 영
향을 준다'는 입장 또한 함께 고려해야 함을 뜻한다. 이는 '공간적인 것이 단지 결과만은 아니기 때문에, 아울러 공간적인 것이 사회
적으로 구성될 뿐 아니라 사회적인 것 역시 공간적으로 구성되기 때문에 공간적인 것도 설명의 일부라는 점이 강조'되어야 하는 것
과 같다. 이는 '사회적 그리고 경제적 관계와 사회구조의 재생산은 공간에서 일어나며, 공간은 그 본질을 규정한다는 것'을 늘 염두
에 둬야 함을 뜻하며, 따라서 발전의 지리적 격차는 자본주의 발전 과정에서 발전에 부수되는 불행한 결과로 인식되기보다는 자본
주의의 팽창과 심화에 내재적으로 요구되는 공간의 재구조화로 분석되어야 한다는 입장을 적극적으로 고려해야 함을 의미하기도
한다. 더 자세한 맥락은 김덕현(2000). 「발전주의 지역개발론과 지역불균등발전론」, 『공간의 정치경제학: 현대 도시 및 지역 연구』,
한국공간환경학회 엮음, 187을 볼 것.

조물과 그것들의 주변 경관의 측면에서 다루려는 목적과 더불어 부산의 도시개발사를 '계급의 역사'로 보고자 하는 이 글의 첫 번째 목적이 그 정당성을 얻을 수 있게끔 도와주기도 한다.

물론 이 책이 부산의 도시개발사를 주축으로 삼고 있기 때문에 어쩔 수 없이 연대순에 따른 기술·분석·설명 외에는 달리 방도가 없다. 하지만 그 같은 연대기적 접근을 따를 수밖에 없는 상황에서도 도시 공간 부산의 역사를 바라보는 입장은 분명해야 하므로 그 입장을 간단히 밝힌 후 두 번째 목적으로 넘어가도록 하겠다. 연대기적 역사 기술은 기본적으로 통시적 방식을 따르며, 이는 실질적으로 후기구조주의나 포스트모더니즘의 역사관, 곧 공시적 역사 기술에 기초한 역사관을 따르는 많은 사람들한테 비판의 대상이 되었던 역사 기술 방식이기도 하다. 공시적으로 역사를 바라봐야 한다는 입장은 충분한 설득력을 갖추고 있으며, 이 작업이 그것을 염두에 두고 있다는 것 또한 부인할 수 없는 일이다. 그렇다고 해도 이 작업의 시도, 곧 부산의 터널과 다리를 부산의 도시개발사 맥락에서 이야기해 보고자 하는 이런 시도가 처음인 상황에서 우선적으로 필요한 작업은 그 주제를 통시적으로 써 내려가는 일일 것이다. 더군다나 통시적 접근을 통해 바라보는 '표층'의 변화, 곧 지난 50여 년 동안 부산의 도시개발사가 보여주는 변화의 '심층'에 자리 잡고 있는 자본주의가 근본적으로는 변한 것이 없다는 입장, 아니 어떤 식으로든 자본주의가 자신의 힘을 강화하려 했으면 했지 그 반대의 경우는 결코 없다는 것을 드러내려는 공시적 입장은 '차이와 공통'의 요소를 한데 모으려는 노력을 대변하기도 한다. 결국 이 책에서 군건히 지키고자 하는 역사적 입장은 이런 것이다. 지난 반세기 남짓 동안 부산의 도시개발사가 보여주는 여러 '변화'는 자본주의의 축적 법칙에 견주어 볼 때 완전히 새로운 포스트자본주의 사회나 심지어 포스트산업 사회가 떠오르는 것을 보여주는 징후이기보다 차라

리 겉모습이 바뀐 것 shifts in surface appearance'에 지나지 않는다. ●23●

두 번째 목적은 2000년대 이후 등장하고 있는 '신개발주의'와 '토건국가론'을 비판적으로 검토하면서 이 문제를 1960년대 이후의 지역적 규모에서 다루려는 데 있다. 이런 목적은 '지난 40여 년간 한국 국가 행위의 방향성을 특징짓는 주요 경향 중의 하나라 할 수 있는 '개발주의'와 '토건 지향성'을 학문적인 관점에서 체계적으로 분석한 연구가 드문 실정'과 한국을 비롯한 '동아시아 발전주의 국가에 대한 논의들에서 국가의 이러한 성향에 대한 연구가 거의 없는 현실'에서 비롯한다. 신개발주의와 토건국가론을 둘러싼 논의의 핵심 논점은 크게 두 가지로 나누어 볼 수 있다. 첫째는 국가가 주도하는 발전주의 모델로서, 더 구체적으로 말하면 경제발전을 지향하는 '국가가 주도하여 경제성장을 추진한 이래 지속되어 온 개발주의 헤게모니가 공간과 환경에 대한 상품화를 가속화하는 신자유주의와 결합하면서 등장했다'는 주장이다. 둘째는 앞서 말한 국가주도형 발전주의 모델을 뒷받침하는 토건동맹과 관련한 논의로서 '신개발주의의 등장과 확산의 물적 기반은 발전주의 국가 이래로 성장하고 공고화해 온 토건동맹이며, 그것은 정치, 국가(특히 정부 산하 개발 부서의 핵심 관료, 개발 행위를 담당하는 공사, 국토 개발 관련 연구 기관 등), 자본(특히, 건설 및 개발 관련 자본), 언론, 학계에서의 토건 이해세력들 사이의 유착관계에 기반하여 구성되었다'는 내용을 핵심으로 한다. ●24●

●23● Harvey, D. (1989). *The Condition of Postmodernity: An Enquiry into the Origin of Cultural Change*, Oxford: Blackwell, vii; 하비, 데이비드(1994). 『포스트모더니티의 조건』, 구동회·박영민 옮김, 한울, 10.
●24● 박배균(2010). 「한국에서 토건국가 출현의 배경: 정치적 영역화가 토건지향성에 미친 영향에 대한 시론적 연구」, 『글로벌 폴리스의 양가성과 도시인문학의 모색』, 서울시립대학교 도시인문학연구소 엮음, 274~6. 신개발주의 국가에서 '정부의 역할은 경제를 직접 규제하는 것으로부터 오히려, 도시의 토지 그리고 거대기업이 건설하려는 의도가 담긴 새 세대의 도시 메가프로젝트 (urban mega-projects)를 포함하는 전국적인 공간 경제의 모든 측면에 대한 글로벌한 기업들의 장악력을 극대화하는 쪽으로 전환되었으며, 정부의 개입은 농민뿐만 아니라 저소득층 도시 거주민들을 메가 프로젝트로 구획화된 지역으로부터 몰아내는 데서 urban enclosure, 민간부분 개발을 위한 토지를 준비하고 제공하는 데서, 그리고 이런 프로젝트에 맞서는 대중들의 시위를 제압하기 위한 경찰력 동원에서 결정적인 역할을 수행함과 동시에 기업 구제금융에서도 중요한 역할을 하고 있다. 이를테면 '2008년 민

이와 함께, 신개발주의와 토건국가론을 두고 나오는 여러 논의가 현시대 자본주의가 불러일으키는 여러 문제에 비판적으로 개입하는 긍정적 측면을 갖고 있는 것은 사실이지만, 그 논의들이 '추상적' 수준에 머물러 있다는 한계를 지적하는 일도 빼놓지 않아야 한다. 그 한계 또한 크게 두 가지로 나누어 볼 수 있는데, 첫째 신개발주의와 토건국가론에 구체적이고 과학적으로 접근하는 연구가 빈약하다는 점, 둘째, 그 같은 접근이 국가적 규모에서 이루어지고 있는 경향만 강하게 보일 뿐 그 문제를 지역적 규모에서 다루려는 시도가 없다는 점이다. 조금 길기는 하지만 더 구체적인 이해를 돕기 위해 아래의 인용을 한 번 곱씹어 볼 필요가 있다.

첫째, 신개발주의를 '개발주의'적 이념과 담론이 사회를 관통하고 이에 신자유주의 이데올로기가 덧붙여져서 나타나는 현상으로 보는, 즉 담론의 헤게모니화에 의한 결과로 인식하여, 신개발주의 등장의 물질성과 존재론적 기반에 대한 설명과 이해가 미흡하다. 개발주의의 헤게모니화에 기반이 되는 물적인 조건은 무엇이고, 이러한 개발주의 담론이 어떠한 정치-경제적 과정을 통해 신자유주의와 결합하게 되었는지에 대한 체계적인 설명과 경험적 분석이 제시되지 않고 있다. 신개발주의에 대한 기존의 논의들에서는 개발주의 확산의 물질적 기반을 개발동맹 혹은 토건연합의 구성으로 설명한다. 하지만, 이들 개발동맹과 토건연합이 어떠한 정치-경제적 이해와 사회적 관계를 바탕으로 형성되었고, 이들이 어떠한 과정을 통해 국가의 선택성에 영향을 주었는지에 대한 구체적 설명이 제시되지 않고 있다.

이와 더불어, 더 중요한 문제점은 개발동맹의 형성과 작동을 국가 규모에 국한하여 바

간 건설업자를 구제하기 위해 매각되지 않은 주거단지 수천 채를 사들인 한국 정부의 사례가 이에 해당한다. 자세한 내용은 마이크 더글라스(2011), 「동아시아 지역내 지구화되는 도시와 경계초월 도시 네트워크: 부산-후쿠오카 "공동생활구역(common living sphere)" 사례 연구」, 『도시 인문학 연구』, 제3권 2호, 19~20을 볼 것. 참고로 토건동맹과 관련한 논의는 나중에 '성장기계와 도시 체제'에서 조금 더 자세히 이루어진다.

라보는 경향이 있다는 것이다. 물론 국가 차원에서 개발 및 토건사업의 지속과 확대에 정치-경제적 이해를 가진 세력들이 형성-발달하여온 것은 사실이지만, 현실에서 벌어지는 토건적 개발사업의 상당수가 도시나 지역적 차원에서 형성된 영역화된 이해에 기반을 두고 추진되는 경우가 대부분이라는 사실에 주목할 필요가 있다.●25●

특별히 두 번째 한계의 경우, '흔히들 우리나라에서 지역적 개발정치의 등장을 지방자치제 시행 이후의 것으로 보는 경향이 있지만, 실제로 지역적 차원의 개발정치는 지방자치제 시행 이전부터 작동하고 있었다'는 점을 감안함으로써 극복할 수 있다.●26● 이러한 배경으로 이 책은 2000년대 이후 활발한 논의를 낳고 있는 신개발주의와 토건국가론을 비판적으로 검토하고자 한다. 그리고 이 비판 작업에는 국가적 규모와 이어진 도시 공간 부산이라는 지역적 규모, 그리고 그 안에 자리 잡고 있는 부산의 터널과 다리를 통해 할 수 있는 만큼 구체적인 방식으로 다룸으로써 신개발주의와 토건국가론의 싹이 1960년대부터 이미 움트고 있었음을 밝히려는 목적도 함께 있다. 이 목적으로 말미암아 이 책의 이야기는 위의 인용이 지적하고 있는 한계가 마련해 놓은 자리에서 출발할 수 있게 되며, 이 출발점이야말로 그 이야기가 현시대에 꼭 필요한 것이 될 수 있으리라는 의미를 부여할 수 있는 곳이 된다.

끝으로 마지막 목적은 1980년대 이후의 자본주의, 특별히 포스트모더니즘의 거센 물결에 편승한 포스트자본주의가 필요로 하는 활로를 모색하기 위해 벌이고 있는 일련의 공간적 해결책을 밝히고 그로 말미암아 증발하는 장

●25● 같은 책, 278.
●26● 같은 책, 같은 쪽. 예컨대 두 번째 한계의 경우 나중에 이야기할 '경부고속도 건설'이라는 당시 역대 최대의 토건사업과 관련해서도 지역적 차원의 개발 정치가 발동하였는데, 광주-전남 지역에서는 경부고속도로의 건설이 지역 간 격차 심화와 광주-전남의 소외를 확대'시킨다는 비판 여론이 확대되는 데 그치지 않고 '당시 광주-전남 지역 출신 국회의원들의 대 중앙정부 로비의 주요 이슈'가 되기까지 했다는 점은 눈여겨볼 만하다. 자세한 내용은 같은 책, 279를 볼 것.

소를 보이려는 데 있다. 이런 목적은 문화와 지리를 연결하는 고리를 유물론, 특별히 마르크스의 사회철학적 · 실천철학적 · 정치경제학적 성과에서 찾아 그것을 지리의 영역으로 확장하려는 다양한 시도가 이루는 학적 동향을 살펴봄으로써 이루어질 수 있다. 이 동향은 크게는 역사–지리적 유물론 historical-material geography 으로 불리며, ●27● 최근에는 신문화지리학의 큰 흐름 속에서 유물론적 전회 materialist turns 라는 표현으로 등장하기도 한다. ●28● 역사–지리적 유물론은 기본적으로 포스트모더니즘과 그것을 수용한 문화지리학의 흐름에 비판적 태도를 취한다. 다시 말해 포스트모더니즘의 기획을 흡수한 문화지리학이나 인문지리학의 기획이 문화연구와 지리학 양쪽 모두에 큰 기여를 한 것은 사실이지만, 많은 경우 논의의 방향이 관념적인 쪽으로 흘러 버리고 마는 한계 또한 부인할 수 없음을 지적하는 것이다. ●29●

　　포스트모더니즘의 관념적 성향이 유독 무기력한 모습을 드러내는 곳은 신자유주의를 앞세운 자본주의의 폭력에 맞설 가능성을 모색하는 영역이다. 사회적 압제가 스며들어 있는 구석구석을 파헤치고 통약불가능성 incommensurability 개념까지 고안해 가며 개인, 특별히 타자의 위상을 강화하는 것까지는 좋았으나, 오히려 그것은 만만찮은 역효과도 불러일으켰다. 그 역효과가 드러나기까지, 포스트모더니즘 계열의 문화지리학은 포스트자본주의

●27● 역사–지리적 유물론의 내용 자체와 관련한 자세한 논의는 '공동과 해방'에서 집중해서 다루도록 하며, 여기서는 포스트모더니즘 계열의 문화지리연구와 견주어 보는 데 초점을 맞추도록 한다.

●28● 글상자 2를 볼 것.

●29● 예컨대 '공간'을 상상하거나 다루는 방식이 그러하다. 공간은 기본적으로 '물질적'이다. 사람이 자신의 몸을 이끌고 사는 이 세상에서 공간은 결코 '커다란 빈 공간void'으로 있었던 적이 없다. 그런 공간이 있다면 그것이야말로 추상적이고 관념적인 공간이다. 이 세상은 사람이 사는 곳이다. 그렇기에 세상의 공간은 늘 구체적 물질의 모습을 띠고 있다. 요컨대 공간은 '물질적으로 생산'된다. 만약 그것을 비물질적인 것으로 다룬다면 그것은 공간을 근대 과학이 수립한 공간 '개념', 다시 말해 '절대 공간'으로 환원해 버리는 것에 지나지 않는다. 순수한 공간 자체 같은 것은 애초에 존재하지 않는다. 공간은 가치중립적인 것이 아닐뿐더러 불편부당한 것은 더더욱 아닌데, 이러한 '가설'은 공간이 물질적이라는 사실을 전제하지 않고서는 '증명' 자체가 불가능하다. 공간의 정치성은 물론, 이러한 공간의 물질성에서 비롯한다. 지리를 '뭍과 물의 생김새'라고 한다면 지리가 물질적이라는 것 또한 두 말할 나위가 없다(각주 10 참조).

가 문화상대주의라는 허울을 쓴 채 획책하는 공간 배치에 무관심으로 일관해 버렸다. 포스트자본주의는 개인의 차이화를 강제하면서 소품종 대량 생산에서 다품종 소량 생산으로 이행하는 경향을 뚜렷이 보이고 있었다. 아울러 '무한한 자본축적을 위한 자본축적'이라는 그것의 목적을 달성하기 위해 공간을 파편화하여 통합적으로 구획하기까지 했다. 그런데도 포스트모더니즘 계열의 문화지리학은 그런 경향, 그런 공간에 충분히 주의를 기울이지 못했다.●30● 그뿐만 아니다. 그것은 포스트자본주의 사회와 개인의 변증법적 관계를 단순한 이항대립이라는 근대적 유물로 여겨 그 관계의 갈등과 모순에서 생겨날 수밖에 없는 공동체의 문제를 공간과 연계하여 포착하지 못한 한계를 드러내기도 했다.●31● 한 마디로 포스트모던 사회에는 한껏 신경을 썼으나 포스트자본주의 사회에는 별 신경을 쓰지 못한 것이다.

그 결과 우리는 현시대의 자본이 우리한테 자행하는 폭력에 무뎌졌을 뿐더러 그 정체의 윤곽이라도 잡아보려 애쓰기는커녕 마냥 그것에 봉사하는 일상생활을 보내게 된다. 결국 포스트모더니즘 계열의 문화지리학은 '개인과 공동체가 그 사람들 자신과 그 사람들이 서로 맺어가는 관계를 어떻게 공간 상에서 이해할 것인가와 관련한 문제'를 붙들고 씨름하는 일에 소홀히 했다는 혐의, 따라서 현시대의 다양한 사회적 공간이 보여 주는 정치경제적 문제를 간과했다는 혐의에서 결코 자유로울 수 없게 되어 버린 것이다.●32● 이

●30● 이른바 '영화도시 부산'에서 그 많던 '무슨무슨 극장'이 사라지고 군데군데 있는 CGV, 롯데시네마, 메가박스 같은 이른바 멀티플렉스 영화관이 그 자리를 대신(?)한 것은 이러한 공간 배치를 보여주는 좋은 예가 될 것이다.

●31● '이항대립'은 사회의 정확한 구성 원리를 가리킨다기보다 우리가 세상을 바라보고 이해하는 방식을 일컫는다고 봐야할 것이다. 그러니까 보통 무엇을 생각할 때, 우리는 그것을 '짝'으로 생각한다는 것이다. 그것이 아무리 이데올로기적 효과이고 이른바 '해체'의 대상이 된다고 해도 여전히 많은 사람들이 그렇게 세상을 바라보고 이해한다고 치면, 이 이항대립은 저 구석 어딘가에 그냥 처박아 둘 것만은 아니다. 특별히 요즘처럼 적의 정체를 구분하기 힘든 이때, 그것은 오히려 필요한 것이다. 단, 이 필요성은 그냥 둘이 마주보고 있는 것이 아니라 둘이 어떤 식으로든 관계를 맺은 채 움직임을 펼쳐 보일 때 비로소 생겨난다. 어떤 관계가 변증법적이라는 것은 그 '관계'가 어떤 식으로든 서로를 향해 움직이며 상호작용을 하는 '과정' 중에 있다는 뜻이지 가만히 정체해 있다는 뜻은 아니기 때문이다.

같은 한계는 포스트모더니즘 계열의 문화지리학에 크나큰 영향을 끼친 푸코에 대한 비판, 곧 그가 미시정치적 담론 분석을 통해 국지적 저항을 강조한데 따른 비판을 통해 먼저 확인할 수 있다.●33●

> 그러나 그것[푸코의 사상]이 여전히 숙제로 남겨 두고 있는 것은 그러한 국지화한 투쟁이 결국 자본주의적 착취와 억압이라는 핵심적 형태를 향한 진취적 공격(퇴행적 공격 대신)이 되어 열 수 있는 길의 문제다. 이런 측면은 어떠한 전체론적 holistic 자본주의라도 그것을 신중히 거부한다는 점에서 유달리 두드러진다. 푸코가 고무하는 듯 보이는 투쟁이 자본주의에 맞선 도전으로서는 대개 효과를 거두지 못했다.●34●

미첼 또한 하비가 내어 놓은 것과 비슷한 주장을 펼친다.●35● 그는 '포스트모더니즘과 문화적 전회'의 맥락에서 모더니즘과 포스트모더니즘을 비교하면서 다음과 같이 말한다.

> 정말로 어떤 사람들은 사회과학과 인문학의 "포스트모던 전회"를 반동세력에 대한 꽤 완벽한 항복의 표지 標識로 여긴다. 이는 (또 어떤 사람들은 무비판적인 경이감이라고 말할) 다면적 관심이 문화적인 모든 것으로 향하고 정치경제적 권리가 신장하는 꼭 그만큼 생겨나는 착취의 경제적 체계와 과정에 관한 연구는 퇴보했기 때문이다. 아무

●32● Atkinson *et al.* (2005b). 'Introduction: Space, Knowledge and Power', *Cultural Geography: A Critical Dictionary of Key Concepts*, D. Atkinson, *et al.* (eds.), London & New York: I.B. Tauris, 3; 앳킨슨, 데이비드 외(2011b). 「01 도입_공간·지식·권력」, 진종헌 옮김, 『현대 문화지리학: 주요개념의 비판적 이해』, 앳킨슨, 데이비드 외 엮고 지음, 이영민 외 옮김, 논형, 33.
●33● 글상자 3을 볼 것.
●34● Harvey, D. (1989). *The Condition of Postmodernity: An Enquiry into the Origin of Cultural Change*, Oxford: Blackwell, 46; 하비, 데이비드(1994). 『포스트모더니티의 조건』, 구동회·박영민 옮김, 한울, 70.
●35● 하비는 『포스트모더니티의 조건』의 I장 전부를 모더니티와 포스트모더니티의 비판적 검토 작업에 할애한다. 이보다 간략하기는 해도 미첼도 비슷한 작업을 하고 있고, 이 주장 또한 거기서 나온다.

리 다양한 문화적 저항의 형태가 경이롭다 해도 탐욕스러운 경제가 세상 사람들 대부분의 삶을 여전히 엉망으로 만들고 있다는 주장은 아직도 유효하다.●36●

　　세상 사람들 대부분의 삶을 여전히 엉망으로 만들고 있는 탐욕스러운 경제, 그리고 이 경제를 지탱하고 있는 지리적·공간적 조건을 찬찬히 살펴보는 것은 분명히 문화적 문제다. 그렇기에 문화, 지리와 공간, 자본주의사회 체제와 그것을 견뎌내는 개인, 공동체 이 모두를 비판적으로 검토하는 것보다 더 긴박한 일은 없을 것이다. 하지만 사회지리학과 문화지리학에서 '사회적인 것을 철수시킬 가능성 the potential evacuation'은 여전히 심각한 우려로 남아 있고, 이 가능성을 차단하려는 움직임은 사회지리학과 문화지리학에서 '물질문화의 전망이 다가왔음'을 알리고 있다.●37● 따라서 '우리는 물질문화의 중요성을 선험적 방식으로 다루기보다 물질문화의 물질성이 언제 또 어디서 차이를 만드는가에 주안점을 두어야 한다. 사회지리학과 문화지리학의 '재물질화'를 위한 잠재성이 있다는 것에는 확실히 의심의 여지가 없다'.●38● 이렇게 할 때 비로소 우리는 '문화, 지리와 공간, 자본주의사회 체제와 그것을 견뎌내는 개인, 공동체'의 문제를 엄정하게 숙고할 수 있게 되며, 이로 말미암아 우리는 장소가 어떤 메커니즘을 통해 증발하게 되는지를 비판적으로 검토하고 분석할 수 있게 된다.

　　이러한 비판적 검토 및 분석의 대상은 넓게는 도시 공간으로서 부산, 좁게는 부산의 터널과 다리, 곧 이 책의 제목인 『터널과 다리의 도시, 부산』이다. 그 범위는 다시 시간적 범위와 공간적 범위로 나눌 수 있는데, 전자는 부산 최초의 터널인 영주터널이 완공된 1961년부터 지금까지, 후자는 예전의

●36● Mitchell. D. (2000). *Cultural Geography: A Critical Introduction*, Oxford: Blackwell, 59~60; 미첼, 돈(2011). 『문화정치 문화전쟁: 비판적 문화지리학』, 류제헌 외 옮김, 살림, 154~5.

●37● Jackson, P. (2000). 'Rematerializing social and cultural geography', *Social & Cultural Geography*, 1:1, 9. 아울러 글상자 4를 볼 것.

●38● 같은 책, 13. 잭슨 말고도 이러한 재물질화를 주창한 사람으로 조금 전의 주 28, 글상자 2에서 언급한 미첼 말고도 크리스 필로Chris Philo, 나이젤 스리프트Nigel Thrift 같은 이가 있다. 자세한 내용은 로사우, 율리아(2010). 「틈새 생각하기」 현대 공간 논의에 대한 문화지형학적 단평」, 『토폴로지』, 슈테판 귄첼 엮음, 이기흥 옮김, 에코리브르, 72~8을 볼 것.

부산시와 부산직할시, 그리고 지금의 부산광역시에 한정한다. 단, 필요하다고 생각하는 경우 논의의 지리적 규모를 전국이나 전 지구로 넓히기로 한다.

　이 범위는 또 다시 한계를 설정하도록 이끌기도 하는데, 이 책의 이야기가 그리게 될 인식적 지도를 바탕으로 한 장소의 논의, 더 구체적으로 말해서 장소의 증발을 충분히 이야기하면서 그리게 될 인식 지도를 바탕으로 한 장소의 '잉여'나 장소의 '응결'과 관련한 다채로운 논의는 숙제로 남겨둘까 한다. 이는 그 '장소를 중심으로 한 인식적 지도를 한 번 더 그리는 일 the place-orientated cognitive re-mapping'로서 부산의 터널과 다리가 생기기에 앞서 또 생기고 나서 그 주변 지역에 사는 사람들의 소통과 삶의 방식을 짚어보고, 거기에 어떠한 변화라도 생겼는지, 만약 그렇다면 그 변화는 어떤 모습을 띠고 있는지 하는 문제를 살펴봐야 함을 뜻한다. 이 책의 이야기에서 할 이야기가 부산의 터널과 다리를 '지나가는' 사람들, 그것들을 둘러싸고 벌어지는 사건과 그것들 주변의 경관을 다루는 조금은 큰 이야기라면, 숙제로 남겨둘 그 일은 그 주변에 '사는' 사람들의 일상생활에 과연 어떠한 변화가 있는지를 구체적으로 살펴보는 작은 이야기가 될 것이다.

글상자 1 /
'지금껏 존재한 모든 사회의 역사는 계급투쟁의 역사다'의 역사사회적 맥락

여기서 하나 짚어두고 싶은 것은 이 유명한 테제가 마르크스와 엥겔스 고유의 것은 아니라는 점, 더 자세히 말해서 당시 두 사람이 맺고 있던 역사사회적 관계의 산물이라는 점이다. 존스 Gareth Stedman Jones는 이 테제에 끼친 여러 영향 가운데 주목할 만한 것으로 당시 프랑스의 자유주의자 및 사회이론가, 그리고 공상적 사회주의, 이렇게 두 가지를 들고 있는데, 전자를 보면 마르크스가 쓰고 있는 '계급투쟁'이라는 말이 '아리스토텔레스와 마키아벨리의 작업에서 보이기는 하지만 마르크스의 용법은 대체로 1815~48년 사이의 프랑스 자유주의자와 사회이론가', 이를테면 '특별히 세 Jean Baptist Say 주변에 모여들던 티에리 Augustin Thierry, 콩트 Charles Comte, 뒤누아예 Charles Dunoyer 같은 사람한테 기대고 있다'고 밝히고 있다.● 구체적으로 콩트의 입장을 살펴보면, 그는 '인류 역사는 투쟁이라는 한 단어로 모두 표현된다. 투쟁은 전 인류의 물리적 쾌락을 장악하기 위한 욕망, 그리고 같은 종의 모든 고통을 타인한테 부과하기 위한 욕망에서 비롯해 왔다'고 말한다.●● 이어서 존스는 공상적 사회주의의 동향 가운데 생시몽 Saint-Simon의 영향을 꼽고 있는데, 더 구체적인 예로 『생시몽의 가르침: 해제. 첫 해, 1828~1829』 The Doctrine of Saint-Simon: An Exposition, First Year, 1828-1829의 여섯 번째 강의 제목이 「인간이 가하는 인간 착취 및 재산권의 잇따른 변화」 Sixth Session (February 25, 1829) – The Successive Transformation of Man's Exploitation by Man and of the Rights of Property로, 그 부제는 '주인과 노예, 귀족과 서민, 영주와 농노, 빈둥거리는 자와 일하는 자' Master and Slave; Patrician and Plebeian; Lord and Serf; Idle and Worker로 되어 있다는 점을 들고 있다. 이 강의 첫머리를 보면 생시몽이 마르크스한테 끼친 영향이 적지 않음을 알 수 있다. '과거 모든 사회적 조직의 가장 충격적 특징인 적대감을 제시한 후, 우리는 인간이 가하는 인간 착취, 곧 많은 시간이 흐른 뒤인 이날까지도 적대감의 가장 강력한 표현인 그 착취의 쇠퇴를 가장 일반적 관점에서 추적해 왔다. … 우리는 우리가 전진해가는 미래가 어떤 상태, 곧 모든 힘이 평화를 향해 한데 모일 그 상태에 놓여 있다는 결론에 도달했다.'●●●

이와 관련해서 벌린 Isiah Berlin 또한 비슷한 견해를 보이고 있는데, '마르크스는

역사적 구조에 대한 이론, 즉 인류 역사를 구성하는 요소들 사이의 형식적 관계들에 관한 이론은 헤겔에게서 이끌어 냈지만, 요소 자체에 관한 내용은 생시몽과 그 제자들 그리고 새로운 자유주의 정신을 갖고 있는 기조, 티에리와 미네에게서 얻었다'고 밝히고 있다. 또한 그는 생시몽을 '어떤 특정한 시기에 공동체의 주된 경제적 자원을 소유한 사람들과 반대로 이러한 유리한 점을 가지고 있지 않다는 이유만으로 생계를 위해서 어쩔 수 없이 전자에 의존해야 하는 사람들 사이의 갈등, 즉 경제적 계급 사이의 계속적 갈등이 역사 과정이라는 개념을 최초로 밝혀낸 인물'로 평가하고 있다. ●●●●

● Jones, G. S. (2002). 'Introduction', *The Communist Manifesto* (Penguin Classics), S. Moore (tr.), London & New York: Penguin Books, 262, 미주 18.

●● Comte, C. (1826). *Traité de Législation*, Book II, 91; 앞의 책, 같은 쪽에서 재인용.

●●● Bazard, A. Barrault, E. & Enfantin, P. (1958). *The Doctrine of Saint-Simon: An Exposition. First Year, 1828-1829*, G. G. Iggers. (tr.), Boston: The Beacon Press, 80; https://www.questia.com/read/85777448/the-doctrine-of-saint-simon-an-exposition-first.

●●●● 벌린, 이사야(2012). 『칼 마르크스: 그의 생애와 시대』, 안규남 옮김, 미다스북스, 134. 더 자세한 내용은 같은 책, 134~9를 볼 것.

글상자 2 /
신문화지리학과 유물론적 전회

일반적으로 '신문화지리학'은 피터 잭슨 Peter Jackson의 획기적 저작 *Maps of Meaning*(1989)에서 시작했다고 보는데, 이는 문화연구의 기틀을 다진 윌리엄스 Raymond Williams의 영향력을 가장 크게 받은 이가 어쩌면 그이기 때문이다. 잭슨은 거기서 '지리학에 대한 문화 유물론의 가치를 개괄하고, 그 과정에서 문화 유물론에 대한 지리학의 중요성을 제안함으로써 새로운 문화지리학의 어젠다를 고취'한다. 이 새로운 문화지리학의 방향으로 그는 '유물론적이며, 의미작용과 깊은 관계를 맺고 있고, 언어와 담론을 심각하게 고려하는 와중에도 '특별한 언어 extra-linguistic'인 사회적 실천을 결코 못 본 척 하지 않을 것을 제시함과 아울러 문화정치학과 관련한 사회적 분석이 새로운 문화지리학의 핵심 사안임을 확인'한다. 피터 잭슨 말고도 신문화지리학을 대표하는 연구자로는

데니스 코스그로브 Denis Cosgrove와 스티븐 대니얼스 Stephen Daniels가 있다. ●
'유물론적 전회'는 신문화지리학을 비판적으로 계승하여 한층 더 강력한 유물
론의 입장을 견지하는 돈 미첼 Don Mitchell을 통하여 이어지는 흐름으로 볼 수 있
다. 미첼은 한국에서는 일반적으로 '비판적 문화지리학'의 대표적 학자로 소개
되고 있다. 다른 한편에서는 그를 '급진 지리학 radical geography을 표방하는 진영'
에 두고 있기도 하는데, 이는 미첼 자신이 '정치경제적·마르크스주의적·사회비
판적인 이론적 지리학 진영'에 속한다고 생각하기 때문이다. ●●
이런 맥락에서 한 가지 짚어두고 싶은 것은 신문화지리학이 이미 강력한 유
물론적 입장을 갖고 있는데 그 안에서 또 무슨 유물론적 전회가 있을 수 있느
냐고 되물을 이가 있을 수도 있다는 가능성이다. 이러한 의혹을 불식할 근거
로 두 가지 정도를 제시할까 한다. 먼저 신문화지리학 또한 20년이 넘는 시간
동안 변화해 오고 있다는 점이다. 대표적인 예로 신문화지리학이 '어떤 미완
의 프로젝트'임을 주장하는 목소리가 있다. 이를 입증하기 위해 크레스웰 Tim
Cresswell은 '왜 사회적인 것이 여전히 중요한가' 하는 질문이 여전히 유효함을
주장하면서 이를 뒷받침할 근거로 '첫째, 세계가 불평등과 부당함으로 얼룩져
있고, 둘째 이러한 상황에서 문화지리학이 담당할 중대한 역할이 있으며, 끝
으로, 의미의 자원 없이, 곧 개인의 차원과 공유의 차원에서 생겨나는 의미와
그 의미의 물질적 생산에 대한 관심 없이는 그러한 역할을 담당할 수 없음'을
제시하고 있다. 그의 논리는 잭슨이 *Maps of Meaning*을 통해 제시한 방향을
이음과 동시에 그 기획의 적용 범위를 넓혀 가려는 의도를 반영한 것으로서,
'이러한 의미의 지도들을 이해하고 설명하는 일이 여전히 긴급한 과제로 남아
있다'는 반성은 신문화지리학의 변화 경향을 잘 보여주고 있다. ●●●
다음, 이러한 문제의식에서 출발한 여러 방식의 '유물론적 전회'가 최근 몇
년간 부상하고 있다는 점이다. 예를 들면, '쓰레기와 그 잔해 [또는 폐기물]
detritus의 물질성을 지리적·문화적으로 풀어내면서 불쾌한 현실을 그대로
보여주는 유물론 gritty materialism'이 있다. 이러한 유물론적 접근의 예로 식민지
인도의 쓰레기 담론을 추적했을 때 드러나는 '내장 제거의 어바니즘 eviscerating
urbanism'을 들 수 있는데, 이는 '오늘날 쓰레기가 새로운 국면으로 접어든 인클
로저의 대상이 되어 … 더 자본화한 구역이 쓰레기를 주워가며 불안정한 삶을
이어가는 사람들과 그 사람들의 생계를 지금 이 순간에도 삶을 [그 구역 바깥

으로] 내모는, 그렇기에 심지어 거리조차 '에워싸이는 enclosed' 현실'을 고발하고 있다.●●●● 신문화지리학과 유물론적 전회의 이러한 입장이 상당 부분 '역사-지리적 유물론'과 상통하므로 곧 이어지는 '공동과 해방'에서는 전자를 후자로 한데 묶어서 보기로 한다

● Mitchell, D. & Breitbach, C (2011). 'Raymond Williams', *Key Thinkers on Space and Place* (2nd ed.), P. Hubbard & R. Kitchin (eds.), London : SAGE, 471; 미첼, 돈(2011). 『문화정치 문화전쟁: 비판적 문화지리학』, 류제헌 외 옮김, 살림, 150~65.
●● 로사우, 율리아(2010). 「틈새 생각하기' 현대 공간 논의에 대한 문화지형학적 단평」, 『토폴로지』, 슈테판 귄첼 엮음, 이기흥 옮김, 에코리브르, 73.
●●● Cresswell, T. (2010). 'New cultural geography: an unfinished project?', *Cultural Geography*, 17:2, 172~3.
●●●● Kirsch, S. (2012). 'Cultural geography I: Materialist turns', *Progress in Human Geography*, 37:3, 434~7. 자세한 내용은 Gidwani, V. & Reedy, R. N. (2011). The Afterlives of "Waste": Notes from India for a Minor History of Capitalist Surplus, *Antipode*, 43:5, 1626~58을 참조할 것. 끝으로 사회지리학과 문화지리학의 '재물질화'를 주장한 맥락에서 이해할 수 있는 잭슨과 미첼의 관계는 주 38을 볼 것.

글상자 3 /
포스트모더니즘 계열의 문화지리학 : 비판문화지리연구

역사-지리적 유물론의 동향에 있는 신문화지리학, 급진지리학과 함께 현시대 문화지리학의 또 다른 한 축을 담당하고 있는 포스트모더니즘 계열의 문화지리학은 비판지리학과 이전의 문화지리학이 갖고 있는 한계를 지적함과 동시에 이 둘이 나아가야 할 바를 제시하는 비판문화지리연구 cultural and critical geographies를 표방하며 이 둘에 대해 말 그대로 비판적 입장을 견지한다. 전자에 대해서는 지리학을 지리연구 또는 '복수명사 지리학들(geographies)'로 확장해 나가면서 자칫 지리학의 특정 관점이 독단적으로 흐를 수 있는 위험을 경계하기 위해 가능한 한 다양한 입장과 관점을 수용할 수 있는 여지를 남겨 두어야 한다는 지적을, 후자에 대해서는 이 세계의 곳곳에 은밀하게 배어들어 있는 '권력구조'에 시선을 돌려야 한다는 제안을 하고 있다.●
이 입장은 문화연구의 기조와 상당한 유사성을 지니는데, 이 또한 두 가지 까닭에서 비롯한다. 첫째, 문화연구가 그것의 비판적 성향 또한 어떤 특정한 이론적·분석적·방법론적 입장에 잠재하는 독단화의 위험성을 부단히 경계하기

위해 할 수 있는 만큼 다양한 측면에서 문화현상을 분석하고자 하는 노력을 기울이고, 둘째, 문화연구 또한 비판문화지리연구와 마찬가지로 '일상의 공간'에 주목하여 주체의 '담론적 형성'과 그 사람의 '담론적 실천'을 내밀히 구성하는 지식-권력이 일상의 공간을 생산하고 구축하는 것으로 파악하기 시작했기 때문이다. 다음의 인용은 문화지리학을 둘러싼 학문적 동향의 이 같은 비판적 전환, 곧 문화지리학자들이 '공간·권력·지식'이라는 세 축에 따라 벌어지는 다양한 권력 관계의 갈등·경합·교섭의 양상을 가급적 철저히, 비판적으로 들여다보고자 하는 쪽으로 연구의 방향을 바꾼 과정을 상술하고 있다.●●

최근 몇 년간 지식과 권력이 교차하는 지점을 문제 삼는 일이 온 학문 분야에 걸쳐 비판적 사상가의 뇌리를 사로잡아 왔다. 푸코 Michel Foucault의 도발적 저작에 영감을 받은 포스트구조주의적 계획은 '지식이 불쾌한 권력으로 가득 차 있는 방식, 그리고 상이한 맥락에서 지식이 권한의 행사와 밀접하게 결부되어 있는 방식'을 생각하는 데 영향을 끼쳐 왔다. 또한 비판지리학자들과 다른 학문분야의 전문가들은 '공간 또한 마찬가지로 이 같은 관계의 그물망에 걸려들어 있다는 사실'을 깨달았다. 이는 '공간이 우리의 세계를 만들어가는 권력-지식의 다양한 교섭을 불공평하게 구성하는 요소'이기 때문이다. 따라서 '공간·지식·권력의 삼위일체'는 당대의 문화지리학자들이 사회를 이해하는 방식의 핵심에 놓이게 되었다. 그와 동시에 지식에 맞춰진 초점은 '지리적 상상이 여러 가지 사회 세계를 생산하는 방식의 성찰을 촉발해 왔다. 이는 개인과 공동체가 그 사람들 자신과 그 사람들이 서로 맺어가는 관계를 어떻게 공간상에서 이해할 것인가와 관련한 문제인 것이다'.

● Atkinson, D. *et al.* (2005a). 'Preface', *Cultural Geography: A Critical Dictionary of Key Concepts*, D. Atkinson, *et al.* (eds.), London & New York: I.B. Tauris, xiii~xv; 앳킨슨, 데이비드 외 (2011a). 「서문: 문화지리학과 비판지리학에 대하여」, 이영민 옮김, 『현대 문화지리학: 주요개념의 비판적 이해』, 앳킨슨, 데이비드 외 엮고 지음, 이영민 외 옮김, 논형, 19~23.
●● Atkinson, D. *et al.* (2005b). 'Introduction: Space, Knowledge and Power', *Cultural Geography: A Critical Dictionary of Key Concepts*, D. Atkinson, *et al.* (eds.), London & New York: I.B. Tauris, 3; 앳킨슨, 데이비드 외(2011b). 「01 도입 공간·지식·권력」, 진종헌 옮김, 『현대 문화지리학: 주요개념의 비판적 이해』, 앳킨슨, 데이비드 외 엮고 지음, 이영민 외 옮김, 논형, 33.

글상자 4 /
그래서 이젠 온통 소비냐? And now it's all consumption? :
사회적인 것을 철수시킬 가능성을 차단키 위한 움직임

잭슨은 이 움직임의 예로 니키 그렉슨 Nicky Gregson의 1995년 연구를 들고 있다.
그렉슨은 당시 영국 사회지리학계의 관심이 '소비'로 쏠리는 상황과 그것의
한계를 지적하면서 그러한 경향은 '역사적 깊이를 결여하고 있을 뿐 아니라
소비를 둘러싼 역사적 논쟁이 상당히 경합적인 본질을 갖고 있다는 점에 무신
경하다'고 비판하고, 그것이 당시 영국의 사회지리학이 '포스트모더니티를 분
석하는 데서 지적 우위를 상정하는 문화이론에 너무 기대고 있기 때문'이라고
말한다. 이어서 '포스트모던 사회지리학은 구조적 사회 불평등(예컨대 젠더 ·
계급 · 인종 · 섹슈얼리티 · (비)장애의 중대한 차이)과 물질문화에서 더 탄탄
한 기초교육 a firmer grounding을 받을 필요가 있다'고 주장하면서도 그 필요가 포
스트모더니티의 분석에 기초한 문화이론과 '일견 모더니티 기획의 일부로 매
도당하는 사회 이론 사이에서 생겨나는 모순 같은 것'이라고 인정하고 있다.
이 모순 가운데 있는 사회지리학자인 자신의 입장을 그렉슨은 다음과 같이 쓰
고 있다. '한쪽에는 과거에 들러붙어 있는 공룡 같은 것이 있고 다른 한쪽에는
경험론으로 후퇴하는 것이 있다. 사회지리학은 그 둘 사이에 붙들려 있는 듯
하다. 그러고 보니 조금 이상한 일이 하나 있다. 지난 몇 년 동안 나는 이따금
씩 죽음이 뒤로 밀린 사망기사 an extended obituary보다 조금 더 많이 쓰고 있는 것
처럼 느껴 왔다.'● 이것이 지금 이 땅에 시사하는 바는 적지 않다. 우리는 이미
자본주의를 비판하는 데 쓰일 수 있는 물질문화에 사망선고를 내리는 대신 그
것을 찬양하고 미화하는 데 쓰이기만 하는 물질문화에 끊임없이 생기를 불어
넣고 있기 때문이다.

●Gregson, N. (1995). 'And now it's all consumption?', *Progress in Human Geography*, 19:1,
139.

둘 부산인인(人:in) 나와 관계하는
이론과 실제

공동과 해방

여기서는 '공동과 해방'을 이룩할 사회변혁의 실천적 틀로서 '역사–지리적 유물론'에 집중한다. 역사–지리적 유물론은 '지리와 관련한 마르크스주의적 과학을 만들어 냄과 동시에 명백한 지리적 개념과 감수성이 역사적 · 변증법적 유물론에 배어들도록 하려는 지적 기획'으로 정의할 수 있다. 이런 배경을 두고 역사–지리적 유물론은 가장 먼저 '지리적 지식 그 자체의 물질적 근거, 다시 말해서 그러한 지식을 가능케 하는 제반 조건'을 검토한다.●01● 이러한 입장은 하비의 1984년 논문에 잘 드러나고 있는데, 그 제목도 「지리학의 역사와 현재적 조건에 관하여: 역사 유물론적 선언」(이하 「선언」)으로 마치 『공산당 선언』을 계승하려는 듯 보인다. 이 글에서 그는 먼저 '지리적 지식'이 어떤 사회적 역할을 담당하는지를 밝힌다. '지리적 지식은 사회적 삶의 재생산을 위한 물질적 기반을 제공하는 조건(자연적으로 발생하고 인력으로 만들어지는 경우 둘 다)의 공간적 분배와 조직에 관한 정보를 기록, 분석, 저장함과 동시에 그 조건이 인간 행동을 통한 지속적 변형에 따라 어떻게 좌우되는가에 대한 경각심을 높인다'.●02● 이어서 그는 그러한 지리적 지식을 실증적이고 중립적인 듯 보이는 지리학적 지식과 명확히 구분하여 설명한다. 그는 우선 '특정 지역이나 문화권[문명권]에 전승되는 지리적 지식 geographical lore'

●01● Kirsch, S. (2009). 'Historical-geographical materialism', *International Encyclopedia of Human Geography* Vol. 5, N. Thrift & R. Kitchin (eds.), London: Elsevier, 163~4. 이어서 커쉬Scott Kirsch는 역사-지리적 유물론과 불가분의 관계에 있는 '유물론'과 '사적 유물론'을 설명하는데, 먼저 유물론은 '어떤 설명적 접근으로서 인과관계와 관련한 정신적이고 형이상학적인 여러 관념에 대하여 실존의 물질적 조건, 곧 직접적인 물리적 세계에 존재론적 우위를 부여하여 여러 비물질적 주요 원인을 거부하는 것에 근거하면서 그러한 비물질적 주요 원인 대신 입증 가능한 탐구에 기반을 두어 그것 고유의 범주를 뚜렷이 밝히는 것'으로, 사적 유물론은 '역사적 사건과 과정이 … 적어도 원칙적으로는 태양계나 진화 과정을 구성하는 원인과 마찬가지로 입증 가능한 물질적 원인의 관점에서 이해될 수 있는 것'으로 제시한다.

●02● 이 조건은 '서구 자본주의에서 상인 계급과 그 뒤의 여러 산업 · 금융 형태가 부상하고 그것과 나란히 서구가 쥐고 있는 정치경제적 헤게모니의 영향으로 세계 경제의 공간적 통합이 증가하고 있음'을 뜻한다. Harvey, D. (1984). 'On the History and Present Condition of Geography: An Historical Materialist Manifesto', *The Professional Geographer*, 36:1, 1.

이 사회적 맥락, 곧 그 지식이 '개인과 집단이 세상에 대처해 나갈 수 있는 개념적 장치의 일부로서 약호화되어 사회적으로 전해지는 맥락에 자리 잡고 있음'을 눈여겨보고, 그것이 그 지역이나 문화에 사는 사람들과 자연 사이의 관계, 곧 그 사람들이 '자연적 재앙과 제약, 그리고 외부의 압력에서 [자신을] 해방하려는 투쟁의 관계에서 비롯한다'고 밝히고 있다. 따라서 '지리적 지식의 형식과 내용은 생산을 위한 사회적 기반과 그 지식의 사용'을 고려하지 않고서는 결코 파악할 수 없는데, 그 까닭은 이런 유형의 지리학이 지리를 상당히 정교한 수준까지 이해했고, 이를 바탕으로 하여 '상품의 이동, 민족 peoples의 이주, 정복의 진로, 제국의 경영에서 생겨나는 여러 긴급 사태를 거울처럼 잘 보여준다'는 데 있다. 끝으로 지리적 전승 지식은 '고대 그리스 로마에서 이슬람 세계를 거쳐 중국에 이르기까지, 전(前)자본주의 사회에서 두드러지게 나타난다'.

그렇다면 '자본주의 사회'의 지리'학', 곧 실증적이고 중립적인 듯 보이는 지리학은 어떤 모습이었을까? 중세에서 근대로 접어들면서 서유럽은 전 자본주의 사회 대부분, 특별히 이슬람 세계에서 풍부히 전승된 지리적 지식을 듬뿍 받아들이게 되고, 급기야 '지리적 사유와 실천의 구조에서 어떤 혁명'이 일어남을 목격하지만, 이 혁명은 다만 '서유럽 특유의 경험을 감안하여 전유되고 변형된 것'일 뿐이었다. 이로써 '상품의 교환, 그리고 식민지 정복과 정착'은 당시 지리학적 지식의 '초기 기반을 닦고, 자본주의가 진화함에 따라 자본과 노동력에 대한 지리학적 움직임은 새로운 지리학적 지식의 구축을 향한 선회축이 되고, 이는 결국 부르주아 시대의 지리적 실천이 되기'에 이른다. 더 구체적으로 그 실천은 모두 여섯 가지의 양상을 띤다. '항해의 정확도와 영토적 권리의 정의에 대한 관심, 세계 시장의 창출, 생활 방식 · 경제 형태 · 사회적 재생산과 관련한 지리적 변동의 면밀한 관찰, 19세기 말 세계가 자본주의 강국의 여러 영향권으로 나뉘면서 야기된 지정학적 문제, 자연적·인적 자원과 (인구·산업·교통·생태 단지 따위의) 공간적 분배, 끝으로 부르주아 시대의 지리적 사고가 항상 앞장서서 지켜온 강력한 이데올로기적 내용'이 그것이다. 이런 가운데 지리학은 비로소 '어떤 전문적 분업 내에서 분과 학문으로 부상한다'. ●03●

지리학이 전문적 분업 체제 안에 자리를 잡게 된다는 말은 보기보다 의미심장하다. 근대 분과 학문과 그것에 종사하는 사람들이 전문적 분업 체제 안에 놓이게 되었다는 것은 마르크스가 말하는 '진정한 분업', 곧 '물질적 노동'과 '정신적 노동'이 따로 떨어짐과 동시에 함께 움직이게 되었다는 뜻이고, 이는 곧 근대자본주의 사회가 필요로 하는 여러 이데올로기를 생산할 수 있는 사회적·물질적 조건이 얼추 완비되었음을 뜻하기 때문이다.

> 분업은 물질적 노동과 정신적 노동의 분할이 등장하는 시점으로부터 비로소 진정한 분업이 된다. 이 시점부터 의식은, 현실적인 어떤 것을 눈앞에 놓지(vorzustellen) 않고서도, 현실적으로 어떤 것을 표상한다고(vorzustellen), 자기를 현존하는 실천의 의식과는 다른 어떤 것이라고 현실적으로 **상상할 수 있다.** ●04●

상황이 이렇다면, 전문적 분업 체제 안에 자리를 잡게 된 근대 분과 학문인 지리학과 그 안에서 노동하는 지리학자는 대체적으로 정신적 노동에 종사하게 되고, 이는 곧 지리학과 지리학자가 이데올로기 생산에 활발히 관여해왔음을, 본의든 아니든 상관없이 그 이데올로기를 필요로 하는 사람들의 목

●03● 같은책, 2~4.
●04● 마르크스, 칼·엥겔스, 프리드리히(1992). 「독일 이데올로기」, 최인호 옮김, 『칼 맑스 프리드리히 엥겔스 저작 선집 1』, 김세균 감수, 박종철 출판사, 211 — 강조 원저.

적에 적극적으로 봉사해 왔음을 함의한다. 이것이 하비가 진단하는 '지리학의 현재적 조건'이다. 이는 실로 심각한 문제가 아닐 수 없다. 왜냐하면 지리학은 지리학자의 전유물이 아닐뿐더러 군사 · 정치 · 경제 전문가의 전유물은 더더욱 아니기 때문이다. 그는 지리학과 지리학자를 역사적 · 사회적 맥락에서 엄정히 검토한 끝에 이러한 잠정적 결론에 이르게 되고, 그의 「선언」은 그렇게 해서 공표된 것이다. 그렇다면 그 같은 현재적 조건 속에서 지리학과 지리학자의 책무는 어떻게 재설정되어야 하는가?

답을 얻기 위해 지리학자는 우선 지리학이 누구의 것이 되어야하는지, 그 근거와 그 근거의 충족 조건은 무엇인지, 끝으로 그에 따라 무엇을 해야 하는지를 분명히 밝혀야 한다. 그것이 선결되지 않을 경우, 지리학자는 자신이 어떠한 입장을 정하고 견지해야 하는지를 분명히 알 수 없기 때문이다.

우리[지리학자들]가 만드는 지리학은 반드시 사람들 peoples의 것이 되어야 한다. 그것은 경건한 보편주의 · 이상 · 선의가 아니라 지금 세상과 관련이 있는 대담한 기획 a mundane enterprise에 기초한다. 그 기획은 어떠한 정신적 삶도 아닌 세상 위의 삶과 관련한 earthly 관심과 요구를 반영하고, 실제 이 세상에 있는 이데올로기와 선입견에 정면으로 맞선다. 아울러 그 기획은 20세기의 변화하는 사회적 · 물리적 경관 내에서 벌어지는 경쟁 · 투쟁 · 협력의 복잡한 직조물을 마치 거울처럼 정확히 비춘다. 세계는 우리가 원하는 방식이 아니라 있는 그대로, 곧 사회적 재생산의, 강력하고 상충하는 과정이 매개하는 인간적 희망과 두려움의 물질적 발현으로 묘사 · 분석 · 이해되어야 한다. … 사람들의 지리학은 반드시 대중적 토대를 가져야만 하고 … 공동의 이익에 부합하는 물질적 토대를 밝힘으로써 그러한 장벽을 뚫고 나아가 공통된 이해로 향해야만 한다. … 지리학의 지적 과업은 따라서 공통 언어, 참조(대상) reference와 이론적 이해에 대한 공통의 틀을 구축하는 것이며, 그것들 속에서, 상충하는 권리와

주장은 제대로 된 방식으로 재현될 수 있다. ●05●

　이로 말미암아 '지리학자는 계속 중립적일 수 없다'. 중립적일 수 없는
곳, 이곳에서 지리학자가 신중하게 정하고 굳게 지켜나가야 할 입장이 생겨
난다. 그렇기에 사람들의 지리학에 능통한 것만 갖고는 부족하다. 지리학자
는 위의 인용에서 언급한 장벽에 가로막힌 지리학, 곧 한 쪽에 치우친 채 소
통을 가로막으면서 권력 강화에 일조하는 지리학은 물론, 결코 있을 수 없는
중립적 입장을 강요하는 실증주의적 지리학에도 정통해야 한다. 자본주의에
봉사할 수밖에 없는 그러한 지리학은 결국 '중립성에 대한 거짓된 주장으로
객관적 유물론 고유의 강점 virtues을 약화시키기 때문이다'. 요컨대 지리학자는
지리학이라는 이 영역이 사람들의 지리학과 중립적·실증주의적 지리학이
맞겨루는 장임을 자각하고, 만일 그 맞겨룸의 관계가 제대로 맺어지지 않았
다면 적어도 그 형세가 펼쳐질 수 있도록, 그리하여 그 관계가 계속해서 과정
중에 있도록 노력을 아끼지 않아야 한다. 그리고 그 노력이 한 사람에 그치는
것이 아니라 두 사람, 세 사람으로 뻗어나가게끔 노력을 지속해야 한다. 지리
학자한테는 그 힘이 충분히 있다.

　지리학자로서 기울이는 집단적 노력을 통해, 우리는 우리 고유의 역사와 지리를 만
들어 가는 데 도움이 될 힘을 갖고 있다. 우리 나름의 선택을 둘러싼, 역사적이고 지
리적인 상황에서 우리가 그렇게 할 수 없다는 것은 자명하다. 부분적으로 우리의 역
할은 실제로 존재하는 지리학과 이미 이룩한 역사의 엄청난 무게가 부과한 한계를
탐구하는 것이다. 하지만 우리는 급진적으로 우리 자신을 이끌어갈 전망 또한 분명

히 밝혀야 한다. 그 전망이란 물질적 필연성 너머에 있는 자유의 영역을 탐구하는 것이며 새로운 형태의 사회를 창조할 길을 여는 것이다. 그 길을 통해 민중은 **해방**liberty, 그리고 상반하는 이익에 대한 **상호 존중**이라는 이미지 속에서 그 사람들 고유의 지리와 역사를 만들어 낼 힘을 갖는다. 유일한 다른 방책은, 만약 동시대의 자본주의가 그리는 궤적에 대한 나의 분석이 적절하다면,●06● 계급 탄압·국가 지배·불필요한 물질적 박탈·전쟁·인간 부정 위에 수립된 현재의 지리학을 지속해 나가는 수밖에 없다.●07●

「선언」의 대미를 장식하는 이 문단에서 우리는 하비가 '충실과 연대의 정치 the politics of loyalty and alignment'를 그려 넣을 캔버스로 '지리'를 선택했음을 알 수 있다. 문화연구와 역사-지리적 유물론이 한 자리에서 만난 것이다.●08● 하비는 윌리엄스의 문제의식을 지리의 맥락에서 심화하고 확대하려는 굳은 의지를 「선언」을 통해서 천명한다. 하비가 '사회를 변증법적이고 지리적으로 이해해야 한다고 또 차이(지리적 차이를 포함한)를 진지하게 고려하고 진정 [사회를] 변화시킬 하는 힘을 갖고자 하는 사회 정의 프로젝트는 그것이 무엇이건 **공동과 해방**의 성격 common and emancipatory을 띠어야만 한다'고 주장할 때, '공동과 해방'이라는 이 두 용어는 이미 '윌리엄스의 작업에서 중추적 역할을 담당'하고 있었다.●09●

그렇다고 해서 그 두 용어가 늘 환영받았던 것은 아니다. 그것들은 특별

●06● 이 분석은 구체적으로 Harvey, D. (1983). *The Limits of Capital*, Oxford: Blackwell; 하비, 데이비드(2007). 『자본의 한계』, 최병두 옮김, 한울아카데미를 가리킨다.
●07● Harvey, 앞의 책, 10 — 강조 글쓴이.
●08● 이와 관련한 커쉬의 입장은 글상자 2를 볼 것.
●09● 윌리엄스가 숭고한 공동체와 사회의 문제는 글상자3을 볼 것. 이 공동과 해방에는 여러 함의가 깃들어 있다. 먼저 공동에는 공통common과 교통·소통communication에서 심지어 공동共動의 뜻까지 또 해방에는 자유freedom·liberty에서 해방emancipation의 뜻까지 들어 있다고 볼 수 있다.

히 '포스트모던 계열의 정의 관련 이론이 질색하는 것들'인데, 하비는 그러한 이론적 경향에 늘 '반론을 펼치며' 윌리엄스가 기획한 충실과 연대의 정치는 결국 지리적 경로를 통해 더욱 명징해 질 수 있다는 입장을 고수한다. '연대, 곧 공통 문화'의 구축 가능성은 반드시 '장소나 사회적 정체성에 바탕을 두고 있는 한 사람의 특정한 위치성'을 근거지로 삼아야 하며, 사회주의적 연대는 바로 그렇게, '차이와 공통성이라는 두 가지 목표'를 이룸으로써 이루어지는 것이다.

하지만 이러한 관계를 만들어 가는 과정이 말만큼 쉬운 일은 아니다. 그 과정의 곤란함은 어떻게 보면 필연적이라고까지 할 수 있는데, 그 곤란함에서 비로소 하비가 주장하는 '이론의 과업'이 생겨나기 때문이다. '하비가 주장하는 이론의 과업은 사람들의 정체성이 갖고 있는 여러 독특한 요소와 사회주의 또는 마르크스주의가 지향하는 진보적 · 보편적 목표들 사이에는 종종 갈등이 있을 수도 있지만 사람들이 그 갈등을 보통 협력할 수 있는 것으로 여길 수 있는 길을 발견해 내는 일'이다.●10● 그럼 잠깐 이 이론적 과업을 지금 한국 사회와 부산 지역의 입장에서 간단히 조명한 뒤 다음 부분으로 넘어가도록 하자.

우리가 살고 있는 이 사회의 힘, 자본주의적 총체성의 힘 앞에 버티고 서 있는 개인은 힘들다. 이미 그 힘에 무릎 꿇은 개인은 더 이상 힘들지 않다고 생각할 수도 있지만, 어떤 이유에서든 사실 더 힘들 것이 분명하다. 이런 현실에서 사회와 개인, 총체성과 개체성이 맞겨루는 관계에 놓여 있음으로써 생겨날 수밖에 없는 갈등과 모순, 그것들의 과정을 뜻함과 동시에 그 관계와 과정 곳곳에 스며들어 있는 문화, 심지어 그 관계와 과정 전부라고도 말할 수

●10● Mitchell. D. & Breitbach, C (2011). 'Raymond Williams', *Key Thinkers on Space and Place* (2nd ed.), P. Hubbard & R. Kitchin (eds.), London: SAGE, 473 — 강조 원저. 자세한 내용은 Harvey, D.(2001). *Spaces of Capital: Towards a Critical Geography*, New York: Routledge, 163~187을 볼 것.

있을 문화와 그것의 일상성을 이야기하는 일은 중요하다. 그렇게 해서 모인 여러 이야기를 다시 살펴보고 그것을 통해 이 사회에 필요하다고 주장할 만한 공동의 사회적 관계를 새롭게 만들어 나가는 일은 더 중요하다. 하지만 그 일이 힘든 것 또한 부인할 수 없는 현실이다. 지금 한국 사회에 흩어져 있는 낱알 같은 개인의 힘을 모아 보편적 공통 문화를 지향하는 일은 거의 불가능할 정도로 곤란한 지경에 이르러 있다. 이 곤란함은 개인적 영역과 사회적 영역, 사적 영역과 공적 영역, 이론적 영역과 실천적 영역에 이르기까지 골고루 퍼져 있다. 그것은 특별히 이론적 영역에서 두드러질 수밖에 없는데, 포스트모던 진영에서 불어온 비판의 거센 바람이 이미 한 차례 휩쓸고 지나간 자리이기에 '공통'의 뭔가를 생각하고, 그것을 실현할 방법을 구상하고, 그 구상을 입 밖으로 내는 일이 그만큼 힘들어졌는지도 모르기 때문이다. 물론 그 모든 일을 개인의 윤리적 차원에서 찾고, 그 밑그림 위에 지향 가능한 공동체의 모습을 그려 보는 일은 중요하다. 그러나 그것만 갖고는 충분치 않다는 것이 역사-지리적 유물론의 입장이다.

역사-지리적 유물론은 개인의 윤리, 또는 어떤 것이 개인의 윤리라고 말할 수 있는 우리의 믿음을 구성하고 가능케 하는 물질적 조건, 특별히 지리적 · 공간적 조건을 검토하는 일이 선결되어야 한다고 주장한다. 예컨대 '제국을 건설하고, 천연 자원을 착취하고, 법적 · 경제적 · 영토적 체계를 확장하는 가운데 지리와 지리적 지식은 과연 어떠한 역할을 담당하고 있는가 하는 문제는 지리적 지식 그 자체의 물질적 근거, 곧 그것을 가능케 하는 조건을 비판적으로 검토 · 분석 · 진단하고, 가능하다면 처방까지 내려야 한다'는 또 다른 문제를 낳는다.●11● 그렇다면 요즘 한국 사회의 지리와 지리적 지식은 정말 가치중립적이고 불편부당하기만 한 것일까? 예컨대 도시의 스카이라인

●11● Kirsch, 앞의 책, 164.

을 점점 더 높이고 있는 고층아파트와 그것을 위한 재개발은 정말 당연하고 자연스러운 것일까? 만약 그렇지 않다면 이런 물음의 답을 찾기 위해 우리는 어디를 들여다봐야 할까? 몇 번이고 한 이야기지만 한 번만 더 되풀이하자.

해답은 갈수록 지리적인 성격을 띤다. 다시 말해서 역사적 과정이 발생하는 곳에서 생산양식의 공간성과 사회적 재생산의 공간성은 더 이상 당연한 것으로 여겨질 수 없다. 역사-지리적 유물론은 지리학의 하위분야도, 지리학을 수도로 둔 지방도 아니다. 그것은 정말이지 정치적 · 학문적 전통과 합친 존재론적 현실 참여 ontological commitments다. 그것의 쓰임새는 결코 획일적이지 않았으며 앞으로도 그럴 것이다. 동시대의 인문학과 사회과학이 갖고 있는 절충적이고 다방면에 걸친 이론적 분위기 속에서, 역사-지리적 유물론이 가끔 경제적 요점만 간단히 전달하는 일종의 속기법 역할을 담당해야 하는 위험이 있기는 하지만 역사-지리적 유물론은 여전히 대대적으로 열린 ambitiously open 지적 전통으로 한창을 구가하고 있다. ●12●

우리 삶이 늘 그렇듯 역사-지리적 유물론 또한 언제나 현재 진행형이다. 우리가 갖고 있는 여러 관념과 우리가 살아가는 물질적 세계가 끊임없는 맞겨루기 관계에 놓여 있고 그 가운데서 수많은 상호작용의 과정이 일어난다는 것, 이것은 우리가 무척이나 부인하기 힘든 것 가운데 하나일 터이다. 그리고 어떤 것을 부인하기가 힘이 들면 들수록 또 이를 뒷받침할 물질적 근거를 찾기가 곤란하면 할수록 그것이 우리를 더 짓누른다는 것 또한 부인하기 힘들 것이다. 이 문제는 어떤 식으로든 부산과 관련한 지역문화연구를 하려고 지금도 안간힘을 쓰고 있는 나를 짓누르고 있는 것이기도 하다.

어떤 모습이 되었든 나한테도 분명 윤리라는 것과 또 그것이 딛고 서 있

●12● 같은 책, 168.

는 정체성이라는 것이 있을 터이다. 윤리나 정체성 같은 말, 그냥 입 밖으로 내뱉기는 쉬울지 모른다. 하지만 만약 내가 그것들의 모습을 구체적으로 그리려 한다면 내가 나고 자란 이곳 부산과 부산의 수많은 물질적 조건을 먼저 생각하지 않으면 안 된다. 지금 내가 '부산'으로 부르고 있는 이곳이 '부산'이 되기까지, 부산은 대체 어떠한 물질적 조건과 함께 있었으며 또 어떠한 사회적 모순을 겪어 왔을까? 지금 부산은 어떠한 물질적 조건과 함께 있으며 또 어떠한 사회적 모순을 겪고 있을까? 그 모순이라는 것은 확연히 드러나 있기나 한 것일까? 지금 내가 일컫고 있는 이 '부산'은 사회적 가치를 지향할까, 아니면 그냥 개인적 의미의 영역에 머무르고 있을까, 아니면 둘 다거나 이도 저도 아닐까? 이 물음을 붙들고 씨름하기 위해 '부산은 과연 어떤 곳인가'를 먼저 물어봐야 한다.

그래서 다시, 부산은 어떤 곳인가? 부산은 이질적 시간과 기억들이 잡다하게 뒤섞여 있는 모자이크 같은 곳이다. 근대의 다양한 산물들, 곧 일제 식민지의 유산, 6·25의 피난처로서의 단절적인 역사적 경험, 초고속 산업화가 낳은 잡다한 부산물들에다가 포스트모던한 스펙터클과 심성구조가 부분적으로 덧붙여진, 게다가 전근대적 모습들이 갈등적이거나 조화롭게 뒤범벅되어 있는 잡종적인 형태의 공간이다. 어떻게 보면 환상적이라 할 정도의 다채로움을 보여주고 있는 부산은 그러나 서울에 비해서는 비중심이면서 주변의 다른 중소도시들에 비해서는 또 하나의 중심이기도 한, 그러나 전체적으로는 반주변(半周邊)에 속해 있는 지역으로서 반주변이 안고 있는 일반적 조건의 지역적 발현이라 할 수 있을 것이다. 이렇게 다양하고 다채로운 복합체들로 구축되어 있는 만큼, 부산은 그 자체가 이미 틈이면서, 또한 그 속에서 살아가는 사람들의 일상 역시 무수한 틈들로 균열되어 있다. 그리고 바로 여기에서 부산의 지역적이면서도 그것을 넘어서는 일반적인 조건이 생겨난다. 그러나 **막상 구체적인 영역**

에서 부산다움을 찾아내려고 하면 항상 막막해지기도 한다. ●13●

　이 '막막함'을 조금이라도 해소해 볼 요량으로 나는 역사-지리적 유물론을 통해 부산의 터널과 다리를 살펴보리라 다짐할 수밖에 없었던 듯하다. 그렇다고 해서 이 선택이 완결된 것은 아니다. 그것은 여전히 이루어지지않은 채로 남아 있으며, 앞으로도 그럴 것이다. 이것은 유물론이 결코 어떤 결정론의 형식을 띠는 것이 아니라 오히려 늘 열려있는 논의의 방식이라는 유력한 증거이자 유물론적 방법론을 자신의 연구에 적용하려는 나 같은 사람이 어떠한 태도를 지니고 지켜가야 하는지를 알려주는 나침반이기도 하다. 바꾸어 말해서 '유물론의 남다른 특성(이 특성 하나만해도 유물론은 가치를 지닐 수 있다)은 유물론이 물리적 증거에 철저히 개방되어 있다는 점'이며, 이 개방성은 유물론자가 멀리해야 하는 태도 두 가지, 첫째, 우리가 '일반적으로 인정되는 추정 received presumptions 모두를 아직 다 이해하지 못하거나 불완전하게 이해한 상태에서 그것들을 신화화하거나 회복시켜서는 안 된다는 것', 둘째, 이것은 '정곡을 찌르는 것인데, 유물론의 유물론적 내용이 변화하고 있는데도 그것을 미리 알고 있는 것처럼 또 그것을 우리의 정치적 충실함에 대한 어떤 시험으로 알고 있는 것처럼 해서는 안 된다는 것'이다. ●14● 이제 이 충고를 마음 깊이 새기고 부산의 터널과 다리를 본격적으로 이야기해 볼 텐데, 그 전에 유물론적 문화론의 틀에서 길·터널·다리를 모두 아우르는 도시 공간 부산에 존재론적으로 또 인식론적으로 접근해 볼 수 있는 자리를 '인터포인트 interpoints'와 '지표'로 각각 마련해 보도록 할 것이다.

●13● 이성훈(2006). 「스타일, 패션, 육체」, 『대중문화를 통해 문화 들여다보기』, 부산발전연구원 부산학연구센터, 115~6 — 강조 글쓴이.
●14● Williams, R. (1980). *Culture and Materialism*, London: Verso, 122.

interpoints

　도시라는 공간에서 누구나 하루의 얼마만큼은 길 위에 있다. 어떤 이는 길 위에서 삶을 이어가기도 하고 어떤 이는 길을 내며 삶을 꾸려가기도 한다. 또 어떤 이는 그렇게 난 길을 걷고 그 위를 뛰어 다니며 삶을 가꾸어 나가기도 한다. 길과 별로 상관이 없는 삶을 살아가는 이라 할지라도 마찬가지다. 다만 깨닫고 있지 못할 뿐이지 길은 그이가 생각하는 것보다 훨씬 더 많은 시간을 그이의 곁에서 함께 보낸다. 간단히 말해, 길은 일상생활의 갖가지 실천이 이루어지는, 흔해 빠졌지만 그만큼 흔해 빠졌기 때문에 관심을 받지 못하는, 그래서 생각해 볼 거리가 있는, 야릇하고 얄궂은 데가 있는 곳이자 터이며 자리다. 예를 들어 산길을 걸어 어떤 곳으로 가본 적이 있는 사람이라면 누구든 경험할 수 있는 일이겠지만, 산길은 많은 경우 '가로질러' 나 있기 때문에 걷는 일만 갖고 치면 산 아래를 굽이굽이 '돌아서' 나 있는 도로보다 오히려 더 나은 때가 있다는 것을 생각해 본 적이 있을 것이다. 이 같은 길의 두 모습 사이에서 수많은 도시 거주자가 만들어 가는 일상생활과 그 사람들의 공간적 실천, 그리고 이 글이 갖고 있는 문제의식이 각기 붙어 있던 맥락에서 떨어져 나와서 서로 만나게 된다. 어떤 절합, 더 구체적으로 새로운 정체성 정치를 위한 절합이 이루어지는 것이다.●15●

　홀은 둘이되 하나이자 하나이되 둘인 트레일러트럭을 예로 절합을 설명한다. 홀이 정체성 정치를 이야기할 때 데리다 Jacques Derrida 의 차연 개념을 염두에 둔 것은 사실이다. 하지만 그 개념을 할 수 있는 만큼 비판적으로 검토·적용하려 애쓰면서 계속 미끄러지기만 consatantly slide away 해서는 현실의 문

●15● 18쪽의 각주 9를 볼 것. 이 만남을 통해 앞서 미처 다 하지 못한 절합과 헤게모니의 이야기를 마저 할 수 있게 된다. 참고로 곧이어 나오는 'constantly slide away'라는 표현은 데리다의 '상호텍스트성intertextuality' 개념을 떠올린 것이다. 자세한 내용은 Barker, C. (2004). *The SAGE Dictionary of Cultural Studies*, London: SAGE, 101~2; 바커, 크리스(2009). 『문화연구사전』, 이경숙·정영희 옮김, 커뮤니케이션 북스, 179~81을 볼 것.

제를 해결할 수 없다는 잠정적 결론을 내리게 된다. 홀은 그 결론에서 출발하여 마르크스 Karl Marx · 엥겔스 Friedrich Engels와 알튀세 Louis Althusser의 '상대적 자율성' 개념을 재검토한다. 그런 뒤 그람시 Antonio Gramsci의 정치적 견해, 곧 군사적 기술보다는 '정치적' 기술을, 전면전보다는 게릴라 '투쟁'을 먼저 숙고한다. 그리고 그 투쟁을 성공적으로 이끌기 위해 지배 계급이 쥐고 있는 헤게모니의 틈새, 곧 헤게모니가 '봉합'의 상태에 있다는 엄연한 현실에서 비롯하는 그 틈새를 공략하는 데 필요한 '유동적 거점'을 확보함과 동시에 그곳을 옮겨 다니며 지속적으로 정치 투쟁을 펼쳐야 할 필요성이 있음을 한 번 더 자각한다. 이 모두를 한데 버무려 홀은 그 정치 투쟁, 이데올로기적 투쟁을 펼쳐나갈 장을 문화로 삼아야 한다는 것과 수많은 문화적 국면에 개입할 수 있는 입장을 분명히 하기 위해 가던 길을 잠깐 멈추어 서야 한다 positioning는 것이 얼마나 중요한지를 밝히고, 이러한 포지셔닝이야말로 차연에서 생겨나는 한계를 극복할 수 있다는 주장을 내어 놓기에 이른다.

　이렇게 볼 때 길은 오로지 갈 길을 가고 있는 나를 위해 있는 것이 아니라 길을 가는 내가 잠깐잠깐 멈추어 서서 내가 갖고 있는 여러 생각을 정리하고 그것을 몸으로 옮겨 또 다른 일상을 만들어 갈 수 있는 포지셔닝의 힘을 얻는 곳이다. 내가 길을 그렇게 '전유 appropriation'하거나 '전용détournement'해야 하는 까닭은 나의 계급성, 곧 늘 전쟁을 수행할 수 있는 기술을 습득했거나 그런 상태에 있는 군인도 아니고, 그렇다고 해서 시간과 돈의 여유가 많은 자본가는 더더욱 아닌 나의 '계급적 특성 class characteristics'에서 비롯한다.●16●

　이런 측면에서 길은 '인터페이스'다. 길은 먼저 그것을 사이에 둔 두 면

●16● Gramsci, A. (1992). *Prison Notebooks* Vol. 1, J. A. Buttigieg, & A. Callari. (trs.), 2011 Paperback Edition, New York: Columbia University Press, 218.

face, 적어도 그 두 면 '사이 inter'에 놓여 있다. 길은 양 옆에 있는 두 면과 늘 함께 하고 늘 같이 간다. 그렇기에 그 두 면이 무엇이든 서로가 길에 맞닿아 있는 한, 길에서는 아주 다양한 일이 일어나는데, 이 일은 다양한 계급적 특성을 띤 수많은 사람이 맺는 관계 속에서 일어나거나 그 관계가 만들어 내는 것이다. 어쩌면 수많은 사건 incidents; events 으로 부를 수도 있을 다양한 일, 서로 다른 사람들이 서로 얼굴을 맞대야만 interface 생길 수 있는 수많은 일. 예컨대 때로는 만나서 속삭이거나 이야기하고, 또는 언성을 높이며 고함을 지르고, 때로는 서로 손을 잡거나 보듬기도 하고, 또는 서로를 밀쳐 내거나 서로 떨어지기도 하는 개인적 차원의 그 수많은 일은 길이 만들어 내는 수많은 '장소'에서 벌어진다. 어디 그뿐인가. 서로 다른 사람들이 뿔뿔이 흩어져 있던 각자의 힘을 한데 모아 그곳을 차지하고 그곳에서 퍼레이드 · 집회 · 시위 같은 사회적 차원의 다양한 저항과 연대를 일으킬 때 그 길은 또 다른 장소가 되기도 한다. 요컨대 이 모든 것은 길이 인터페이스이기 때문에 가능한 일이며, 그 길이 언제든 장소가 될 수 있기 때문에 일어날 수 있는 일이다.

    터널과 다리도 길임은 분명하다. 하지만 그렇다고 해서 모든 터널과 다리가 인터페이스 길인 것은 아니다. 특별히 사람들이 터널과 다리라고 할 때 보통 떠올리는 모습, 사람이 아니라 이런 저런 탈 것만 지나다닐 수 있도록 해 놓은 이 시대의 터널과 다리는 차라리 '인터포인트 길'로 불러야 마땅할 듯 하다.●17● 한 점 point과 다른 점을 서로 inter 이어주는 길의 원래 목적에 아주 충실한 길, 인터페이스 길의 한 점과 다른 점 사이에서 그 둘을 이어주는 기능 말고는 아무것도 할 수 없는 길, 직선은 서로 다른 두 점을 잇는 최단 거리라는 유클리드의 기하학적 공리에 최대한 충실하려는 길, 사회 안에 있긴 하

●17● 보행로를 양 옆에 놓은 채 새로 개통한 영도다리는 예외로 볼 수도 있을 것이다.

되 서로 다른 사람들 사이에 으레 있기 마련인 '만나고[社] 모이는 일[會]', 조금 더 거창하게 말하자면 그에 따르는 어떠한 모순·갈등·대립·교섭·화해 심지어 '집회와 결사 society'조차 애당초 생길 수 없도록 해 놓은 길, 그런 일을 가능케 하는 두 면이 그 길을 사이에 두고 아예 들어설 수 없도록 되어 있는 길이 바로 터널과 다리다. 어떤 면도, 어떤 사람의 얼굴도 들어설 수 없는 길이라는 것은 누군가가 '딛고 서 있을 수 있는 땅'이 애초에 들어설 수 없고, 따라서 그 사람 자체가 들어설 수 없는 길임을 뜻한다. 사람이 들어설 수 없기에 서로 다른 사람들이 길 위에서 일으키는 수많은 사건과 그것들이 꾸려 내는 삶을 가로막고 끊어내는 구조물, 다시 말해서 잇되 끊고 펼치되 가로막는 인터포인트 길, 그것이 바로 이 시대의 터널과 다리인 것이다.

그런 까닭에 터널과 다리는 결코 '사건'을 일으키지 않는 공간이다. 인터페이스 길과 달리 인터포인트 길인 터널과 다리는 다양한 계급적 특성을 띤 수많은 사람들이 만들어 내는 아주 다양한 사건이 애당초 자신의 몸을 일으킬 수 없는 공간이다. 사람의 접근을 불허하는 그 공간, 곧 날 것 그 자체로서 몸 the body as a raw material, 또는 그 몸의 계급성과 공간성이 결코 비집고 들어갈 수 없고 지나다닐 수 없는 그 공간, 탈 것에 실려 있는 몸만 들어갈 수 있는 그 공간에는 오직 '무사통과' 아니면 '사고 accidents'만 있을 뿐이다.

여기서 잠깐 이 '탈 것 vehicles' 이야기를 잠깐 해 보자. 물론 탈 것이 특별히 값비싼 외제차 같은 것을 통해 사람들이 지니고 있는 계급성의 차이가 어떻게 드러나는지를 이야기할 수 있을 것이라 말하는 이도 있을 수 있지만, 이 입장에는 한계가 있다. 터널과 다리라는 공간을 두고 이야기할 수 있는 것은 그 '드러남'뿐이기 때문이다. 더욱이 계급의 차이와 그 차이를 바탕으로 하는 계급성을 이야기할 수 있으려면 그 차이가 모순과 대립을 만들어내고 그것이 생산적 투쟁으로 이어지는 일련의 과정을 전제해야 할 텐데, 그 이야기는 드러남을 '기술'하는 것에 멈추고 말 가능성이 높기 때문에 한계가 있을 수밖에 없다는 점을 유념하면서 다시 사고 이야기로 돌아가도록 한다.

예를 들어 자동차가 지나다니도록 해 놓은 터널과 다리 중에는 아예 차선조차 바꿀 수 없도록 '흰 실선'으로 차선을 그어 놓은 것이 대부분이다. 물론 사고 예방을 위해 해 놓은 조치라고는 하지만, 그것은 오히려 그 공간이 언제든 사고의 위험을 안고 있음을 뚜렷이 보여준다고 할 수 있는데, 이는 앞서 말한 인터페이스 길에서 볼 수 있었던 그 면이 터널과 다리 공간에는 아예 붙어 있지 않다는 까닭에서 비롯한다. 그렇다면 터널과 다리는 왜 이런 모양새를 하고 있을까? 가능한 답을 내어 놓기 위해 이제부터 잠깐 '도시 공간의 사회적 생산' 문제를 들여다볼 텐데, 이는 결국 길·터널·다리, 그리고 도시 공간에 대한 존재론적 접근을 유물론적 문화론의 틀에서 더 구체적으로 가다듬을 수 있는 기회를 제공할 것이기에 아주 중요하다 할 수 있다.

길·터널·다리 이 모두를 아우르는 도시 공간은 '사회적으로 생산된 공간'이다. 사회적 생산과 재생산, 심지어 확대재생산의 문제와도 엮여 있는 이 도시 공간은 필연적으로 자본주의사회의 계급 문제와 이어져 있다. 먼저 다음을 한 번 생각해 보자.

부르주아지는 생산도구를 끊임없이 변혁시키지 않고서는, 따라서 생산관계와 더 나아가 사회관계 전반을 혁신하지 않고서는 존재할 수 없다. 반면에 종전의 산업에 종사하던 모든 계급들의 첫 번째 생존조건은 낡은 생산양식을 그대로 유지하는 데 있었다. 생산의 계속적인 변혁, 모든 사회관계의 끊임없는 교란, 항구적인 불안과 동요가 부르주아 시대를 그 이전의 모든 시대와 구별지어준다. 굳어지고 녹슬어 버린 모든 관계는 그에 따르는 부산물들, 즉 아주 오래 전부터 존중되어 온 관념이나 견해와 함께 해체되며, 새로 발생하는 모든 것조차 미처 자리를 잡기도 전에 이미

낡은 것이 되고 만다.●18●

　부르주아지한테 도시 공간은 끊임없이 변혁해야만 하는 '생산도구'이며 이는 필연적이다. 도시 공간은 결코 추상적인 개념이 아니기 때문이다. ' '공간을 생산한다는 것': 이 결합[공간이라는 말과 생산한다는 말의 결합]은 철학자가 개념에 대해 모든 힘을 행사했던 때에 정말 아무런 뜻도 지니지 못했다'는 말은 부인할 수 없는 사실이다.●19● 하지만 공간 그 자체가 이미 현실적 삶 그 자체를 구성하는 물질적 조건이라는 것, 그 물질적 조건은 사람들의 삶이 마주하고 있는 지리적 조건을 고려하지 않고서는 결코 성립할 수 없다는 것 또한 의심할 여지가 없는 사실이다. 도시 공간 또한 마찬가지다. 부르주아지가 도시 거주자의 삶에서 빼 놓을 수 없는 물질적 조건인 도시 공간에 손을 대는 일은 끊임없이 이어져야만 하는데, 이는 그 일을 계속해 나가기 위한 돈을 마련하고, 그렇게 마련한 돈으로 공간을 생산하고, 그렇게 생산한 공간에서 돈을 벌어들임과 동시에 쌓아가기 위해서 반드시 이루어져야 한다. 부르주아지한테 이 모든 과정은 꼭 필요하다. 그 과정이 뒷받침될 때 비로소 부르주아지는 '생산관계, 그리고 한 발 더 나아가 사회관계 전반을 혁신'하면서 자신들의 존재 기반을 더욱더 확고히 나갈 수 있기 때문이다.

　그렇다면 이 상황 속에서 프롤레타리아트, 그리고 자본주의 사회의 도시 공간과 그곳에서 사는 사람들의 관계는 어떻게 될까? 먼저 프롤레타리아트

●18● 마르크스, 칼 · 엥겔스, 프리드리히(1988). 「공산당 선언」, 『마르크스 · 엥겔스 저작선』, 김재기 엮고 옮김, 거름, 51. '부르주아'와 '프롤레타리아', '부르주아지'와 '프롤레타리아트'를 각각 구분해 보면 전자의 쌍은 각 계급에 속하는 사람을 가리키는 명사로 쓰이거나 '부르주아 사회', '프롤레타리아 혁명'의 예에서 볼 수 있는 것처럼 형용사로 쓰이기도 한다. 한편, 후자의 쌍은 각각의 계급을 가리킨다. 다시 말해서 '부르주아지는 생산수단의 소유자로서 임금노동을 착취하는 현대의 자본가계급을 말하는 반면, 프롤레타리아트는 현대의 임금노동자계급을 말하는 것으로서 그들은 아무런 생산수단도 갖고 있지 않으므로 살기 위해서는 자신의 노동력을 파는 것에 의존해야만 한다'. 같은 책, 50 — 각주 *.
●19● Lefebvre, H. (1991). *The Production of Space*, D. Nicholson-Smith (tr.), Oxford: Blackwell, 73; 르페브르, 앙리(2011). 『공간의 생산』, 양영란 옮김, 에코리브르, 134.

는 부르주아지가 새로운 공간의 지속적 생산을 통해 획책하는 생산관계와 사회관계의 혁신으로 말미암아 자본주의적 도시 공간에서 내몰리게 될 상황에 맞닥뜨리게 된다. 이는 새로운 공간의 새로운 생산양식에 견주어 낡은 공간의 낡은 생산양식으로 간주되기에 이른 자신의 생존조건을 그대로 유지하기 위한 저항이나 투쟁으로 이어진다. 도시 공간의 생산을 두고 벌어지는 이 싸움은 결국 자본주의 사회가 전반적 사회관계의 끊임없는 교란, 항구적인 불안과 동요라는 모순과 갈등의 상황에 처하도록 만들고 이 모순과 갈등은 부르주아 시대를 그 이전의 모든 시대와 구별지어준다. 이로써 새로운 도시 공간이 생산되기 이전의 도시 공간에서 굳어지고 녹슬어 버린 모든 관계는 그에 따르는 부산물들, 즉 아주 오래 전부터 존중되어 온 관념이나 견해와 함께 해체되며, 새로 발생하는 모든 것조차 미처 자리를 잡기도 전에 이미 낡은 것이 되고 만다. 결국 도시에 사는 '사람들 사이에는 노골적인 이해관계와 냉혹한 '현금계산' 외에는 아무런 관계도 남지 않게 된다'.[20]

　　하지만 이런 관계, 곧 자본주의 사회의 도시 공간이 유지되는 데 없어서는 안 될 기반이 되는 이 관계는 결코 확정적이지 않을뿐더러 안정적이지도 않다. 위에서 인용한 『공산당 선언』의 한 대목이 경고하는 것은 '바로 주기적으로 [자본주의] 사회를 송두리째 뒤흔드는 위기, 과잉생산의 '부조리'를 특징으로 하는 창조적 파괴의 위기, 풍요 속의 기근과 관련한 위기, 치솟는 소용돌이처럼 점점 더 커져 가는 불평등의 위기, 부르주아가 자신의 모습대로 세계를 만들기 위해 기존에 창출된 생산력을 주기적으로 파괴하는 위기의 불가피성'이기 때문이다.[21] 이 피할 수 없는 위기에 몰릴 대로 몰리게 될 때를 할 수 있는 만큼 늦추기 위해 자본주의 사회의 도시 공간은 끊임없이 재생산

[20] 마르크스·엥겔스, 앞의 책, 50~1.
[21] '부르주아지가 자신의 이미지대로 창조하는 세계의 모습'과 관련해서는 글상자 4의 상단을 볼 것.

되며 확장해 가는데, 이는 주로 '세상의 표면과 사람들이 자연과 맺는 관계를 완전히 변형하는 엄청난 기술 변화'와 함께 이루어진다.●22● 다시 말해서 엄청나게 빠른 속도로 발전하는 토건 기술은 한 도시가 그것이 갖고 있는 지리적 제약을 극복하고, 그것을 통해 도시 공간의 확대재생산에 필요한 길을 닦고, 터널을 뚫고, 다리를 놓는다. 다시 말해서 '부르주아적 관계의 물질적 토대가 되는 도시 공간은 이미 그 관계가 만들어 낸 부를 포용하기에는 너무 협소해질 수밖에 없으므로 부르주아지는 한편으로는 기존의 낡은 도시 공간이 갖고 있던 거대한 생산력을 파괴하고 다른 한편으로는 새로운 도시 공간을 통해 새로운 시장을 확대하면서 기존의 시장을 철저하게 착취하는 방법으로 극복하는 것이다'. 그리고 그렇게 넓혀간 부르주아 도시 공간은 부르주아로 하여금 더 많은 자본을 축적하도록 돕고 이는 다시 프롤레타리아트를 확대재생산하는 데 이바지한다. '일거리가 있을 때만 생존할 수 있으며, 그들의 노동이 자본을 증식시키는 한에서만 일거리를 얻을 수 있는, 자신을 토막으로 나누어 팔지 않으면 안 되는, 다른 온갖 판매품과 마찬가지로 하나의 상품인, 따라서 다른 상품과 마찬가지로 경쟁의 모든 성패(成敗)와 시장의 모든 변동에 내맡겨져 있는 프롤레타리아트', 아울러 '기계의 단순한 부속품이 되어 가장 단순하고 단조로우며 가장 배우기 쉬운 동작만 할 것이 요구되는 프롤레타리아트'를 확대재생산하는 것이다.

　　이른바 도시 공간의 사회적 확대재생산을 기반으로 하는 도시 팽창주의는 결국 더 큰 시장을 확보하여 더 많은 이익을 얻으려는 부르주아지의 끈질긴 노력에서 비롯한다. 마르크스와 엥겔스가 근대 자본주의가 겨냥하는 세계시장의 발전이라는 맥락에서 '세계시장은 상업, 해운 및 육상교통의 거대한

●22● 이를 두고 마르크스와 엥겔스가 한 말은 상당히 의미심장하다. 특별히 이 둘이 부르주아지의 생산력을 두고 하는 말은 글상자 4의 하단을 볼 것.

발전을 가져왔다. 이러한 발전이 이번에는 거꾸로 공업의 확장에 영향을 미쳤다. 공업, 상업, 해운, 철도가 확대되는 만큼 부르주아지도 발전하였으며, 부르주아지는 자본을 증식시킴으로써 중세 때부터 내려오는 모든 계급들을 뒷전으로 밀어내 버렸다'고 말하는 것을 지금 이야기하고 있는 도시 팽창주의의 맥락에 적용해도 별 무리가 없다는 것은 그 둘의 분석이 여전히 유효함을 입증한다.●23● 요컨대 길·터널·다리 이 모든 공간을 거느리고 있는 자본주의 사회의 도시 공간, 그리고 그 공간의 사회적 생산은 계급의 확대재생산과 떼려야 뗄 수 없는 관계를 맺고 있으며, 이로 말미암아 도시 팽창과 발전이라는 표면적 현상은 사실 엄청난 지리적 불평등을 딛고 서 있다는 모순을 안고 있는 것이다.

　이런 측면에서 볼 때 길·터널·다리, 그리고 이 모두를 아우르는 도시라는 **'(사회적) 공간은 (사회적) 생산물'**로 볼 수밖에 없다. 이는 도시 공간이 '이런저런 사물을 수집해 놓은 것이 아니며 (감각) 자료를 집적해 놓은 것도 아님을, 또한 다양한 내용물로 채워진 꾸러미마냥 포장된 빈 터 site도 아님을, 아울러 현상·사물·물리적 물질성에 강요된 어떤 '형상'으로도 환원할 수 없는 것'임을 뜻한다. 그렇다면 사회적 생산물로서 도시 공간이 갖는 이 같은 '환원불가능성'은 어디에서 비롯할까? 그것은 도시 공간이 그냥 단순한 사물 또는 생산물은 아니라는 점, 오히려 그것이 '생산된 사물들을 포괄하며, 그것들이 공존하는 가운데, 또 그것들이 갖는 동시성 가운데 생겨나는 상호관계, 곧 그것들의 (상대적) 질서와/또는 (상대적) 무질서까지 폭넓게 포함한다는 점, 특별히 일련의 조작 a sequence and set of operations으로 이루어진 결과이기 때문에 어떤 단순한 대상의 지위 rank로 환원할 수 없다'는 점에서 그러하다.●24●

●23● 마르크스·엥겔스, 앞의 책, 49~54.
●24● Lefebvre, 앞의 책, 26~7, 73; 71~2, 133 ─ 강조 원저.

이를 통해 도시 공간은 늘 생산의 과정에 있을 수밖에 없음이 드러난다. 도시 공간은 '아무런 움직임이나 변화, 발전이 없는 구조물 a static construct이 아니라 갈등을 겪고 모순된 어떤 **과정**, 곧 행위자인 우리가 지속적으로 개입하는 그런 과정'인 것이다.●25● 이렇게 볼 때, 길·터널·다리를 비롯한 도시 공간의 존재론적 측면에 관한 모든 이야기는 '오직 공간에 대한 비판적인 연구로써' 가능해질 수 있으며, 이는 도시 공간을 가만히 있는 것으로 보기보다 늘 움직이고 있는 것, 어떤 과정으로 볼 것을 반드시 전제해야 한다.●26●

도시 공간을 과정으로 본다는 것은 도시 공간이 문화와 실질적으로 어떠한 관계를 맺는지를 찬찬히 들여다 볼 것을 전제하기도 한다. 만약 도시 공간이 사회적으로 생산되는 것이고 더군다나 그것이 어떤 과정에 있는 것이라면 그것은 어떤 식으로든 문화와 관계를 맺고 있을 것이기 때문, 아니 실질적으로는 문화 그 자체일 공산이 크기 때문이다.●27● 도시 공간이 문화 그 자체라는 것은 도시라는 '사회적 공간과 관련한 특정 이론을 논의하는 데 집중하기보다 도시의 지리적 공간·경관·부동산 같은 것을 문화적으로 바라보고 그것들이 결국 공간의 의미를 둘러싼 투쟁이자 어떤 변화의 역사라는 것을 이해하려는 노력이 필요함'을 뜻한다.

이는 또 다시 도시 공간의 사회적 생산을 통한 자본주의적 축적을 '도시 공간이 역사적으로 어떻게 변화해 왔고 그 변화를 어떻게 이해할 수 있는가' 하는 질문과 그 대답을 내는 과정에서 생각해 볼 수 있는 자리를 마련해 주

●25● Wegner, P. E. (2002). 'Spatial Criticism: Critical Geography', *Introducing Criticism at the 21st Century* , J. Wolfreys (ed.), Edinburgh: Edinburgh University Press, 182 — 강조 원저.

●26● Lefebvre, 앞의 책, 165; 258.

●27● 도시 공간 그 자체가 문화라는 말은 문화가 정치적이라는 데서 비롯한다. 굵직굵직한 도시 공간의 생산이 주로 정부의 예산이나 대기업의 거대 자본, 또는 그것이 아니라 일상의 영역이라 할지라도 많은 돈을 필요로 하는 경우가 대부분이고, 그것이 특정 계급의 이익에 봉사하게끔 되어 있는 경우가 대부분이므로 도시 공간은 기본적으로 계급투쟁의 역사가 남겨 놓은 여러 흔적을 갖고 있으며, 앞으로 언제든 그 투쟁이 생겨날 가능성 또한 안고 있는 불안정한 곳이다.

기도 한다. 예컨대 도시 공간의 사회적 생산과 자본주의적 축적의 관계는 '왜 자본주의적 축적은 더 일찍 일어나지 않았을까? 더 구체적으로 말해서 상품과 돈이 중심이 되었고, 이성과 과학에 열심이었고, 더욱이 도시에 바탕을 둔 고대 경제체제마저 지금과 같은 자본주의적 축적은 이룩할 수 없었는데, 그 까닭은 도대체 무엇일까?' 같은 의문을 푸는 실마리가 된다. 그 실마리를 찾는 데 도움을 주는 일반적 '설명 하나는 고대 노예제가 임노동의 발달을 저해했다'는 것인데, 특별히 르페브르의 경우 이런 설명 방식이 그다지 설득력을 발휘한다고 생각지 않고 오히려 도시 공간 그 자체 또는 그것의 의미가 역사적으로 어떻게 변화해 왔는가를 추적함으로써 도시가 자본 축적을 위한 터가 되고 도시 공간을 조작하는 것 자체가 계급의 사회적 생산을 위한 물질적 조건이었다는 입장을 내어 놓는다.●28●

… 그[르페브르 Henri Lefebvre]는 어떤 세속적 공간, 곧 그 자체로 특정 용도를 지닌 부지 lots나 사유 재산으로 상품화하고, 측량사가 수량화하고, 장소가 갖고 있는 현지 local의 옛날 신과 정령을 앗아간 그 세속적 공간이 사람들을 자신의 생존을 위한 수단에서 따로 떼어 내는 대신, 사람들이 임금을 위해 일하는 것 말고는 다른 어떤 [삶의] 방도도 갖지 못하게끔 만드는 데 대한 필연적 전제조건이라고 상정했다.●29●

실상이 이런데도 도시 공간은 많은 경우 마치 아무렇지도 않은 것처럼 다루어진다. 도시 공간의 존재, 정말 아무렇지도 않은 것일까? 만약 그렇다면 그 공간에서 살아가고 있는 도시 거주자의 삶 또한 별것 아니게 될 텐데도 도

●28● Shields, R. (2011), 'Henry Lefebvre', *Key Thinkers on Space and Place* (2nd ed.), P. Hubbard & R. Kitchin (eds.), London: SAGE, 281~4.
●29● 같은 책, 284.

시 공간을 그냥 그저 그런 것으로 보는 일을 계속해서 이어갈 수 있을까? 이 물음을 생각해 보기 위해 다시 인터포인트 길인 터널과 다리의 문제로 돌아가 보자. 앞서 밝혔듯이 인터포인트 길인 터널과 다리, 사회 안에 있으면서도 서로 다른 사람들 사이에서 생겨나기 마련인 만남과 모임의 가능성을 처음부터 틀어막고 있는 도시 공간인 터널과 다리에서 그 길을 지나다니는 수많은 사람의 개별적 계급성은 지워져 버린다. 그곳은 말 그대로 평등한 공간, 불편부당하고 공평무사한 공간인 듯 보인다. 그렇기에 그 공간은 마치 정의로운 것처럼 보이기까지 한다. 하지만 과연 그럴까? 그곳이 평등한 공간으로 둔갑함으로써 '이익'을 얻는 사람은 과연 아무도 없을까? 단연코 그렇지 않다. 누가 되었든 그 공간을 통해서 이익을 얻는 사람이 있고, 그렇게 이익을 얻는 사람이 있는 만큼 손해를 보는 사람도 있다. 만약 누군가가 '터널과 다리 공간은 누구한테나 평등하다'고 말할 수 있다면 그것은 자본주의적 총체성의 힘이 그곳에 구현되어 있기 때문일 것이다.

그 힘은 한 사람 한 사람이 내는 자그마한 볼멘소리가 한 목소리로 모여 커질 가능성을 미리 차단하고 그 작은 목소리를 야금야금 먹어 치우는 전략을 통해 유지된다. 도시 공간의 사회적 생산과 그 생산이 불러일으키는 효과인 장소의 증발, 의사 장소 pseudo places 나 의제 장소 fictitious places 의 재생산과 확대재생산은 자본주의의 이런 전략을 더욱더 구체적이고 물질적인 방식으로 수행한다. 자본주의의 총체성을 구현하기 위해 생산되는 도시 공간은 그런 효과를 통해 그 공간과 관계를 맺으며 살아가는 사람들 사이의 지리적 불평등을 획책하고, 그것을 실현하고, 그 모든 불평등이 한 자리에 모일 어떠한 시공간적 틈도 주지 않으려 공간을 획정하고, 그 불평등을 소비로 증발시킬 수 있는 물적 토대를 마련한다. 그렇기에 길·터널·다리를 비롯한 도시 공간은 특정 계급의 이익에 봉사할 수밖에 없으며, 이로 말미암아 그 공간에서 사는 사람들이 누리고 있는 것처럼 보이는 그 허울 좋은 공간적 평등은 누리는 평등이 아니라 '견뎌야 하는' 평등이 된다.

이에 우리는 터널과 다리를 문화의 싸움터로 삼아야 하며, 자본주의 사회의 축적 과정이 고스란히 담겨 있음과 동시에 그 과정을 구현(재현)하는 공간적 구조물로 봐야 한다. 아울러 인터포인트 길로서 터널과 다리를 자본주의가 지난 50여 년 동안 부산을 무대로 펼쳐 온 역사적 맥락에서 비판적으로 검토하고 구체적으로 이해해야만 한다. 이 목적을 더 잘 이루기 위해 남은 작업은 부산의 터널과 다리에 대한 인식론적 접근을 어떻게 꾀할 것인가 하는 문제를 '지표'의 측면에서 살펴보는 것이다.

지표

　우선 크게 봤을 때, 공간은 기호로, 부산의 터널과 다리는 '지표적 기호 indexical sings'로 볼 수 있는데, 이는 전체적으로 퍼스 Charles. S. Peirce의 기호학, 곧 시마이오틱 semeiotic에 바탕을 두고 있다.●30● 먼저 공간은 어떻게 해서 기호로 볼 수 있을까? 퍼스에 따르면 '기호현상 또는 작용 semiosis은 의미의 생산, 곧 기호의 해석 같은 것이고, 이때 해석은 관찰자와 관계없이 존재하는 어떤 세상에서 지각되는 기호에 근거한 지식의 생산이기는 하지만 늘 관찰자가 갖고 있는 지식·범주·틀이 매개하는 것이다'. 하지만 '기호는 언어적 영역에 국한한 것이 아니기 때문에 세상에 있는 모든 것은 잠재적으로 기호가 될 수 있으며 어느 누군가한테 어떠한 것을 의미하게 될 수 있다'.●31● '우주는 기호로 가득 차 있다'는 퍼스의 유명한 주장처럼.●32● 따라서 '건축, 경관 건축, 그리고 더 넓은 의미의 공간 또한 마찬가지로 기호 체계. 이는 공간이 해석되고, 의미가 공간에 기입될 수 있고, 공간이 [사회적] 규범과 관습 codes and conventions이 구조화해 놓은 여러 의미를 드러내 보일 수 있음을 뜻한다'.●33● 다만 '공간을 기호로 본다'고 할 때 하나 짚어 둬야 할 점은 공간이 텍스트는 아니라는 것이다. 이는 곧 '공간이 몇몇 지리학적 전통에서 보이는 것처럼 텍스트로 환원하지 않는다'는 뜻이며,●34● 이는 아까 말한 것과 같이 '기호가 언어적 영역에 국한하지 않는다'는 퍼스의 입장에서 비롯한다.●35● 자, 그럼

●30● 퍼스의 기호학, 시마이오틱은 '삼원적' 틀을 갖고 있다는 점에서 전체적으로 이원적 틀에 바탕을 둔 소쉬르의 기호론, 세미올로지semiology; sémiologie와 많이 다르다고 볼 수 있다. 둘 사이의 자세한 분과 학문적 차이는 리슈카, 제임스 야쿱(2013). 『퍼스기호학의 이해』, 이윤희 옮김, 한국외국어대학교 출판부, 60~5를 볼 것.

●31● Assche, K. V. et al. (2012). 'What Place is this Time? Semiotics and the Analysis of Historical Architecture', Journal of Urban Design, 17:2, 235~6.

●32● 리슈카, 앞의 책, 70.

●33● Assche는 이러한 입장을 갖는 대표적인 연구로 Barthes, R. (1965). 'Semiologie et urbanisme', in L'aventure sémiologique, R. Barthes (ed.), Paris: Seuil과 Eco, U. (1972). La structure absente. Introduction à la recherche sémiotique, Paris: Mercure de France를 들고 있다.

●34● Assche는 이러한 연구의 대표적인 예로 Barnes, T. J. & Duncan, J. S. (1992). Writing Worlds: Discourse, Text and Metaphor in the Representation of Landscape, London: Routledge를 꼽고 있다.

●35● Assche et al., 앞의 책 236.

이제부터는 퍼스의 기호학을 부산의 터널과 다리의 맥락에서 짚어보도록 하자.

우선 이야기해 둬야 할 것은 퍼스의 기호학 체계가 '삼원적 triadic이긴 하지만 정작 네 가지 조건, 곧 재현적(representative) · 표상적(presentative) · 해석적(interpretative) 조건에다가 이 셋이 모이는 조건인 삼원적 조건(triadic condition)'으로 이루어진다는 것이다.●36● 먼저 공간이라는 기호의 삼원적 조건을 살펴보면, 이 글을 써 내려가고 있는 해석자이자 관찰자인 나한테 제일 요소인 기호는 부산이라는 도시 공간 또는 도시 공간 부산이다. 제이 요소인 대상은 턱없이 부족한 나의 앎을 바탕으로 해석해서 부분적으로나마 더 알고 싶은 것, 곧 지난 50여 년 동안 이루어진 자본주의의 역사다. 제삼 요소인 해석체는 부산의 터널과 다리 공간이다. 이 셋은 서로 관계를 맺고 있으며 이 가운데 어떤 이원적 관계도 독자적으로 맺어질 수 없다. 앞서 충분히 이야기했듯이 도시 공간은 사회적으로 생산된다는 '성질'을 갖고 있기에 자본주의와 어떤 식으로든 관계를 맺고 있으며, 이 성질은 그 대상이 터널과 다리라는 해석체와 관계를 맺도록 한다.

그렇다면 도시 공간 부산은 기호의 네 가지 형식적 조건을 어떻게 충족할까? 첫째, 이 공간은 앞서 말한 그 대상, 곧 지난 반세기 남짓 동안 이루어진 자본주의의 역사라는 대상을 향한 지향성을 가질 뿐 아니라 그것에 대한 것이기도 하므로 기호의 '재현적 조건'을 갖추고 있다. 둘째, 이 공간은 예컨대 사회적으로 생산된다는 측면이나 언제든 그렇게 될 수 있다는 잠재능력, 곧 기호의 근거에서 앞서 말한 재현적 조건을 충족하고 그에 따른 의미나 깊이를 충분히 갖고 있기 때문에 '표상적 조건'도 충족한다. 끝으로 이 공간은 터널과 다리라는 해석체를 확정할 수 있을뿐더러 공간이라는 최초의 기호를

●36● 이 '삼원성'과 관련한 자세한 내용은 글상자 5. 퍼스 기호학의 삼원성을 볼 것.

전달하고 발전시킨 또 다른 기호로 충분히 이해될 수 있기 때문에 '해석적 조건' 또한 갖추게 된다.

요컨대 도시 공간 부산이라는 기호는 사회적으로 생산된다는 측면이나 성질에서 지난 50여 년 간 이루어진 자본주의의 역사라는 대상을 재현하고, 그 기호의 해석자인 나는 '의미가 비슷하거나 더욱 발전된 또 다른 기호이자 그 기호가 갖고 있는 최초의 의미와 지시대상, 넓이와 깊이를 명료하게 만드는 다른 기호, 곧 재현을 하나의 재현으로서(a representation) 재현한 어떤 것' 인 부산의 터널과 다리 공간의 '기호 사용자'가 되기도 하는 것이다.●37● 이를 유념하면서 이제부터 살펴볼 것은 '부산의 터널과 다리를 지표적 기호로 본다'는 말에 과연 무슨 뜻이 담겨있을까 하는 것이다.

'지표적 기호'는 퍼스가 기호의 재현적 성격에 따라 분류한 것 가운데 하나로서 '인접성에 따라 사물을 재현'한다.●38● 지표로 만드는 데 기여하는 것은 기호가 지닌 어떤 성질이라기보다는 바로 '기호의 유일성이요, 공간적이나 시간적인 장소요, 지금, 그리고 이곳에 마주 서 있는 대상이다'.●39● 바로 이런 까닭에 기호 사용자이자 해석자, 관찰자인 나한테 부산의 터널과 다리는 지표적 기호가 될 수 있다. 부산의 터널과 다리는 나와 '가깝다'. 예컨대 내가 일상생활의 대부분을 보내는 이곳, 부산 대연동 주변에는 부산에서 큰 비중을 차지하는 터널과 다리가 꽤 있기 때문이다. 비록 도심 외곽 방향으로 들

●37● 리슈카, 앞의 책, 68.
●38● 이 분류 또한 삼원적 구성을 이루며, 지표적 기호 말고도 도상적iconic 기호와 상징적symbolic 기호가 더 있다. 전자는 유사성에, 후자는 관습·기질·법칙 관계 따위에 바탕을 두고 재현한다. 자세한 내용은 같은 책, 98~9, 101~3을 볼 것. 그렇다고 해서 이 셋 각각을 칼로 무 베듯 정확히 구분할 수 있는 것은 아니다. 예컨대 터널과 다리의 경우 그것을 무엇의 도상으로 보기는 힘들 수 있겠지만, 그것이 사람들의 습관이나 기질, 또는 법칙 관계를 재현할 수는 있다. 예컨대 사람들이 터널과 다리가 가져다주는 '속도'나 '속도감'을 당연히 생각한다고 치면, 터널과 다리에는 기호의 지표성과 상징성이 함께 있는 것이 된다. 그렇기에 '대부분의 기호는 부분적으로는 도상적이고, 부분적으로는 지표적이고, 부분적으로는 상징적이다. Assche et al., 앞의 책 238.
●39● 같은 책, 99; CP 4.56에서 재인용. 달리 말해 이는 지표적 기호의 '지표성indexicality'이 접촉성이나 인접성contiguity or proximity'을 필요로 하며 그 기호가 재현하는 것에는 '공간적 또는 시간적/인과적' 관계 같은 것이 있다는 뜻이다. Assche et al., 앞의 책 236. 여기서 CP는 글상자 5 맨 밑의 1을 볼 것.

어갈 수 있거나 도심 방향에서 빠져나오는 한 방향 밖에 없기는 하지만 '번영로'가 있고, '동서로' 양방향에 접근할 수 있는 황령터널도 있고, 센텀시티 · 마린시티 · 해운대 신시가지뿐만 아니라 부산-울산 간 고속도로로 곧장 이어지기도 하는 광안대교도 가까이 있다.●40●

이와 더불어 내가 부산의 터널과 다리를 지표적 기호로 보는 중요한 까닭이 하나 더 있다. 부산의 터널과 다리는 '그것이 재현하는 대상', 곧 자본주의가 지난 50여 년 동안 부산을 무대로 펼쳐 온 역사에 대해 '실제로는 어떤 것도 강하게 주장하지 않고, 단지 그 대상을 보여주고 드러낼 뿐'이기 때문이다".●41● 지난 50여 년 동안의 부산의 발자취를 간직하고 있는 살아있는 사료의 가치를 충분히 지니고 있는 부산의 터널과 다리, 하지만 그 역사에 대해 어떤 목소리도 내지 않고 그 역사를 드러내 보여줄 뿐인 부산의 터널과 다리. 이렇게 '역사를 지시하고 나타내는 것 historical references으로서 여러 지표 indices는 어떠한 일이 일어났는지를 알 수 있게끔 하는 이미지를 만들어 내지 않는다. 그것들은 역사적으로 중요한 어떤 현실에 가 '닿을' 기회를 나한테 가져다준다 They give an opportunity to bring you 'in touch' with some historic reality'. ●42●

잠깐 오른쪽 사진을 한 번 봐 보자. 1981년 부산 낙동대교 공사현장 및 시찰을 찍은 사진이다. 퍼스의 분류에 따르면 사진은 그것이 재현하는 대상

사진 1 ▲ 남덕우 국무총리 부산 낙동대교 공사현장 시찰
[촬영일자: 1981년 5월 22일, 출처: e-영상역사관.]

●40● 번영로는 도시고속도로로 불리기도 한다. 부산 밖으로는 경부고속도로로, 안으로는 충장고가차도와 일명 부둣길로 불리기도 하는 충장대로로 곧바로 이어진다. 총 연장 21㎞에 터널만 무려 다섯 개가 있다. 동서고가로로 불리기도 하는 동서로는 낙동대교로 이어지며 남해고속도로 제 2지선으로 곧장 통한다. 광안대교는 센텀시티·마린시티·해운대 신시가지뿐만 아니라 부산-울산 간 고속도로로 이어진다.

●41● 같은 책, 100; CP. 3.361에서 재인용.

●42● Assche et al., 앞의 책 237.

과 갖는 유사성 때문에 보통 '도상적 기호'에 속한다. 하지만 사진에는 다른 측면도 분명히 있다. 먼저 이 사진을 보는 나는 이것을 해석하고 거기서 어떤 해석체를 만들어 내는데, 그것은 곧 '해석된 의미'를 건져 내는 일과 같다. 이 때, 이 '사진과 그 해석체 사이에는 어떤 '실존적' 관계가 맺어지고, 이는 그 둘이 어떤 시간의 같은 장소에 공존한 적이 있음을 뜻한다'. 이 경우에 '비록 사진은 도상적이기도 하고 지표적이기도 하지만 그것의 문화적 의미는 대부분 현실의 물질적 흔적인 as a trace of the real 지표적 의미에서 파생한다'.●43●

앞으로 이 책이 선보일 사진에 담겨 있는 부산의 터널과 다리, 그것들을 두고 벌어진 사건, 그것들을 둘러싸고 있는 경관도 마찬가지다. 차이가 있다면 사진에 보이는 과거의 어떤 순간, 사진에 담겨 있는 사물의 현존을 사람들이 몸소 봤을 뿐 아니라 '지금도 여전히 체험하고 있다'는 것이다. 다시 말해서 부산의 터널과 다리는 '사라진 존재'가 결코 아니다. 지금도 여전히 있을 뿐더러 그 기능을 충실히 하고 있다는 점을 생각해 볼 때 그것들은 결코 사라진 존재가 아닌 것이다. 하지만 다른 측면에서 생각해 볼 때 그것들은 사라진 존재가 맞다. 있긴 하되 아무도 주목하지 않는 존재이기에 그렇다. 그것이 부정적이든 긍정적이든, 부산의 터널과 다리는 현시대의 부산, 곧 메트로폴리스 부산이라는 이 거대한 공간의 생산을 가능케 한 일등공신이라고 해도 지나침이 없을 정도로 큰 기여를 한 구조물이다. 그런데도 그것들은 사람들의 '인식적 지도'에 표기되어 있지 않다 cognitively unmapped. 물질적 공간임은 분명하나 인식적 공간은 아닌 것이다.

이데올로기는 이 간극, 삶을 바꾸는 물질적 존재가 일상생활에는 엄연

●43● Sturken, M. & Cartwright, L. (2009). *Practices of Looking: An Introduction to Visual Culture* (2nd ed), New York & Oxford: Oxford University Press, 30~1. 이로 말미암아 사진에는 '다른 여러 기호와 견주어 봤을 때, 진정성에 관한 특정한 의미가 부여된다'는 측면이 있다. 자세한 내용은 같은 책 33을 볼 것. 이와 관련해서 '사진과 해석체 간의 관계: 바르트의 사진 이론'은 글상자 6을 볼 것.

히 자리를 잡고 있지만 인식의 영역에는 어떤 자리도 잡고 있지 못할 때 생기는 이 간극에서 발현하며, 이 간극을 메우지 못하고 있을 때 비로소 이데올로기적 효과는 가장 극적으로 발휘된다. 이런 까닭으로 나는 부산의 터널과 다리를 지표적 기호로 보면서 그것들에 대한 인식론적 접근을 구체적으로 시도함으로써 '여태껏 단 한 번도 없었던 인식적 지도제작술 an unprecedented cognitive cartography'을 선보이려는 것이다.

한 번 더 말하지만 지표적 기호로서 부산의 터널과 다리는 부산의 지역문화를 연구할 때 정말 필요하고 중요한, 살아있는 사료다. 부산 최초의 터널인 영주터널의 공사현장을 보여주는 저 사진조차 그것과 관련한 현실의 물질적 흔적을 담고 있고 그 흔적에서 그것의 문화적 의미가 생겨난다면, 아직 사라지지 않은 채 여전히 그 자리를 지키고 있는 영주터널은 정말로 무시해선 안 될 부산의 물질적 조건인 것이다. 비록 지금은 쌍굴이 되어 모습이 바뀌었다 하더라도 말이다. 어디 그뿐인가? 그 물질적 조건을 가능케 한 부산의 지리적 조건과 그것을 활용한 부산이라는 도시 공간의 사회적 생산 전반과 관련한 여러 문제를 놓고 생각해 봐도 영주터널을 비롯한 부산의 터널과 다리는 그냥 지나쳐선 안 될 부산의 구조물임에 틀림없다. 하지만 더 구체적인 이야기를 하려면 터널과 굵직굵직 한 다리만 해도 각각 스무 개가 넘는 것을 어떤 식으로든 꿰어야 할 텐데, 이를 위해 나는 부산 도시개발사의 맥락에서 부산의 터널과 다리를 되도록 꼼꼼히 들여다보도록 할 것이다.

글상자 1 /
부르주아 시대의 지리적 사고가 항상 앞장서서 지켜온 강력한 이데올로기적 내용

하비는 '이데올로기적 내용물'을 세 가지 정도로 나누어 들여다보고 있다. 먼저 '과학으로서 지리학은 자연적 · 사회적 현상을 사물로 취급하며 그것을 조작 · 유지 · 착취'하고, 다음 '기술 art로서 지리학은 물질적 조건과 사회적 관계를 그것들이 누릴만한 역사적 진실성 historical veracity과 함께 묘사하는 것 못지않게 개인적 · 집단적 희망과 공포를 보호하고 설명하는데 이는 삶의 다양성에 대한 보편적 이해를 지향하면서도 보통은 그 다양성에 대한 편협하고도 자민족중심적인 시각을 장려함'을 뜻한다. 끝으로 '보통 자연에 관한 사실로 제시되는 지리학적 지식은 제국주의 · 신식민주의적 지배 · 확장주의를 정당화하는 데 이용될 수 있으며, 마찬가지로 공포를 잡아먹으며 적대심을 키우는 것과 관련해서도 지리적 정보는 그런 방식으로 제공될 수 있다(이 부분에서는 지도제작술 cartography의 악용에 특별히 주목할 만하다)'.●

하비가 언급한 것과 같이 '지도제작술'은 역사-지리적 유물론적 시각에서 특별히 중요한 자리를 차지하는데, 이는 '문화와 공간의 상호연계를 연구할 때, 지도화 mapping는 분석의 필수불가결한 도구이며 재현의 중요한 양식일 뿐더러 모든 지도는 문화적 산물 artefacts이며 부와 권력을 갖고 있는 이들의 도구이자 이데올로기적 수단'이기 때문이다.●●

● Harvey, D. (1984). 'On the History and Present Condition of Geography: An Historical Materialist Manifesto', *The Professional Geographer*, 36:1, 3~4.

●● Cosgrove, D. (2005). 'Mapping/Cartography', *Cultural Geography: A Critical Dictionary of Key Concepts*, D. Atkinson, *et al.* (eds.), London & New York: I.B. Tauris, 28~9; 코스그로브, 데니스 (2011). 「지도화/지도학 · Mapping/Cartography」, 진종헌 옮김, 『현대 문화지리학: 주요개념의 비판적 이해』, 앳킨슨, 데이비드 등 엮음, 이영민 외 옮김, 논형, 75~6.

글상자 2 /
문화연구와 역사-지리적 유물론의 만남

커쉬는 먼저 도린 매시 Doreen Massy의 자리를 역사-지리적 유물론의 흐름 속에 잡으면서 그녀가 다룬 '공간과 젠더화한 분업 문제는 장소, 스케일, 공시간 space-time을 관계적으로 구상한 것'으로서, 이는 그녀가 '구조주의적 마르크스주의'에 크나큰 관심을 기울임과 동시에 '지리적 사유를 간학제적 문화연구와 더 긴밀하게 접촉할 수 있도록 한 결과라고 설명한다. 이는 토대와 상부구조의 관계를 경제와 시민사회의 틀에서 해석한 그람시와 이를 '상대적 자율성'으로 구상한 알튀세, 그리고 이를 수입하여 문화유물론 Cultural materialism의 독창적 이론체계 고안에 활용한 윌리엄스와 그를 비판적으로 계승한 홀, 이 모두를 역사-지리적 유물론의 장으로 불러 모으는 계기를 만들었다.●

● Kirsch, S. (2009). 'Historical-geographical materialism', *International Encyclopedia of Human Geography* Vol. 5, N. Thrift & R. Kitchin (eds.), London: Elsevier, 167.

글상자 3 /
문화연구와 역사-지리적 유물론의 만남

윌리엄스가 붙들고 씨름한 문제의식 가운데 하나는 현대자본주의 사회에서 공동체를 실현할 가능성이 정말 있을까 하는 것, 있다면 그 가능성을 실현할 수 있는 가능성은 또 얼마나 될까 하는 것이다. 그는 '공동체'의 가능성과 그것을 실현할 가능성을 짚어 보기 위해 'society'의 의미가 역사적으로 어떻게 바뀌어 왔는지를 살펴보면서 시간이 지남과 더불어 '획득된 것은 다른 형태의 사회적 삶을 위한 어떤 자유와 기회, 상실된 것은 공동의 communal 사회적 관계(윌리엄스가 '공통 문화'라고 부르는 것)'라는 결론을 내린다. 그렇다면 '공동의 사회적 관계'를 지워버리고 그 자리에 들어선 것은 무엇일까?

그것은 사회·개인·자본이 다 함께 지어올린 '마천루'다. 사회와 개인의 사이가 마냥 좋을 수만은 없다. 세상은 어떤 식으로든 돌아가야 하고 그 속에서 우리는 또 어떤 식으로든 하루하루를 소중히 여기며 살아가야 하기 때문이다. 이 둘 가운데 놓칠 수 있는 것은 아무것도 없다. 두 마리 토끼를 다 잡아야만 하는데 그 일이 늘 쉽지만은 않은 탓에 무리가 뒤따르니 잡음 또한 늘 끊이지 않는다. 수많은 사람이 개인이 되어 이룩한 사회는 결국, 좀 불려서 말한다면, 그 둘이 허구한 날 싸움박질을 해대는 곳이다. 그것이 확 표가 나든, 아니면 구시렁거리는 것으로 끝나고 말든, 이 싸움질은 당최 끝날 기미가 보이지 않는다. 다시 말해 사회적 차원에서 반드시 유지되어야 하는 '총체성'과 개인적 차원에서 존중되어야 하는 '일상생활의 경험이 갖는 중대성', 이 둘 사이의 갈등과 모순이 끊임없이 생겨나는 곳, 따라서 '충실과 연대의 정치'가 필연적으로 생겨날 수밖에 없는 곳이 사회인 것이다. 개인이 사회를 따르기만 할 뿐, 사회의 힘에 맞설 수 있는 연대는 아예 생각도 않고 있다면, 곧 사회와 개인의 관계가 사회가 개인을 흡수, 통합해 버리는 쪽으로 향한다면, 공동의 사회적 관계도 필연적으로 지워질 수밖에 없다. 윌리엄스가 보기에 이 상실은 이미 '완료된' 것이며, 이 상실이 가장 극단적으로 드러나는 사회 체제는 다름 아닌 자본주의다. 공동의 사회적 관계는 '자본주의가 갖고 있는 개별화[개인화 · 개성화]의 힘이 확산 · 강화됨'에 따라 지워진다.●

●Mitchell, D. & Breitbach, C (2011). 'Raymond Williams', *Key Thinkers on Space and Place* (2nd ed.), P. Hubbard & R. Kitchin (eds.), London: SAGE, 472~3.
참고로 'society'의 역사적 변천 과정은 Williams, R. (1983). Keywords: *A vocabulary of culture and society*, (Revised ed.), New York: Oxford University Press, 291~5; 윌리엄스, 레이먼드(2010). 『키워드』, 김성기 · 유리 옮김, 민음사, 443~9를 볼 것.

글상자 4 /
부르주아지가 자신의 이미지대로 창조하는 세계의 모습

부르주아지는 모든 생산도구의 급속한 개선과 한없이 편리해지는 교통수단에 의해서 모든 민족, 심지어는 가장 미개한 민족까지도 문명화시킨다. 그들 상품의 저렴한 가격은 모든 만리장성을 쳐부수고 외국인에 대한 야만인들의 집요한 증오까지도 여지없이 굴복시키고야 마는 무기이다. 부르주아지는 모든 민족들에게 망하고 싶지 않거든 부르주아적 생산양식을 받아들이라고, 즉 부르주아가 되라고 강요한다. 한 마디로 부르주아지는 자신들의 모습대로 세계를 창조하는 것이다. 부르주아지는 농촌을 도시의 지배에 종속시켰다. 부르주아지는 거대한 도시들을 만들고 도시인구를 농촌인구에 비해 크게 증가시

킴으로써, 인구의 대부분을 우매한 농촌생활로부터 건져냈다. … 부르주아지는 생산수단, 재산 및 인구의 분산 상태를 점점 소멸시킨다. 그들은 주민을 집결시키고, 생산수단을 집중시키며, 재산을 소수의 손에 집중시켰다. 그 필연적 결과는 정치적 중앙집권화였다. … 독립적인 각 지방들이 **하나의** 정부, **하나의** 법률, **하나의** 국민적인 이해관계를 갖고서 **하나의** 관세구역 내에 사는 **하나의** 국민으로 결합되었다.●

●마르크스, 칼·엥겔스, 프리드리히(1988), 「공산당 선언」, 『마르크스·엥겔스 저작선』, 김재기 엮고 옮김, 거름, 52~3 – 강조 원저.

부르주아지의 생산력

부르주아지는 백 년도 채 못 되는 계급 지배 기간 동안에 과거의 모든 세대가 만들어 낸 것을 다 합친 것보다도 더 많고, 더 거대한 생산력을 만들어 냈다. 자연력의 정복, 기계에 의한 생산, 공업 및 농업에서의 화학의 이용, 기선에 의한 항해, 철도, 전신, 세계 각지의 개간, 하천 항로의 개척, 마치 땅 밑에서 솟아난 듯한 방대한 인구 — 이와 같은 생산력이 사회적 노동의 태내에서 잠자고 있었다는 것을 과거의 어느 세기가 예감이나 할 수 있었으랴!●

●같은 책, 53.

글상자 5 /
퍼스 기호학의 '삼원성'

기호는 … 제일 요소(a First)로, 대상이라 부르는 **제이 요소**(a Second)와 순수한 삼원적 관계에 있다. 이는 기호 자신이 똑같은 대상과 맺는, 기호의 대상과 동일한 삼원적 관계가 가능한 해석체라 부르는 **제삼 요소**(a Third)를 규정하는 관계이다. 이 삼원적 관계는 **순수하다.** 즉 세 요소는 그런 관계 속에서 서로 결합되어 있는데, 이원적 관계의 어떤 결합도 포함시키지 않는다(CP 2. 224).

[기호는] 어떤 **성질**(a Quality)이 기호의 **대상**(Object)인 **제이 요소**(a Second)와 일정한 방식으로 관계 맺고 있는 어떤 것이다. 그것은 기호의 **해석체**(Interpretant)인 **제삼 요소**(a Third)를 그 대상과 관계 맺도록 한 방식이다(CP 2.92).

그러므로 기호는 한편으로는 기호의 대상과 관계에 있는 대상이며, 다른 한편으로는 해석체와 관계에 있는 대상이다. 그럼으로써 기호는 해석체를 기호 자신이 대상과 갖는 관계에 상응하는 그 대상과 관계를 맺게 한다(LW: 32).

퍼스의 기호학적 틀에서 '기호, 또는 **표상체**(representamen)가 기호로 간주되기 위해서는, 네 가지 형식적 조건'을 충족해야 하며, 그 조건에는 '**재현적** (representative) · **표상적**(presentative) · **해석적**(interpretative) · **삼원적 조건** (triadic condition)'이 있다. 재현적 조건은 '기호가 대상과 연관성이 있거나 대상을 재현해야 한다(CP 2.230; W 1.287)'는 조건으로 '모든 기호는 대상을 향한 지향성(directedness)을 가지거나, 최소한 어떤 것에 대한 것이라는 뜻이다'. 또 모든 기호는 '어떤 측면이나 혹은 잠재능력에서(기호의 **근거**, ground)' 재현적 조건을 충족해야 하며, 이는 모든 기호가 '기호로 간주되기 위해서 일종의 의미 또는 깊이를 지녀야 한다(W 1.287)'는 것을 뜻한다. 이것이 표상적 조건이다. 이어서 해석적 조건은 기호가 잠정적이든 실제적이든 '하나의 해석체(an interpretant)를 확정해야 하는 조건'인데, '해석체는 최초의 기호를 전달하고 발전시킨 하나의 기호로 이해될 수 있기 때문이다(CP 2.228, 2.308, 5.253)'. 이세 조건이 맨 마지막 조건인 '삼원적 조건'으로 모이는 것이다.●

●리슈카, 제임스 야쿱(2013). 『퍼스기호학의 이해』, 이윤희 옮김, 한국외국어대학교 출판부, 67~70 — 강조 원저. 아래의 출처는 같은 책, 35.

1. CP 『찰스 샌더스 퍼스 전집』 8권, 캠브리지 하버드 대학교 출판부, 1980. 1~6권은 찰즈 하츠혼(Charles Hartshorne)과 폴 바이스(Paul Weiss)가 편집, 7~8권은 아서 벅스(Arthur Burks)가 편집.
2. LW 『기호학과 의미학: 찰즈 샌더스 퍼스와 빅토리아 웰비 여사의 서신 교환』 찰즈 하드윅(Charles Hardwick) 편집, 블루밍턴 인디아나 대학교 출판부, 1977.
3. W 『찰즈 샌더즈 퍼스의 논문집』 5권, 블루밍턴 인디아나 대학교 출판부, 1980-1993. 1권 막스 피슈(Maz Fisch) (외) 편집, 2권 에드워드 모어(Edward C. Moore)(외) 편집, 3권~5권 크리스찬 클로젤(Christian Kloesel)(외) 편집.

글상자 6 /
사진과 해석체 간의 관계: 바르트의 사진이론

사진과 해석체 사이의 실존적 관계는 퍼스 기호학의 영향을 크게 받은 바르트의 사진 이론에서 비롯한다. 바르트한테 '사진 the Photograph'은 결코 실존적으로 되풀이될 수 없는 것을 기계적으로 되풀이하는 것이며, 사진 속에서 사건은 결코 다른 어떤 것을 초월하지 않은 채 늘 바르트 자신이 필요로 하는 자료 전부the corpus를 그가 보고 있는 물체[몸]the body로 이끌어 간다. 그것은 [문서에 기록된] 절대적 세항(細項) the absolute Particular이자 지고한 우연성 the sovereign Contingency이다'. • 이렇게 볼 때, 사진에서 과거의 어떤 순간, 사물의 '현존'은 결코 은유적인 것이 아니라 어떤 사람이 '그 지시대상을 **직접** 혹은 **몸소** 보았음을 뜻하며, 이는 사진의 본질이 어떠한 지시대상의 존재론적 증거가 되는 것'에 있다고 말할 수 있는 근거를 제공한다.••

> 사진은 말 그대로 지시대상의 발산이다. 거기에 있던 실재하는 물체[몸]에서 여러 발광 에너지가 나[바르트]를 향해 다가오고 그것은 결국 여기에 있는 나를 건드린다. 이 과정에 얼마만큼의 시간이 걸리느냐는 중요치 않다. 사라진 존재의 사진은 … 어떤 별에서 뻗어 나와 시간이 지난 뒤 나한테 와 닿을 그 별의 광선과 같다. 일종의 탯줄이 사진에 찍힌 대상의 몸과 내 시선을 잇는다. 비록 손으로 만지거나 느낄 수 없기는 하지만 빛은 여기서 어떤 살의 매개물 a carnal medium, 곧 내가 그 사람이 누구든 사진에 찍힌 사람과 공유하는 살갗이다.
> 라틴어로 "사진"은 "imago lucis opera expressa"라고 말할 수 있을 듯하다. 다시 말해서 이는 빛의 작용이 드러내고, "밖으로 빼내고 extracted", "꾸미고 mounted", (마치 레몬즙처럼) "눌러 짜낸 expressed" 이미지다.•••

한 장의 사진과 그것을 바라보고 있는 사람 사이에서 일어나는 빛의 존재론적 화학작용은 '물질적 흔적'으로서 사진을 인식할 수 있는 바탕을 마련한다. 이때 물질적 흔적으로서 사진이 갖고 있는 '중요한 특질 중 하나는 과거에 실행되거나 창조되었지만, 현재에도 남아 있고 미래에도 존재 가능한 물질적(육체적) 현존이라는 의미'이며, 이는 결국 '사진-인덱스론'의 이야기로 이어진다.•
••• 위의 인용에 있는 '거기에 있던 실재하는 물체나 몸', 곧 '자연스럽게 거기

에 있음 natural being-there이란 말은 바르트가 퍼스한테서 느슨하게 빌려온 지표
나 지표적이라는 말을 대신한 것'이기 때문이다.

사진과 관련한 대부분의 논의에서 볼 수 있듯이, 퍼스한테 지표는 닮음을 통해 대상을 재현
하는 도상의 반대쪽에 자리 잡고 있다. 사진을 두고 이야기할 때 일반적으로 유사 similarity는
시각적으로 닮아있음을 뜻한다. 예컨대 초상 사진이 초상화와 마찬가지로 도상인 것처럼 말
이다. 하지만 지표는 접촉을 통해 대상을 재현한다. 다시 말해서 지표는 대상을 가리키거나
그 자체로 대상의 흔적, 또는 그 대상이 만들어 놓은 자국인 것이다. 엄지손가락 지문은 지표
다. 재현물 item의 지표적 재현이 존재하기 위해 그 재현물은 반드시 거기에 있어야 하므로
종종 지표가 도상보다 본질적으로 더 설득력을 갖춘 것으로 여겨진다. 사진은 도상이기도
하고 지표이기도 하다. 그것은 승인의 인장 a seal of approval, 또는 바르트가 일컫는 "현존의
증명서 a certificate of presence"를 갖고 있는 도상이다.●●●●●

이로써 사진은 '도상적이기도 하고 지표적이기도 하지만 그것의 문화적 의미
는 대부분 현실의 물질적 흔적인 지표적 의미에서 파생한다'는 이야기를 더
확실히 할 수 있게 된다.

● Barthes, R. (2010), *Camera Lucida: Reflections of Photography*, R. Howard (tr.), New York: Hill
and Wang, 4; 바르트, 롤랑(1986). 「카메라 루시다: 사진에 관한 노트」, 조광희 옮김, 열화당, 12.
●● 이미정(2007), 「롤랑 바르트의 사진이미지론에 관한 연구」, 경성대학교 문화기획행정이론학과, 석사논문, 37
― 강조 원저.
●●● Barthes, 앞의 책, 80~1; 82~3.
●●●● 이미정, 앞의 책, 45~6. 이와 관련하여 이미정은 필립 뒤봐Philippe Dubois의 1983년 저작 *L'acte
photographique*를 참조하고 있다. 자세한 내용은 뒤봐, 필립(2005), 「사진적 행위」, 이경률 옮김, 사진마실, 12
와 67~70을 볼 것.
●●●●● Olin, M, (2002), 'Touching Photographs: Roland Barthes's "Mistaken" Identification',
Representations, 80, 100. "현존의 증명서" 출처는 Barthes, 앞의 책, 87; 88.

infrastructures

먼저 한 연구자의 말을 인용하면서 시작해 볼까 한다.

우리나라 법 체제에서 도시계획이라는 용어가 공식적으로 등장한 것은 1962년이다. 이후 도시계획시행령이 1963년 공포됐고, 같은 시기에 부산은 직할시로 승격했다. 부산은 세계 어디에서도 찾아볼 수 없는 독특한 도시화 현상을 경험했다. 도시화 를 연구하는 각종 용어인 가도시화(Pseudo Urbanization) · 과열도시화(Hyper Urbanization) · 과도시화(Over Urbanization) 등이 모두 동시다발적으로 발생한 도 시이다. 현재까지도 도시계획적 과제인 산복도로와 산동네 그리고 원도심 문제 등도 이 시기에 잉태됐다. 계획적 개발이 아닌 외부 압력에 의해 무계획적으로 태어난 부 산시는 50여 년이 지난 오늘날 그 궤적들이 또 다른 모습을 보여주고 있다. ●01●

2013년은 부산이 직할시로 '승격'한 지 딱 50년이 된 해였다. 이에 한 해 동안 부산을 연구하는 많은 사람이 지난 반세기 동안의 부산 역사를 재조명 하려 바삐 움직였다. 위의 인용을 발췌해온 글 또한 그 같은 움직임에 발맞 춰 발표된 것으로 인용은 글머리를 장식하고 있다. 여기서 볼 수 있는 부산은 '무계획적으로 태어난 도시'였다. 이는 '메트로폴리스라 해 봐야 각각의 지역 이 상호 무관하게 따로 놀던 모자이크 도시였던 부산'이라는 말이나 조금 더 전문적으로 들리는, 중심이 따로 없는 '부정형 다핵구조'라는 말과 그 뜻만 놓 고 보면 별 차이가 없다. ●02● 부산은 그랬다. 하지만 그랬기에 부산은 세계 에서 그 유례를 찾아보기 힘들 정도로 독특한 도시화를 겪는다. 그리고 지금 에 이르러 또 다른 모습을 보여주고 있다. 이런 측면에서 부산이 지금의 모습

●01● 황영우(2013). 「특집 2 부산의 도시개발사: 무계획 · 불균형적 도시 문제 창조적으로 바꿔나가는 과정」, 「부산발전포럼」, 9~10호, 부산발전연구원, 24. 이 글이 분석하는 부산 도시개발사의 개괄이 실려 있다.
●02● 강혁(2008). 「근대화의 충격과 이 땅에서의 거주와 건립」, 「인문학논총」, 제13집 1호, 경성대학교 인문과학연구소, 170; 김민수(2010). 「한국 도시 이미지와 정체성」, 「도시 공간의 이미지와 상상력」, 서울시립대학교 도시인문학연구소 엮음, 메이데이, 24.

을 갖추게 되기까지 인프라스트럭처로서 부산의 터널과 다리 각각이 어떠한 구실을 해 왔는지를, 특별히 수십 년 동안 변함없이 떡 하니 버티고 있는 중심부(국가 · 중앙정부 · 자본 capitals 축적지로서 수도 Capital)와 그것을 중심으로 해서 펼쳐지는 자장磁場속에서 부산의 터널과 다리가 어떤 일을 도맡아서 해 오고 있는지를 부산의 도시개발사 맥락에서 살펴보는 일은 깊은 의의를 갖는다.

부산과 같은 도시의 미래는 유리와 강철 그리고 하늘을 향해 올라가는 엘리베이터로 확보될 수 없다. 세계는 이미 기업도시의 주된 요소들(민자 쇼핑몰, 다물량 매장, 비즈니스 허브, 폐쇄적으로 관리되는 거주단지, 기타 글로벌 (자본) 축적을 위한 메가 구조물들)이 실패한 여러 사례를 목도하고 있다(Deadmalls.com 2011). … 이들의 미래는 실리콘 밸리를 답습한다고 보장될 수 있는 것도 아니다. 이 도시의 인구학적 구성이나 비교우위를 고려한다고 해도 글로벌 경쟁에서 승산을 보장할 수는 없다. 수도권 지역이 이들 산업을 끌어들이는 자석 역할을 지속할 것이기 때문이다.●03●

1960년대부터 지금까지 부산의 도시개발은 십년 단위로 해서 다섯 번의 변화를 겪는다. '서툴지만 독자적인 계획'을 세워 갔던 1960년대에서 시작하여 '성장 위주의 계획'에 따랐던 1970년대, '도시 관리 개념의 등장과 그에 따른 통제'가 이루어졌던 1980년대, '지속 가능성을 위한 계획'이 이루어졌던 1990년대를 거쳐 '도시 재창조'를 목표로 하는 2000년대와 지금에 이르고 있다.

●03● 마이크 더글라스(2011). 「동아시아 지역내 지구화되는 도시와 경계초월 도시 네트워크: 부산-후쿠오카 "공동생활구역 (common living sphere)" 사례 연구」, 『도시 인문학 연구』, 제3권 2호, 36. 참고로 더글라스가 인용하고 있는 Deadmalls.com의 정확한 출처는 'Deadmall Features', http://deadmalls.com/features.html이다.

공사중이던 영도대교와 부산대교 [사진 : 이인미]

서툴지만 독자적인

1960년대

1960년대에서 가장 중요하다고 생각하는 것은 세 가지다. 첫째는 부산의 '도시재개발사업'이다. 당시는 부산이 직할시로 막 승격한 때였고, 부산직할시가 시행한 최초의 도심재정비는 1962년과 1963년에 제정된 '도시계획법과 도시계획시행령'에 힘입어 적극적으로 이루어졌다. 이로써 1960년대의 부산이 감당하지 못했던 인구와 주거 문제를 한꺼번에 해결할 수 있는 법적 근거가 마련되기에 이른 것이다. 당시 부산은 '30만 명을 수용할 능력밖에' 갖지 못했고, 116만 명으로 불어난 인구는 전혀 감당할 수 있는 것이 아니었다. '1945년 광복을 맞은 해 부산(당시의 부산부)인구는 불과 281,160명이었는데, 4년 후인 1949년에 약 2배에 달하는 470,750명으로 불어났다. 해외 귀환동포가 부산에 많이 정착했기 때문이었다. 한국전쟁 이듬해인 1951년에는 홍수처럼 밀려든 피난민 때문에 인구가 844,134명으로 늘어났다. 1960년에는 116만 명이 됐다'. 이러한 인구증가는 '주택 수요를 유발했으나 지형적 특성상 산지가 많아 주거지로 활용 가능한 토지가 부족했던 부산은 인구증가에 대처할 가용 토지 확보가 관건'이었기 때문에 '도심 인근 고지대에 무허가 불량주택이 난립했고, 부산은 전국에서 가장 주택문제가 심각한 도시로 전락했다.' ●04● 1960년대 당시 평평한 데서 살기가 팍팍해진 많은 사람이 살 땅을 찾아 도심 주변의 산으로 밀려 올라갔고, 이들은 다시 도심 '바깥'으로 내몰리게 된다. 부산시가 1960년대 말에 중점적으로 추진했던 '고지대재개발'과 '범일동 조방지구재개발' 때문이었다. 1968년 부산시 정책이주지역이 된 당시 동래구의 여러 곳, 예컨대 반송●05●이나 반여동, 서동(동상동) 같은 곳으로 쫓겨 간 것이다. 이른바 부산의 '철거민 동네'가 만들어지기 시작한 것이 바로 이때다.

●04● 황영우, 앞의 책, 25~7. 황영우는 이어서 '지금도 이 당시의 도시문제는 해결되지 않고 남아있다'고 하지만 더 심각한 문제는 당시 부산의 도심재정비에 따른 철거민 문제는 이야기조차 안 한다는 데 있다.

둘째는 도심재정비 과정 직전인 1961년에 부산 최초의 터널, 영주터널(부산터널)이 개통한 일이다. 이는 도심재정비와 성격이 전혀 다른, 또는 그것과 전혀 앞뒤가 맞지 않는 일이 당시 부산의 도심에 벌어진 것이었는데, 이 터널은 당시 부산에서 가장 잘 사는 사람들이 모여 있던 동네이자 법원·검찰청·교도소 같은 사법집행기구가 권역을 이루고 있던 대신동과 부산 도심을 이으면서 '지리적 호명'이라고 하는 국가 통치술의 공간적 구현을 담당한다.

셋째는 고가도로의 출현이다. 부산에서 일명 '오바브릿지 overbridge'로 부르는 인프라가 1690년대 말에 '자성 입체 교차로'(자성고가도로)라는 이름으로 등장한다. 경부고속도로 개통을 염두에 둔 당시 박정희 대통령의 지시에 따라 '뭍에서 뭍으로 이어지는 다리'인 고가도로가 도시 공간 부산에 최초로 생기게 된 것이다. 이는 앞으로 계속해서 이어지게 될 국토 형성 과정에서 부산이 적극적 역할을 담당하기 시작한다는 측면에서 특별히 눈여겨 볼만하다.

이 세 가지를 바탕으로 하여 여기서는 1960년대 당시 부산의 도심재정비 사업이 활용했던 인프라인 동천교와 원동교를 통해 부산의 제1차 동서팽창에 따른 지리적 불평등을 짚어 보고, 영주터널과 자성 고가도로를 통해 국가 통치술의 공간적 구현과 국토 형성의 징조를 각각 살펴본다.

●05● 반송은 1968년부터 1975년까지 수정동 산동네, 조선방직 부지, 경부선 철도변에 살고 있던 철거민들이 집단으로 옮겨오면서 만들어진 동네다. 「못사는 동네 반송에서 희망세상으로」, '산지니출판사 블로그 : 지역에서 책 만드는 이야기', http://sanzinibook.tistory.com/27.

제1차 동서팽창 : 지리적 불평등

1960대는 '부산의 도시건설에 크게 기여했던 3개 지구의 도시재개발사업이 완성된 시기'였다.●06● 당시 부산의 도시재개발사업과 관련해서 주목할 만한 인프라는 1963년에 놓인 원동교●07●와 일제강점기부터 있던 석대다리, 곧 지금의 동천교●08●다. 이 두 다리는 어떤 역사를 머금고 있고, 그 역사의 주체는 그렇게 부산의 안이되 밖인 곳, 곧 반송과 반여동으로 내몰린 사람들이다. 그렇기에 이 두 다리는 1960년대 후반에 이루어진 부산의 도시재개발사업을 가능케 한 물질적 조건으로서 중요한 지표의 구실을 한다. 당시 도심에 있던 사람들이 부산의 '동쪽'으로 이주해 가는 데 결정적 공헌을 한 이 두 다리로 말미암아 장차 메트로폴리스를 지향하게 될 부산이 팽창의 첫 걸음을 뗄 수 있었으며, 실질적으로 그때부터 1970년대까지 이루어진 부산의 '제1차 동서팽창'이 시작한 것이다.

한편, 이 두 다리는 또 다른 지표의 구실도 하는데, 그것들 때문에 반송 · 반여동 · 서동은 같지만 다른 곳이 된다. 반송과 반여동, 그리고 서동 사이에는 '사천(絲川)'●09●, 곧 지금의 수영강이 흐른다. 산과 하천이 주로 지리적 경계로 기능하기에 터널이나 다리는 얼핏 보면 그 경계를 허물고 그 경계를 사이에 두고 있던 두 곳을 잇는 것처럼 보이기 쉽지만, 실은 정반대다. 그

●06● 부산직할시(1991). 「부산시사 제3권」, 258, 관련 이야기는 글상자 1을 볼 것.
●07● 원동교는 1990년에 확장공사를 하게 되는데 당시를 취재한 기사 한 대목을 보면 다음과 같다. '부산시가 11억원의 공사비를 들여 지난해 12월 착공, 이날 준공을 본 원동교 확장공사는 길이 98m의 교량 폭 18m(4차선)를 38m(8차선)로 늘렸다. 이 교량의 확장으로 만성적인 교통체증을 빚고 있던 충렬로와 원동IC의 교통체증이 해소될 것으로 보인다. 원동교는 부산시가 지난 63년 12월 1천7백만원을 들여 건설했으나 교량 폭이 좁고 경부고속도로 진입지점인 원동 톨게이트와 인접돼 교통체증을 빚어 왔었다. 「원동교 확장공사 준공」, 「연합뉴스」, http://news.naver.com/main/read.nhn?mode=LSD&mid=sec&sid1=102&oid=001&aid=0003461059.
●08● '석대다리'를 한참 검색하다가 그것이 지금 '동천교'로 바뀐 것을 알게 되었다. 지금은 부산 갈맷길 아홉 개 가운데 하나인 오륜대 오솔길(회동수원지 들목 상현마을에서 수영강 민락교까지 17.2km), 제8코스의 딱 중간에 자리 잡고 있다. 「갈맷길 700리 ⑧ 상현마을~민락교」, 부산시 공식블로그, http://blog.busan.go.kr/2446.
●09● '사천(絲川)'은 수영강의 옛 이름이다. '수영강은 조선시대 해군사령부 격인 경상좌도 수군절도사영, 즉 경상 좌수영이 이 근방에 있어서 붙여진 이름이다. 좌수영이 들어서기 전에는 사천(絲川)이라 했다. 기장 정관에서 발원해 회동수원지 사천을 거쳐서 바다로 이어지는 강이기에 그렇게들 불렀다'고 한다. 자세한 내용은 앞의 블로그를 볼 것.

지리적 경계가 허물어지는 만큼, 그래서 그 경계를 사이에 두고 있던 두 곳이 이어지는 만큼 그것이 어떤 관념적 경계를 만들어 내기 때문이다. 예컨대 1960년대까지만 해도 석대다리를 사이에 두고 이어진 반송과 서동은 행정구역으로 보면 동래구에 속해 있었을 뿐 아니라 반송과 서동에 사는 사람들 입장에서 볼 때는 실질적 '시내' 또한 동래였다. 서동은 동래와 뭍으로 죽 이어져 있는 반면, 반송에서 동래는 사천을 건너고 서동을 지나가야 갈 수 있는 곳이었다. 서동은 그만큼 반송보다 동래에 가까웠고, 당시 경상남도 기장과 맞붙어 있던 반송에 살던 사람들한테 서동 사람들은 내를 건너지 않고도 동래로 갈 수 있는 그런 사람들이었다. 이는 지리적 불평등이라 할 만한 것이 당시에도 분명히 있었음을, 또한 그것을 알 수 있는 지표가 석대다리임을 잘 보여준다. 최근 반송의 주민공동체를 깊이 있게 들여다 본 한 연구는 반송의 자리와 그에 따른 지리적 불평등이 어디까지 확대재생산될 수 있는지를 잘 보여준다.

지금이야 기장이 부산에 새로이 편입되어 부산의 동쪽 경계를 차지하고 있지만, 기장이 부산으로 편입되기 이전까지 부산의 동쪽 끝은 반송이었다. 그래서 이곳 사람들은 바깥에 나와 있다가도 집으로 돌아갈 때, '반송에 들어간다'는 말을 자주한다. … 입구와 출구가 하나이고, 나머지 삼면이 벽으로 둘러쳐지고 막힌 일정한 경계를 가지는 구조 … 반송은 하나의 경계가 자연스레 지워지는 지역의 단위이다.
이러한 반송이라는 지역의 획정은 부산의 여느 지역과는 달리 행정적으로 규정된 구역분할과는 다른 의미를 지닌다. … 서동이나 명장동 고개를 넘어 동천교(석대 다리)를 지나거나, 또는 반여동 고개를 넘어 반여농산물도매시장과 석대를 거쳐 반송으로 들어가는 길은 다른 데로 샐 길이 없는 유일한 길이다.
'외지다'는 지역적 특성에 더하여 여기에 자의든, 타의든 반송에 매겨지는 '뭔가'가 있다. … 물리적 경계에 대비해 정서적이고 심리적인 경계에 해당하는 이 '뭔가'는 1960년대 후반에서 1970년대 초반에 걸쳐 행해진 당국의 조치, 즉 '철거와 집단이주'라는 조치에 의해 생겨난 것이고, 그것은 오늘날까지 지속되고 있다. 낙인을 연상시킬 만큼 오래된, 반송지역에 대한 일종의 평판은 반송이라는 물리적 구역획정과는 달리, 보이지 않는 경계를 세우고, 다른 지역과 반송을 구별 짓는 기제로 작용하고 있다.●10●

이렇듯 1960년대는 이런저런 지리적 불평등이 당시에 있던 다리를 통해 층층이 쌓이기 시작한 때라고 말할 수 있다.

●10● 경성대학교 문화발전연구소(2013). 「주민공동체, 반송 사람 이야기」, 『마이너리티, 또 다른 부산의 힘』, 부산발전연구원, 부산학연구센터, 60~2쪽.

국가 통치술의 공간적 구현 :
국토 형성의 전조[前兆]

이렇듯 층층이 쌓이기 시작한 1960년대의 지리적 불평등은 당시의 유일한 터널인 영주터널(구봉산과 보수산이 이어지는 산기슭을 뚫어 부산의 동구와 서구를 이어준다)을 통해서도 분명히 드러난다. 앞에서 살펴봤던 두 다리와 마찬가지로 1961년에 개통된 영주터널은 부산의 제1차 동서팽창에서 중요한 시발점의 역할을 담당하기도 하는데, 하나 차이가 있다면 앞의 두 다리가 동쪽으로 향한 반면 영주터널은 부산 도심에서 '서쪽'으로 향한다는 것이다. 하지만 그 팽창은 조금 시간이 지난 뒤에 본격적으로 시작할 것이었다. 당시는 대티터널(1971)과 구덕터널(1984)이 만들어지기 전이었기 때문이다. 그렇다면 고작 부산역과 대신동을 잇기만 할 뿐인 영주터널은 왜 뚫렸을까?

그 목적의 중심에는 '돈과 힘'이 있다. 일제강점기부터 대신동은 부자동네였다.●11● 높은 사람들이 사는 동네였을 뿐 아니라 법원과 검찰청 같은 부산의 주요 사법기관이 있음으로써 부산 통치의 중추적 역할을 했던, 당시의 서구에서 가장 중요했던 동네였다. 이런 상황에서 영주터널은 단지 부산역과 대신동을 지리적으로 잇기 위한 목적보다 잘 사는 사람, 힘 있는 사람이 조금 더 수월히 다닐 수 있도록 한 것이었을 가능성이 높다. 더군다나 당시 자가용을 가졌거나 가질 수 있었던 사람이 정말 극소수였음을 생각한다면, 그곳이 특정 집단의 사람들을 위한 것이었음은 분명하다.●12●

여기서 하나 꼭 짚고 넘어가야할 점은 영주터널이 국가 통치술을 공간적으로 구현하는 이데올로기적 국가장치의 역할을 수행할 목적으로 개통되었을 가능성이다. 알튀세는 **실천들 속에 삽입된 행위들**을 이야기하면서 '이 실

●11● '부산 서구 대신동은 한때 부산의 대표적인 '부촌'으로 꼽혔던 곳이다. 그 뿌리가 깊다. 대신동이 부산을 대표하는 주거지로 처음 떠오른 것은 1940년대다. 당시 일제가 동대신동 일대 21만6120㎡에 부산지역 최초로 대단위 새 주거단지를 조성하면서 대신동은 단번에 부산의 '주거 1번지'로 떠올랐다.' 권이상(2012). 「부산 대신동의 부활 ⋯ '주거1번지' 명성 되찾는다」, 「중앙일보」, 조인스랜드부동산, http://news.joinsland.com/total/view.asp?pno=101542.
●12● 1961년 당시는 '자동차산업 발전법'이 막 제정되고 전국을 다 쳐도 팔린 자동차 수가 고작 삼천 대 정도밖에 되지 않는 때였다. 「2012년 한국 광역 지자체별 승용차 보유대수와 자동차 세수」, http://blog.naver.com/esuccess/40195529763.

사진 2▲ 터널공사 광경
[사진: 「부산터널공사」, 생산기관: 공보처 홍보국 사진담당관, 촬영일자: 1961년 1월 31일, 출처: 행정자치부 국가기록원, 관리번호: CET0031302.]

천들이, **이데올로기적 장치의 물질적 존재** 안에 그것들이 기입되어 있는 **관습들**—그것이 장치의 아무리 작은 부분이라 할지라도—에 의해서 규정된다는 사실에 주목하고 다음과 같은 결론을 이끌어 낸다. '그러므로, 하나의 주체(이러저러한 개인)만을 고려하자면, 그의 믿음에 대한 사고들의 존재는 물질적이다: **그의 사고들이, 이 사고들이 유래하는 물질적인 이데올로기 장치에 의해 그 자신 규정되는 물질적 관습들에 의해 제한되는 물질적 실천들 속에 삽입된 물질적 행동이라는 면에서 그러하다**'.●13●

●13● 알튀세, 루이(1991). 「이데올로기와 이데올로기적 국가장치 ― 연구를 위한 노트」, 『아미엥에서의 주장』, 김동수 옮김, 솔, 113~4 ― 강조 원저.

사진 3▲ 부산터널개통1

[사진: 「박정희 국가재건최고회의 의장 부산터널 개통식 참석」, 생산기관: 공보처 홍보국 사진담당관, 촬영일자: 1961년, 출처: 행정자치부 국가기록원, 관리번호: CET0031314.]

사진 4▲ 박정희 국가재건회의 의장 부산터널 개통식 테이프 절단

[사진: 「박정희 국가재건최고회의 의장 부산터널 개통식 참석」, 생산기관: 공보처 홍보국 사진담당관, 촬영일자: 1961년, 출처: 행정자치부 국가기록원, 관리번호: CET0031314.]

사진 5▲ 박정희 국가재건회의 의장 부산터널 개통식 참석연설 1
[사진: 「박정희 국가재건최고회의 의장 부산터널 개통식 참석」, 생산기관: 공보처 홍보국 사진담당관, 촬영일자: 1961년, 출처: 행정자치부 국가기록원, 관리번호: CET0031314.]

이를 두고 생각해 봐야 할 것은 지금 동대신동 삼익아파트 자리에 당시의 부산교도소가 있었다는 것이며, 더군다나 일제강점기부터 거기에 있던 부산형무소가 부산교도소로 이름을 바꾼 해가 1961년이라는 것이다. 그렇다면 법원·검찰청과 함께 당시 대신동을 중심으로 한 서구 일대는 사법권, 곧 억압적 국가장치가 모인 권역이자 상부구조가 공간적으로 구현된 권역이었다는 얘기가 된다.●14● 그리고 영주터널은 그곳과 당시 사람들의 삶이 가장 활기찬 모습으로 드러났을 부산 도심, 그리고 부두와 부산역(당시 부산역은 1953년에 난 큰 불로 지금 부산진역 자리에 있었다)을 중심으로 한 인프라를 잇는다. 만약 후자를 묶어서 토대 base로 부를 수 있다면, 영주터널은 토대와 상부구조를 잇는다고도 볼 수 있는데, 이는 사람들로 하여금 상부구조가 '지척'에 있다고 생각하게끔 해서 상부구조의 통치와 지배에 더욱더 잘 따르도

●14● 관련 이야기는 글상자 2를 볼 것.

사진 6▲ 부산터널 개통식장에 운집한 부산시민들 2
[사진: 「박정희 국가재건최고회의 의장 부산터널 개통식 참석」, 생산기관: 공보처 홍보국 사진담당관, 촬영일자: 1961년, 출처: 행정자치부 국가기록원, 관리번호: CET0031314..]

록 하는 정치적 효과를 불러일으킨다. 토대와 상부구조 사이의 거리가 확 줄어드는 바람에 생기는 '지리적 호명'의 이데올로기적 효과인 셈이다.

　이로써 이데올로기적 국가장치로서 영주터널은 **구체적 개인들을 구체적 주체로서 호명**'하는데, 이는 개인들을 주체들로 '변형'시키는 방식으로 '활동'하고 '작용'함을 암시하는 것으로서 '아주 흔한 경찰의 (또는 다른) 일상적인 호명과 같은 유형 속', 예컨대 '헤이, 거기 당신!'같은 일상적 호명 속에서 표상할 수 있다.●15● 결국 지리적 호명이라는 이데올로기적 효과가 작동하기 위한 필수 전제조건은 영주터널을 통해 지리적 경계가 사라지고 그 자리를 관념적 경계가 대신함으로써 생기는 '안도감과 거리감'이다. 결국 당시 영주터널은 1960년대에 접어들어 막 싹을 틔우기 시작한 국민국가의 통치술을 물질적으로 구현하는 이데올로기적 국가 장치가 되기에 이른 것이다.

●15● 알튀세, 앞의 책, 118~9 ─ 강조 원저.

이제 마지막으로 살펴볼 것은 '자성고가도로'가 보여주는 국토 형성의 전조다. 이에 앞서 1960년대 부산의 도로정책을 잠깐 보면 1961년 5·16 군사쿠데타 당시 '도시정책에 대한 과감한 시책들을 시도하여 근대도시 건설에 획기적인 계기를 마련하게 되어 1960년도 말에는 광로 4개 노선, 대로 42개 노선, 중로 219개 노선, 광장 43개소로서 계획가로[街路] 연장 약 404,188m, 계획가로 면적은 약 8,370,112㎡로 확대 조정'되었는데, 자성고가도로의 건설 또한 이 같은 전반적 분위기 속에서 추진되었다고 볼 수 있다.●16●

당시의 상황을 조금 더 구체적으로 알아보기 위해 먼저 당시의 신문기사 두 도막을 보도록 하자.●17●

시채(市債)발행재원확보 고가도로건설위해, 박대통령지시

[부산] 올해 초도순시차부산에온 박대통령은 7일상오11시 부산시청에 들어 김대만 시장으로부터 시정현황과 건의사항을 들었는데 이 자리에서 고가도로건설비용 10억 원 중 6억 원의 재원확보를 위해서 연리 25%의 시채를 발행하고 그 이자 중 9%는 부산시가 나머지는 정부가 부담토록 하라고 지시했다. 또한 박대통령은 68연도 한해 대책비 상수원개발비 1억 7천 7백만 원을 금융자금으로 조달하려는 계획을 장기저 리채로 전환조처할 것을 관계 장관에게 지시했다.●18●

●16● 부산직할시, 앞의 책, 278.
●17● 이 두 기사가 말하고 있는 '고가도로'가 정확히 무엇을 가리키고 있는 것인지 조금은 불분명한 것도 사실이다. 『부산시사』 제3권의 312~6에 실려 있는 1960년대와 70년대의 '도로사업현황'을 보면 연장 715m, 폭 4~8m, 사업비 173,790,000원의 자 성입체 교차로 가설이 1969년 4월 8일에 착공되어 같은 해 10월 29일에 준공되었고, 연장 751m, 폭 5m, 사업비 25,630,000 원의 범일 고가도로 가설이 1970년 3월 30일에 착공되어 같은 해 4월 24일에 준공된 것으로 나와 있다. 이 정보를 토대로 생각해 볼 때 기사가 이야기하고 있는 '고가도로'는 자성입체 교차로와 범일 고가도로를 합친 것인 듯 보인다. 따라서 지금 '자성고가도 로' 또한 이 둘을 한꺼번에 이르는 것으로 보고 이야기를 진행하도록 하겠다.
●18● 「시채발행재원확보 고가도로건설위해」, 『매일경제신문』, 1969년 2월 8일, 2면 ─ 띄어쓰기, 맞춤법 원문과 같음.

내년초착공

[부산] 부산시는 내년도에 3억원을 투입해서 동구 우천(佑川)동 「오버 · 부릿지」 입구에서 구전차길을 따라 부산철도국옆 육교를 거쳐 동명목재(부산진구 전포동 소재)앞 도로를 연결하는 고가도로를 만들기로 했다. 부산시내에 처음 등장하게될 이고가도로는 길이 1천 4백m, 폭9m, 접속도로1백 40m의 2차선 고가도로로 될 것인데 이는 경 · 부고속도로의 개통으로 인해 타시 · 도에서 시내로 들어오는 차량이 늘어날 것을 예상하고 교통소통을 원활히 하기 위해 설치키로한 것이다.●19●

　　자성고가도로의 건설을 지시한 사람이 박정희 당시 대통령 자신이었다는 점, 그리고 그가 직접 고가도로의 건설을 위한 재원확보 방안까지 아주 꼼꼼히 지시했다는 사실은 당시 자성고가도로가 단지 지역적 차원이 아니라 국가적 차원에서 고려되었음을 보여준다. 실질적으로 자성고가도로는 경부고속도로가 개통됨으로써 교통체증이 심각해질 것에 대비한 국가적 시책의 일환이었다. 그렇기에 자성고가도로는 국토 형성의 전조로 보기에 충분한 지표가 된다.●20●

●19● 「내년초 착공」, 『매일경제신문』, 1969년 10월 27일, 2면 — 띄어쓰기, 맞춤법 원문과 같음.
●20● 경부고속도로가 개통되기 직전인 1970년 6월 19일에 측정한 '1970년도 주요지점 1일(12시간) 교통량(부산시 『차량교통량 조사보고서』, 1970)을 보면 문현로터리의 교통량 23,369대를 100으로 봤을 때 자성대 입체 교차로의 교통량은 32,831대로 지수는 140이다. 더 자세한 내용은 『부산시사』 제3권, 492를 볼 것.

글상자 1 /
철거민 동네, 반송

1960년대 '부산의 도시건설에 크게 기여했던 3개 지구의 도시재개발' 사업이
란 '고지대재개발', '부두지구 계획정리', '범일동 조방지구재개발'을 일컫는데,
철거민 동네와 깊은 관련을 맺고 있는 것은 첫 번째와 세 번째 사업이다. 2014
년이었던 것으로 기억한다. 새해를 맞아 어머님 댁에 갔다가 어머님, 큰 형님
(1961년생)과 함께 반송과 관련한 여러 이야기를 나눌 수 있었다. 우리 가족이
1960년대 말에서 1980년대 말까지 20년 정도를 아랫반송에서 살았기 때문에
철거민이 반송으로 이주해 들어오던 당시의 상황을 자세하게 들을 수 있었다.
큰 형님 말씀에 따르면, 당시 아랫반송이 '수정지구'와 '조방지구'로 나뉘어 있
었고, 강제 철거민들한테는 가구당 15평의 땅이 주어졌다고 한다. 이 수치는
당시 고지대재개발 사업과 관련하여 『부산시사』 제3권, 259쪽에서 언급하고
있는 것, 곧 고지대재개발은 '시범지구였던 영주동 지구의 아파트건립이 시작
된 1968년 봄부터 본격화되었다. 특히 1968년 3월 2일의 영주동 고지대 판자촌
이 동래구 동상동으로의 철거이주는 현대판 엑소더스로서 반대와 집행의 강
행이 있었다. 철거이주민 4,428세대를 시유지 292,464㎡에 이주정착시키는 것
으로써 세대당 49.6㎡의 대지가 주어졌던 것이다. 이것은 또다른 슬럼지구의
조성이란 비평도 있었다'는 말에 등장하는 수치인 49.6㎡에 정확히 일치하는
것이다(띄어쓰기, 맞춤법 원문과 같음). 한 평은 3.3058㎡로서 곱하기 15를 하
면 49, 587㎡, 반올림하면 49.6㎡가 되기 때문이다.
어머님께서 하신 말씀 또한 새겨 들을만한 것이었는데, 당시 범일동 조방지구
가 재개발 대상이 되었던 까닭은 거기에 넝마주이가 많이 살았기 때문이라고
하셨다. 이어서 우는 아이가 있거나 말을 안 듣는 아이가 있을 때 아이를 달래
거나 아이가 말을 잘 듣도록 하기 위해 '가구재이 온다!'는 말을 곧잘 하곤 했
다는 말씀도 하셨는데, 여기서 '가구재이'는 '넝마주이'를 일컫는 경상도 사투
리인 '강구쟁이'가 바뀐 것이다. 범일동 조방지구재개발과 관련하여 주목할 만
한 사실이 두 가지 정도 더 있다. 『부산시사』 제3권, 260쪽을 보면 '… 택지의
매각에 있어서는 대단위 민간자본의 참여가 이루어지지 않아 단지는 세분화
된 매각형태로 사업이 종결지어졌다. 부지가 세분화됨으로써 당초 입안되었

던 재개발의 커다란 뜻을 이루지 못한 요인이 되고 말았다. 조방이 세워진지 50년만에 헐리고 이곳이 시청사를 이전코저 기공식(1969. 1. 4)까지 가졌으나 실현되지 못했다. 시청사가 예정되었던 부지는 경부고속도로 개통과 함께 고속버스터미널로 10여년간(1970~1983. 9) 이용된 바 있다'고 하는데, 먼저 1980년대부터 국가나 지역 정부 규모의 토건 사업에 본격적으로 이루어지기 시작하는 민간 자본의 투자가 이때 이미 싹을 틔우고 있었다는 점, 그리고 1980년에 개통하게 될 부산 도시고속도로의 문현동 나들목에서 아주 가까운 곳에 부산고속버스터미널이 있었다는 점을 눈여겨 볼만하다. 이후 고속버스터미널은 사직동, 곧 경부고속도로와 남해고속도로를 잇는 부산 시내 도로망의 한가운데 있는 동네로 옮겨 갔으며 그곳에 함께 있던 부산백화점은 교통 · 여행 · 쇼핑을 잇는 부산 최초의 대규모 소비단지로 볼 수 있다.

부산광역시 해운대구에 있는 반송은 부산의 대표적 철거민 동네로서 보통 윗반송과 아랫반송으로 나뉘어 불리는데 행정구역으로 볼 때 전자는 반송 2동, 후자는 반송 1동과 3동이 된다. 반송이 철거민 동네가 되기 전, '자연마을로는 운봉(雲峰) · 본동(本洞) · 신리(新里)의 세 마을'이 있었고 이 세 마을 모두가 지금의 반송 2동, 곧 윗반송에 있었던 것으로 봐서 1960년대 말 당시 철거민 동네가 만들어진 곳은 아랫반송이었다.● 당시 반송으로 '강제로 쫓겨난 사람들은 정부가 마련한 부지에 내팽개쳐지듯 부려졌고, 도로, 상하수도, 전기, 통신 등의 기본적인 시설도 갖추어지지 않은 상황에서 새끼줄로 금이 쳐진 10평 내지 15평 가량의 진흙땅과 가마니 한 장, 밀가루 한 포가 철거민들에게 할당되었다'. 또한 '땅만 주어졌지 집까지 주어진 것은 결코 아니었고, 집을 짓는 것은 각자의 몫으로 그나마 형편이 나았던 이들은 이내 집을 지어 올렸지만, 사정이 좋지 못했던 이들은 그냥 움막 위에 천막을 치고 눈비를 맞고 살아야만 했다'. ●●

● 부산광역시(1997). 『부산지명총람』 제3권 —남구 · 북구 · 해운대구편, 부산광역시사편찬위원회, 행정간행물등록번호 2100-86100-86-9503, 203~6.
●● 경성대학교 문화발전연구소(2013). 「주민공동체, 반송 사람 이야기」, 『마이너리티, 또 다른 부산의 힘』, 부산발전연구원, 부산학연구센터, 64.

글상자 2 /
대신동 사법권 司法圈

어머님(1941년에 만주 봉천에서 나신 뒤 해방을 맞아 친가와 외가 모두가 터를 잡고 있던 부산으로 오셨다)께서 당시 대신동의 사법권과 관련하여 해 주신 여러 말씀 가운데 가장 놀라웠던 것은 어머님이 외할아버님께 들었다며 전해주신 이야기였다. 일제강점기 당시 독립운동을 하다가 붙잡혀 법원에서 사형을 언도 받은 사람들이 형 집행을 위해 가마니 같은 것을 덮어 쓰고 포승줄에 묶인 채 당시 부산형무소까지 걸어가는 모습이 심심찮게 보였다는 것이다. 그것을 바라보는 사람들로 하여금 공포를 느끼게끔 해서 식민통치를 수월히 이끌어 가려했던 일제의 속셈보다 더 충격적이었던 것은 일제에 항거한 정치적 운동의 싹이 법원 · 검찰청 · 형무소가 이룬 사법권, 곧 인접성 proximity과 접근성 accessibility이라는 입지 조건을 바탕으로 한 당시 상부구조의 공간적 구현을 통해서 최대한 효율적으로 제거될 수 있었다는 사실이었다.

국토 대동맥, 경부고속도로
1970년

1960년대의 대미를 장식하는 것은 이른바 '국토 대동맥'인 경부고속도로의 완공이다(1967년 결정, 1968년 2월~1970년 7월).●01● 여기서 스케일을 부산에서 전국으로 넓혀 경부고속도로를 생각해 봐야 하는 이유는 크게 두 가지다. 첫째는 고속도로 또한 앞서 말한 터널과 다리의 공간적 특성, 곧 인터포인트 길로서 사회적으로 생산되는 특성을 갖고 있기 때문이고, 둘째는 부산의 터널과 다리가 지역적 경계를 훌쩍 넘어 전국 도로망과 서로 이어지기 시작하는 interconnected; nexus 시기, 곧 '국토' 탄생에 결정적 역할을 담당하기 시작하는 1970년대의 서막이 경부고속도로의 완공을 기점으로 하여 올라가기 때문이다. 국토 national territory 는 주권 sovereignty 과 더불어 근대 국가의 양대 핵심 구성 요소라고 할 수 있는 영토 territory 가 도로와 항만을 비롯한 여러 인프라를 갖추게 됨으로써 탄생하는 것이며, 한반도 남쪽의 영토는 경부고속도로를 필두로 한 주요 동맥의 배치를 통해 비로소 국토라는 몸을 얻게 된다.●02● 그런데 왜 하필이면 부산이 서울과 이어져야 했을까? '단군 이래 최대 토목 공사'로 불릴 만큼의 대역사(大役事)가, 경험이라고 해봤자 경부고속도로 건설의 시험대로 삼았던 경인고속도로(1967년 3월~1969년 7월, 총 29.5㎞) 건설이 고작이었던 그 열악한 상황●03●에서, 경부고속도로가 필요했던 까닭은 대

●01● 경인 · 경부고속도로의 건설 배경은 당시 '수출위주의 경제발전 계획'을 추진 중인 우리나라의 주요 항만이었던 인천과 부산에서의 수출 · 입 물동량이 크게 증가하게 되었고, 증가하는 수출 · 입 물량을 수용하기 위하여 서울과 이들을 연결하는 경인 및 경부고속도로의 건설이 제기되었다'는 데 있었다. 이에 제2차 경제개발계획 기간(1967~71)에 874㎞, 제3차 경제개발계획 기간(1972~76)에 926㎞의 고속도로를 건설한다는 장기계획이 추가로 수립되기에 이른다. 당시 '제2차 경제개발계획 기간에 고속도로 건설사업은 다른 어느 부문보다도 큰 비중을 차지하게 된다. 부산의 터널과 다리 또한 결코 이와 무관하다 할 수 없으므로 앞으로 필요하다고 생각하는 경우에는 부산 밖으로 뻗어나가는 고속도로도 함께 부산의 터널과 다리를 이야기할 것이다. 자세한 내용은 손의영(2013). 『2012 경제발전경험모듈화사업: 고속도로 건설 및 운영』, 기획재정부, 정부간행물번호 11-7003625-000051-01, 28을 볼 것.
●02● 이렇게 볼 때 터널과 다리는 막힌 혈관에 들어가 아무런 막힘없이 피가 잘 돌게끔 하는 카테터catheter같은 것으로 볼 수 있다. 부산의 터널과 다리도 예외는 아니다. 오히려 지금 우리가 자연스럽게 국토로 부르는 것이 만들어지기 시작할 때 그것의 실질적 가능성을 물질적으로 구현한 거의 최초의 국가 장치가 부산의 터널과 다리이며, 이런 기능은 정도의 차이만 있을 뿐 지금까지 이어져 오고 있다.
●03● 자세한 내용은 국가기록원의 「국토의 대동맥 경부고속도로 건설」을 볼 것.

체 무엇이었을까? 부산이 단지 한국전쟁 당시 임시수도였다거나, 1963년부터 당시까지 전국 최초이자 유일의 직할시였다거나●04● 1970년 당시 총 인구가 180만 명●05●이 넘는 자못 큰 도시였기 때문만은 아니었을지도 모른다. 더군다나 일제가 놓아 둔 경부선 철도가 이미 있던 상황에서 경부고속도로를 건설했다는 것에는 뭔가 석연치 않은 구석이 있어 보인다. 그곳을 파헤쳐보기 위해 경부고속도로의 성격을 크게 역사경제적 측면과 정치경제적 측면, 이 두 가지로 나누어 살펴볼 필요가 있다.●06●

●04● 국가기록원의 「직할시 설치에 관한 법률」을 보면 부산은 1963년 1월 1일에 정부직할이 된 뒤, 1981년 7월 1일 인천과 대구가 직할시가 되기까지 17년이 넘는 기간 동안 한국 유일의 직할시였다.
●05● 국가통계포털에 따르면 1970년 당시 부산 총 인구수는 1,842,259명이었다.
●06● 두 측면으로 나누기는 했지만, 이 둘은 딱 잘라 볼 수 있는 성질의 것이 아니라 오히려 깊은 상호관련성을 갖고 있다고 봐야 할 것이다.

부산의 두 번째 식민화

먼저 역사경제적 측면에서 보면, 기본적으로 경부고속도로의 필요성은 우리나라 근대화의 원동력이라고 할 수 있는 '경제개발 5개년 계획'이 1962년에 시작함으로써 생겨난다.●07● 하지만 1962년 당시에는 실질적으로 그 계획을 실현할 돈이 없었기 때문에 '제1차 경제개발 5개년 계획에서 가장 혁신적 요소는 소요자본의 조달'이 되고 '정책당국은 이를 위한 대책으로 외국자본의 도입에 역점'을 둘 수밖에 없게 된다.●08● 이러한 상황에서 1950년 10월부터 시작하기는 했지만 제자리걸음을 하고 있던 한일회담의 '청구권' 문제가 '경제협력'의 문제로 그 성격을 달리하게 된다. 이는 일본의 '제41회(1962. 8. 4~9. 2) 및 제42회(1962. 12.8~12. 23) 임시국회에서의 한일관계에 관한 논의가 한일회담타결 특히 청구권 문제의 해결을 위한 김종필-오히라 회담의 결과 대두된 청구권 문제를 경제협력으로 해결하는 방식에 대한 질의와 답변에 집중되고 있는 점'으로 충분히 확인할 수 있다. 그리고 '이러한 기본적 사고방식을 축으로 하여 절충을 계속한 결과, 1962년 말 한일 양국 정부는 결국 3억 달러의 무상 경제협력과 2억 달러의 장기저리차관의 공여라는 합의에 도

●07● '경제개발 5개년 계획'은 1962년 1월 13일, 제1차를 시작으로 총 일곱 차례에 걸쳐 1999년까지 시행된다. 하나 역설적인 것은 예로부터 한국 경제 성장의 초석을 다졌다고 떠들썩하게 외치고 있는 박정희 전 대통령의 '경제개발 5개년 계획'이 구소련 '신경제정책'의 일환으로 시행된 '국민경제발전 5개년 계획', 스탈린이 1928년부터 세 차례에 걸쳐 추진하여 효과를 톡톡히 본 그 계획을 롤 모델로 삼았다고 익히 알려져 있다는 점이다. 다만 차이가 있다면 당시 구소련이 풍부한 천연자원을 이용하여 곧바로 중공업 진흥에 성공한 반면, 그렇지 못한 한국은 경공업부터 시작하여 중공업에 이르는 단계를 밟았다는 데 있을 것이다. 단, 한일국교정상화로 받은 배상금 중 상당 부분이 들어간 포항제철은 예외로 둬야 할 것이다. 한편, 한국의 경제개발 5개년 계획이 구소련의 것을 참조했다는 시각에 대해 일각에서는 다른 관점도 제기하고 있다. 박정희 전 대통령이 '만주국 산업개발 5개년 계획'을 참조했을 가능성인데, 이 입장은 그 까닭을 '만주국 육군군관학교 제2기 즉 신경(新京) 2기로 입학할 즈음(1940년 4월)'부터 '만주군관학교를 수석으로 졸업하고 일본육군사관학교를 거쳐 만주국군 보병 제8단의 소위로 임관'하여 제국일본의 시민이자 군인으로서 자신의 본분을 다하기까지, '다카키 마사오(高木正雄)[나중에 '오카모토 미노루(岡本實)'로 개명] 즉 박정희에게 '만주체험'은 분명 운명적 의미가 있었을 것'이기 때문에 보고 있다. 강상중 · 현무암(2012). 『기시 노부스케와 박정희』, 이목 옮김, 책과함께, 12. 자세한 내용은 같은 책, 158~81, 217~38; 가타야마 모리히데(2013). 『미완의 파시즘』, 김석근 옮김, 가람기획, 220~30을 볼 것.
●08● 박진근(2009). 『한국 역대정권의 주요 경제정책』, 한국경제연구원, 107. 제1차 경제개발 5개년 계획의 외자도입과 관련한 자세한 내용은 같은 책 108~9에 나와 있는 〈표 13. 제 1차 경제개발 5개년 계획 관련 주요 외자도입 정책일지〉를 볼 것.

달하기에 이르게 된 것이었다'.●09● 이 합의가 발전하여 '무상원조 3억 달러, 재정차관 2억 달러 및 상업차관 3억 달러, 1966년에서 1975년까지 10년간의 공여기간을 골자로 하는 한일 청구권 및 경제협력 협정이 1965년 12월에 발효'한다.●10● 이른바 우리가 익히 알고 있는 1965년의 한일국교정상화는 이렇게 이루어진다.

한일 청구권 및 경제협력 협정은 경부고속도로가 놓이게 되는 시기인 제2차 경제개발 5개년 계획(1967~1971)을 추진해 나갈 수 있는 자금력을 제공한다. 실질적으로 제2차 경제개발 5개년 계획이 그 자금력을 염두에 두고 있었음은 '제1차 경제개발계획이 끝나기 전부터 충분한 시간적 여유를 갖고 본격적으로 계획 내용을 검토하였다'는 점에서 분명히 드러나는데, 더 구체적으로 살펴보면 '1965년부터 계획 내용의 검토를 시작하였고, 1965년 11월 24일에는 정부·여당연석회의에서 연평균 7%의 경제 성장을 목표로 계획을 설정하였다. 다음 해인 1966년 6월 13일에는 국내·외 전문가들의 의견을 종합하였으며, 7월 29일에 계획안을 수립'하게 된다.●11● 결국 한일 청구권 및 경제협력 협정과 제2차 경제개발 5개년 계획은 아주 긴밀한 상호연동 체제interlocking system로 작동하고 있었고, 경부고속도로는 그 체제의 생산물이었던 셈이다.●12●

하지만 이미 잘 알려져 있는 것과 마찬가지로 한일 청구권과 경제협력 협정은 그 뒤로 수많은 문제를 불러일으킬 터였다. 한마디로 일제의 식민지

●09● 안소영(2008). 「일본 국회의사록을 통해서 본 한일국교정상화 교섭과정에 관한 연구 — 교섭의제의 전환과 그 의미를 중심으로」, 『동북아역사논총』, 22호, 178~9. 한일국교정상화를 오직 한국과 일본 간의 관계로 묶어 보는 데 무리가 조금 뒤따를 수도 있다. '1952년의 '미 국무성 각서'(4월 29일)가 웅변적으로 대변하고 있는 것처럼 한일국교정상화라는 외교적 중요사안이 애초에 일본정부의 절실한 필요에 의해 내발적으로 제기되었다기보다는 미국의 동아시아 전략의 일환으로 추동되었다는 사실에 규정되는 측면이 크다고 할 수 있는 것'이기 때문이다. 하지만 이 문제는 이 책의 주제와 어느 정도 동떨어져 있으므로 깊이 있게 다루지 않도록 한다. 자세한 내용은 같은 책, 180을 볼 것.
●10● 박진근, 앞의 책, 109.
●11● 손의영, 앞의 책, 26.

배에서 벗어난 지 얼마 되지 않은 이 땅에 들어선 개발독재 정권이 강점기 당시 희생당한 수많은 이를 발판으로 맺은 협정, 그 이들의 뜻은 눈곱만치도 반영하지 않은 채 국가가 일방적으로 맺은 또 다른 불평등 조약이 다름 아닌 한일국교정상화였기 때문이다. 그 효과는 부산에서 두드러지게 나타난다. 당시 개발독재 정권은 일제가 부산에 만들어 놓았던 기존의 인프라를 적극적으로

사진 7▲ 한일협정 설명회
[사진: 「한일협정 설명회」, 생산기관: 공보처 홍보국 사진담당관, 촬영일자: 1966년 6월 22일, 출처: 행정자치부 국가기록원, 관리번호: CET0037757.]

●12● 물론 이 시기에 개통된 고속도로가 경부고속도로만 있는 것은 아니다. 앞서 이야기한 경인고속도로를 포함하여 지금 호남고속도로의 일부 구간인 대전~전주 간 79㎞, 또 지금 영동고속도로의 일부 구간인 신갈~새말 간 104㎞까지 다 해서 '총연장 655㎞의 고속도로가 개통'되었는데, 이에 따라 '여객은 물론 화물의 상당부분이 도로로 전환되었다. 더욱이 여객 운송량이 많은 경부선 및 호남선 철도의 경우에도 고속도로의 개통에 따른 여객전환 양이 20% 내외일 것으로 예상하였으나, 실제로는 42%나 도로로 전환되었다'. 자세한 내용은 같은 책, 29를 볼 것. 여기서 잠깐 당시 고속도로의 개통에 따른 여객전환이 예상보다 많이 일어난 까닭을 짐작해 보면, 말 그대로 멈춤 없이 뻥 뚫린 길이 가져다주는 속도와 관련한 여러 놀라운 경험 같은 것이 있을 수 있다. 하지만 이런 경험이 사회적으로 생산된 공간인 고속도로에서 일어나는 것이라면 그 경험은 생각만큼 놀랍지 않은 것일지도 모른다. 자세한 논의가 곧 이어진다.

활용하고자 했고, 한일국교정상화는 그런 의도와 꽉 맞물려 있었다. 그런 가운데 불평등을 넘어 굴욕적이기까지 한 그 조약의 효과로 부산은 '두 번째 식민화'의 시기로 진입하여 향후 10년 정도 성장 일로를 걷게 되며, 경부고속도로는 그 발전을 가능케 하는 핵심 인프라로 작동하기 시작한다. 하지만 이 발전은 과연 바람직한 것이었을까? 사실 여느 식민화 과정과 마찬가지로 부산의 두 번째 식민화 또한 발전과 종속의 양가적 성향을 띤다. 얼핏 보기에 발전처럼 보이는 것이 사실 종속적 기능을 수행함과 동시에 그 효과를 생산하고 있었던 것이다.

경부고속도로를 통한 부산의 발전은 국토의 형성이 필연적으로 지리적 불평등을 수반할 수밖에 없으며 그 불평등의 단기 수혜자가 부산이었음을 보여준다. 첫 번째 이유로 1960년대에 시작한 부산의 발전이 당시 점점 커지고 있던 대일무역적자에 기초하고 있었음을 꼽을 수 있다. 이는 당시 '만성화된 대일 무역적자가 1960년대 전반의 연평균 90억 달러 수준으로부터 1960년대 후반의 459억 달러 수준으로 급격히 증대한 것을 통해 볼 수 있는데, 그 까닭은 한·일 무역 정상화에 따른 대일청구권 자금과 차관에 의한 수입이 급격히 증대'했기 때문이다. 그리고 이 같은 수입의 증대는 '다시 한국의 경제개발계획 추진과 그에 따른 고속성장과정에서 대일본 원자재 및 자본재 수입의존도가 역사·문화적 및 지리적 근접성과 한·일 간 경제력의 차이로 인해 자연히 증대될 수밖에 없었다'는 것, 더욱이 이러한 현상이 '대일청구권 자금과 차관에 의한 대일 수입의 증대로 더욱 촉진된 것'에서 비롯한다.●13●

두 번째 이유는 부산의 경공업 산업단지화다. 당시 부산에는 경부고속도로가 건설되기 전부터 '전쟁당시 피난민으로 인한 풍부한 인력과 일제시대의

●13● 박진근, 앞의 책, 152~3.

그림 1 ▲ 경인·경부고속도로 및 1960년대와 1970년대의 산업단지
손의영(2013). 『2012 경제발전경험모듈화사업: 고속도로 건설 및 운영』, 기획재정부, 34.

생산기지를 바탕으로 한 '신발 산업'이 이미 형성되어 있었다. 그 까닭에 부산은 제1차 경제개발 5개년 계획이 목표로 한 '경공업 산업단지' 조성에 부합하는 입지 조건을 미리 갖추고 있었을 뿐 아니라 그 계획에 맞춰 산업단지로 개발되면서 '물류의 수요를 크게 증가'시키게 된다. 이에 '물류비용의 절감을 위하여 공급지와 수요지를 연결하는 고속도로의 건설이 필요하게 되고, 당시 산업단지가 집중되어 있던 인천, 부산과 우리나라 최대의 인구밀집지역이자 수요지역인 수도권 간을 연결하는 고속도로의 필요성이 대두'하기에 이른 것이다. '실제로 제1차 경제개발계획 기간 중의 산업단지가 집중된 서울과 인천, 그리고 부산지역을 중심으로 여객 및 물류의 이동이 증가하게 되었고, 인천항과 부산항을 통하여 우리나라에서 가장 많은 인구가 밀집되어 있던 서울로의 통행량 역시 증가하면서 서울~인천, 서울~부산 간 수요는 증가하게 되었다'.●14● 그 결과 경부고속도로가 건설된다.

이로써 부산은 한국 경제 성장의 중요한 한 축을 담당하기에 이른다. 국토 대동맥 경부고속도로는 당시 일본에서 부산항을 통해 들어오는 물건이 점점 많아지자 그것을 한시 바삐 서울로 나를 길이 필요해서 또 그 물건이 상

●14● 손의영, 앞의 책, 33~5.

품이 되기 위해 필요로 하는 노동력이나 이미 상품인 그 물건이 낳을 이익을 쫓아갈 사람들을 서울로 실어 나를 길이 필요해서 만들어진 것이다. 겉으로 보기에 당시 부산은 발전을 거듭하고 있었다. 부산지역 경제의 전국 비중 가운데 수출실적은 제1차 경제개발 5개년 계획이 마무리되어 가던 1965년의 21.4%에서 경부고속도로가 완공된 1970년에는 26.3%로 정점에 달한 뒤 서서히 내리막에 접어들기는 하지만 1975년만 해도 24.1%를 기록하며 당시 전국 수출실적의 20~25%를 차지하는 큰 책임을 떠맡고 있었다. 이에 힘입어 부산지역 경제는 1970년대 중반까지 '수출주도형 공업화를 추진하던 한국 경제의 대외 관문'으로서 급속한 인구 증가와 경제성장을 기록'하게 된다.●15● 하지만 당시 부산의 발전은 앞서 말한 대일무역적자의 폭을 메우고 흑자로 전환하기 위해 이 땅 곳곳에 집중하게 될 수많은 사람의 노동을 예견하고 있었으며, 부산 사람들뿐 아니라 이 땅의 수많은 사람이 하게 될 미래의 노동을 딛고 서 있었다.●16● 아울러 경부고속도로를 비롯한 당시 부산의 인프라는 '시간을 견디는' 구조물의 특성으로 말미암아 이후 부산지역 그 자체가 '바이패스'가 되어 중앙집중식 경제 구조에 종속하게끔 하는 결과를 낳는다.●17●

●15● 김석준(2009).「부산지역 계급 구조 연구 — 2000년대를 중심으로」, 『한국민족문화』, 35, 279~81.
●16● 위의 〈그림 1〉을 볼 것.
●17● 이는 곧이어 이야기할 1970년대 후반에 이르러 본격적으로 드러나기 시작한다.

재벌 중심의 기형적 자본주의

이러한 종속은 정치경제적 측면에서 한층 더 뚜렷이 나타나는데, 이는 경부고속도로의 건설이 당시 일련의 중화학 공업 진흥 정책과 맞물려 현재 한국 사회를 지배하고 있는 재벌 중심 경제 체제의 초석을 다지는 시발점이 된다는 데서 볼 수 있다.●18● 다시 말해서, 당시 '정부는 1970년대 중화학 공업의 육성을 국정최대 과제로 삼아 추진할 계획'과 더불어 '중화학 공업의 특성상 공장이 입지할 장소, 공장가동을 위한 용수, 원료 및 제품의 운송을 위한 항만, 도로 등의 기반시설이 필요하였기 때문에 부산을 비롯한 동남권 해안지역에 대규모 임해 산업단지의 개발을 계획하였다'. 그 계획에 따라 '서울과 동남권 임해산업단지 간의 통행량은 크게 증가할 수밖에 없을 것으로 예상하고, '서울과 부산지역 간의 수요를 해결하기 위한 방안이 더욱더 필요하게 되었다'. 특별히 '미국, 유럽과 직접 연결되는 부산항의 특성으로 해외 수출·입 물량이 크게 증가하면서 서울과 부산 간의 통행이 크게 증가할 것으로 예상하여, 이를 위한 고속도로 건설을 추진'하게 되었는데 그것이 다름 아닌 경부고속도로였던 것이다. 이렇듯 당시 한국에서 경부고속도로의 건설과 중화학 공업의 성장은 떼려야 뗄 수 없는 관계에 놓여 있었다. 경부고속도로 건설이 필요로 하거나 그것에서 파생하는 여러 중화학 공업의 성장을 낳았기 때문이다.

하지만 앞서 지적한 것과 같이 시간을 견디는 인프라의 특성으로 말미암아 경부고속도로의 존재는 그것이 필요로 하는 중화학 공업을 지속적으로 촉

●18● '제2차 5개년 계획이 명시한 계획기조들 중 하나는 산업구조의 고도화(공업화)이며, 주요 정책과제들 중 하나는 공업구조의 고도화이다. 수출산업이나 경공업 중심의 산업 및 공업구조로는 지속적인 경제발전이 어렵다는 판단에 따른 것이다. 따라서 제2차 5개년 계획 기간에 들어 공식적으로는 중화학공업 육성이라는 공식표현이 출현하지는 않았지만 중화학공업 기반의 구축을 위한 제반 시책들이 다양하게 추진되었다. 1967년 3월에는 섬유공업 시설에 관한 임시조치법을 통해 섬유공업 시설투자의 집중규제가 이루어진 데 이어 기계공업진흥법 제정 및 과학기술처 설립(1967. 4)이 이루어져 기계공업 육성과 과학기술 개발을 전략적 목표로 택하게 된다. 그 이후 조선공업 진흥법(1969. 5), 전자공업 진흥법(1969. 1), PVC 공업육성책(1969. 5), 호남정유 준공(1969. 6), 석유화학공업 육성법 및 철강공업 육성법(1970. 1), 중공업 건설계획 확정(1970. 11) 및 전자공업 육성방안(1970. 11)등 중화학공업의 비중을 획기적으로 증대시켜 나갔다'. 자세한 내용은 박진근, 앞의 책, 154~5를 볼 것.

진하기보다 그것의 태동과 성장에 지속적인 영향을 끼치며 현재 한국 재벌의 형성에 결정적으로 기여하게 된다. 예컨대 고속도로 건설과 직접적으로 관련이 있는 산업분야만 간단히 언급해 봐도 석유화학·시멘트·자동차 산업 같은 것이 있을 텐데, 먼저 고속도로 건설에 필요한 아스팔트를 생산하는 데 그치지 않고 장차 그 위를 지나다닐 자동차를 움직일 연료를 생산하는 석유화학 분야가 1960년대 들어 터를 닦아나가기 시작한다. 이는 '제1차 경제개발 5개년 계획 기간 동안에 울산정유공장이 1964년 5월 준공됨으로써 고속도로 건설의 가장 기초자재인 아스팔트 공급이 원활'해진 것을 통해서 충분히 알 수 있다. 이에 더해 제2차 경제개발 5개년 계획 기간인 1969년에는 지금 GS칼텍스의 전신인 호남정유가 여수 공장(정유)과 인천 공장(윤활유)을 준공하기도 한다. 당시 고속도로 건설과 앞으로 있을 토건 분야의 핵심 자재인 시멘트 산업 또한 이 시기에 출발하는데, 대표적으로 '1964년 6월에 준공된 현대건설 시멘트공장'(충북 단양)이 있다.●18● 자동차의 경우 1966년 신진자동차공업이 인천 부평에서 설립되고, 일 년 뒤인 1967년에 현대자동차가 설립되어 그 이듬해 울산공장을 착공하기에 이른다.●19●

　　경부고속도로를 한국이 재벌 중심의 기형적 자본주의사회로 진입함을 알리는 실질적 신호탄으로 볼 수 있는 또 다른 근거는 철도와 도로의 관계에 있다. 한국에서 철도는 기본적으로 공공 부문에 속한 것으로 여겨지고 있다. 물론 도로 또한 공공 부문에 속해 있기는 하다. 하지만 도로가 철도와 달리 민간 부문의 경제적 자율성이 훨씬 더 많이 보장되어 있는 인프라인 것도 사

●18● 손의영, 앞의 책, 37~8.
●19● 신진자동차는 1960년대 초 인천 부평에 있던 새나라자동차를 인수한 자동차 업체로 설립 초기에는 일본의 토요타와 기술제휴(국산화율 20% 정도)를 했으나 1972년부터 GM과 손을 잡으면서 GM코리아가 되었다가 1976년에 새한자동차로 거듭난 뒤, 1982년에 당시 사장으로 있던 김우중이 대우자동차로 이름을 바꾼다. 자세한 내용은 「인천을 알면 역사가 보인다. 우리나라 최초 자동차 생산지 ─ 부평과 자동차산업」, http://inchon.edukor.org /i_7/n7_1.htm; 「신진자동차공업」, 『위키백과』를 볼 것.

실이다. 따라서 경부고속도로 완공은 그 대상이 여객이건 화물이건 도로 수송이 철도 수송을 앞지르게 되는 계기가 되었음을 뜻하며, 결국 개발독재의 통제경제적 관리 감독이 공공 부문보다 민간 부문의 손을 들어주게 되었음을 뜻하기도 한다. 아래의 표는 당시의 이런 상황을 정확히 보여 주고 있는데, 1963년의 경우 아주 근소한 차이이긴 하지만 철도의 화물수송실적이 도로의 그것보다 더 높은 반면, 1970년에 이르면 도로의 화물수송실적이 철도의 그것에 비해 거의 두 배 가까이 이르고 있다. 그뿐만 아니라 '1966년부터 1970년까지의 총 화물수송실적은 연평균 19.3%로 증가하여 103.8백만 톤에 이르는 것'으로 나타나는데, 특별히 '도로를 이용한 화물수송실적은 연평균 26.0%로 급격하게 증가하였으며, 1970년에는 전체 화물수송의 약 60%를 차지'하게 되었음을 알 수 있다.

연도	1963년	1964년	1965년	1966년	1967년	1968년	1969년	1970년
총 화물수송실적	39,804	41,197	49,067	51,278	60,227	80,552	95,332	103,836
도로	18,050	18,716	24,014	24,528	28,615	46,903	56,575	61,775
철도	19,774	20,311	22,377	24,604	27,440	28,857	30,643	31,551
해운	1,980	2,170	2,676	2,686	4,172	5,602	8,114	10,510

표 1 ▲ 1963년~1970년의 화물수송실적(단위 천 톤), 자료: 교통통계연보, 교통부, 1971.
손의영(2013). 「2012 경제발전경험모듈화사업: 고속도로 건설 및 운영」, 기획재정부, 36.

국민경제가 발전하기 위해 민간 부문이 활성화하는 것은 바람직한 일일 뿐더러 마땅히 그렇게 되어야만 한다. 하지만 한국의 도로, 특별히 고속도로 위에서 일어나는 민간 부문의 활성화는 대단히 기형적이다. 민간 부문이 활성화하기 위해 드는 비용과 그렇게 활성화해서 얻게 되는 이익의 상당 부분이 계속해서 특정 기업의 손으로 흘러들어가도록 되어 있는 구조이기 때문이다. 물론 그 구조 안이나 그 길 위에서 삶을 이어가는 이 또한 수없이 많겠지만, 그 이들 중 상당수는 임노동자일 가능성이 높고 그 이들의 임금 또한 끝까지 거슬러 올라가 보면 어떤 식으로든 그 이들의 노동에서 최종적 이익을 얻은 몇몇 기업에서 흘러나온 것일 가능성이 높다.

이렇게 볼 때 경부고속도로는 이 땅에 그런 구조가 뿌리 내릴 수 있도록 한 물질적 토대의 시작을 알리는 것이기에 아주 중요하다. 다시 말해서 그것은 당시 한국이 재벌을 중심으로 하는 기형적 자본주의사회로 진입했음을 보여주는 의미심장한 지표의 구실을 하는 것이다. 결국 한반도 남쪽 땅의 대동맥이 되어 이 땅을 국토로 만드는 데 결정적 기여를 한 경부고속도로는 인터포인트 길이자 사회적으로 생산된 공간으로서 여러 측면의 지리적 불평등을 구조화하며 특정 계급의 이익에 봉사하는 가장 빠른 길을 닦게 된다. 그리고 그 길의 남쪽 끝에 있는 부산은 1970년대를 맞아 더욱더 적극적으로 터널을 뚫고 다리를 놓아 국토의 본격적 형성에 참여한다.

글상자 1 /
경부고속도로 개통 : '일일생활권'과 '속도혁명'

1970년 6월 18일자 『매일경제신문』 1면, 「뉴·코리아④ : 하이·웨이〈고속도로〉」편을 보면 '일일생활권을 형성', '유통혁명·동맥경화 풀고', '버스·철마(鐵馬)의 경주시대' 같은 흥미로운 문구가 눈에 띈다.

특별히 '서울 부산을 4시간20분대면 거뜬히 주파할수있게한 하이웨이의 출현은 철도를 사양의 위기에 몰아넣었다. 철마를 몰아내는 「그레이·하운드」. 고속도로는 늙은 철마대신 산뜻하고 미끈한 고속버스가 새유망주로등장, 또하나의 노선전쟁을 불러일으켰다. 부동산투기붐의 바통을 이어받기라도하듯 노선쟁탈전을 유발하기도…. 가위 메가톤급이랄수 있는 「그레이하운드」 호화판고속버스의 탄생은 철도의그림자를 희미하게 했으나 자동차공업및 운수관광업의발전을 자극 했다는데서 그나름의 의의를 지니고 있다'는 대목이 눈길을 끈다. 띄어쓰기, 맞춤법은 원문과 같고 한자는 한글로 바꿈

사진 8▲ 경부고속도로
[사진: 「경부고속도로」, 생산기관: 공보처 홍보국 사진담당관, 촬영일자: 1970년, 출처: 행정자치부 국가기록원, 관리번호: CET0003992.]

아울러 같은 해 7월 7일자 『동아일보』 1면, 「경부고속도로 개통」 또한 비슷한 맥락에서 이야기하고 있다. 일부만 소개하면 다음과 같다.

경부고속도로 개통

「속도혁명의 거보」─전장 428㎞, 4시간반주파

"민족의 오랜꿈 실현 박대통령 치사 자립과 번영 곧 닥쳐올터"

<대전> 산을 뚫고 벼랑을 깎기 2년5개월, 굽이치는 강물위에 다리를놓고 험준한 계곡을 흙으로 메워 전장 4백2십8㎞, 남북을 가로지르는간선대동맥, 경부고속도로전구간이 7일오전 마침내개통, 속도혁명에의 거보를내디뎠다. 번영과 근대화의 꿈을싣고 이날개통된경부고속도로의준공식은박정희대통령내외를 비롯한 전(全)국무위원과 이효상국회의장 민복기대법원장등삼부요인 그리고주한외교사절단과 수많은현지주민들이참석한 가운데 오전9시50분대전인터체인지에서 가장어려웠던 대전~대구간의개통 테이프를끊고 시주(試走), 12시15분대구공설운동장에서 준공식과 시민대회를가짐으로써 절정에 이르렀다.

우리나라가 이룩한 건설사업가운데 가장 큰규모의대역사, 서울~부산간 고속도로는 지난 68년2월1일에 우리의 기술과 국내재원만으로 착공, 총공사비 4백2십9억7천만원을들여 완공된 것이다.

이로써 걸어서 십오주야가걸리던 한양천리길은 단4시간30분으로 단축되고 지난4월에착공한 호남고속도로 및 내년봄에 착공예정인 영동 남해고속도로와함께 전국을 일일생활권으로 묶는다. 띄어쓰기, 맞춤법은 원문과 같고 한자는 한글로 바꿈

사진 9▲ 박정희 대통령 내외분 경부고속도로 개통식 참석1 (테이프 절단)
사진: 「박정희 대통령 경부고속도로 개통식 참석」, 생산기관: 공보처 홍보국 사진담당관, 촬영일자: 1970년, 출처: 행정자치부 국가기록원, 관리번호: CET0021268.]

사진 10 ▲ 박정희 대통령 내외분 경부고속도로 개통식 참석 2
[사진: 「박정희 대통령 경부고속도로 개통식 참석」, 생산기관: 공보처 홍보국 사진담당관, 촬영일자: 1970년, 출처: 행정자치부 국가기록원,
관리번호: CET0021268.]

사진 11 ▲ 인터체인지 통과 차량 5
[사진: 「경부고속도로」, 생산기관: 공보처 홍보국 사진담당관, 촬영일자: 1970년, 출처: 행정자치부 국가기록원, 관리번호: CET0034130.]

성장 위주의 계획 수립
1970년대

1970년대에 접어들면서 부산의 터널과 다리는 본격적으로 두 가지의 복합적 성격을 갖게 되는데, 하나는 국토의 본격적 형성, 다른 하나는 부산의 지역적 팽창과 관련한다. 1960년대가 지역 스케일의 팽창을 위한 터널과 다리가 등장했던 시기라면 1970년대는 그것과 더불어 전국 스케일의 도로망 연결을 위해 필요한 것이 선보이기 시작한 시기다. 이 두 성격은 때로는 따로 떨어지기도, 때로는 서로 겹치기도 하면서 서서히 메트로폴리스 부산의 모습이 드러나는 데 핵심 역할을 담당한다.

사진 12▲ 김종필 국무총리 및 태완선 건설부장관 호남·남해고속도로 기공식 참석

[사진: 「김종필 국무총리 및 태완선 건설부장관 호남·남해고속도로 기공식 참석」, 생산기관: 공보처 홍보국 사진담당관, 촬영일자: 1971년 11월 26일, 출처: 행정자치부 국가기록원, 관리번호: 공보처 홍보국 사진담당관, 관리번호: CET0034013.]

국토의 본격적 형성

먼저 앞서 살펴 본 고속도로와 국토 형성의 맥락에서 1970년대 들어 주목할 만한 일은 부산과 순천 사이에 놓인 남해고속도로(1972년 1월~1973년 11월, 176.5㎞)의 완공이다. 남해고속도로는 제3차 경제개발 5개년 계획(1972~76)과 병행하여 건설되는데, 이는 제3차 5개년 계획에 있는 '가장 중요한 특징 중 하나'가 그것의 '출범이 곧 공식적인 '중화학공업 시대의 선언'으로 이어졌다는 점', 그리고 그에 따른 '사회간접자본 확충'이 정책적으로 추진되었다는 점과 밀접한 관련이 있다. 당시 정부는 '1980년대 한국경제의 미래상으로 장기적인 경제발전과 국민복지에 관한 정책을 제시하면서 중화학공업육성 시책에 중점을 두는 '중화학공업 정책'을 선언하고, 1980년대 초에 100억 달러의 수출과 1인당 GNP 1천 달러 목표를 달성하려면 전체 수출상품 중 중화학 제품이 50%를 훨씬 넘게 차지해야 되며 이를 위해서 정부는 철강·자동차·시멘트·조선·기계·정유 및 석유화학 등 중화학공업 육성에 박차를 가해 이 분야 제품수출을 강화해야 한다'고 목소리를 높였다.●01●

사진 13▲ 김종필 국무총리 및 태완선 건설부장관 호남·남해고속도로 기공식 참석
[사진: 「김종필 국무총리 및 태완선 건설부장관 호남·남해고속도로 기공식 참석」, 생산기관: 공보처 홍보국 사진담당관, 촬영일자: 1971년 11월 26일, 출처: 행정자치부 국가기록원, 관리번호: CET0034013.]

●01● 박진근, 앞의 책, 172~93.

사진 14▲ 호남남해고속도로 준공식 참석 인파 2
[사진: 「호남남해고속도로」, 생산기관: 공보처 홍보국 사진담당관, 촬영일자: 1973년 11월 1일, 출처: 행정자치부 국가기록원, 관리번호: CET0065642.]

　　이로써 가깝게는 1970년 1월 제정된 수출자유지역설치법에 따라 수출자
유지역으로 지정된 마산●02● 과 1973년 9월에 건설계획이 확정된 창원기계
공업기지, 같은 해 10월에 출범한 대한조선공사 옥포조선소(현 대우조선해
양)를 잇고, 멀게는 같은 해 10월 착공한 목포조선소까지 뻗어갈 것을 겨냥한
남해고속도로가 1973년 11월 14일 개통된다.●03● 동서축의 측면에서 1960
년대가 경인고속도로와 신갈~새말 간 고속도로를 통해 국토 북부의 동서

●02● 같은 때, 마산과 더불어 또 다른 자유수출지역으로 선정된 전북 이리 또한 전국 고속도로망에 편입한다. 이미 제2차 경제
개발 5개년 계획을 통해 건설된 전주~대전 간 고속도로에 이어 전주~순천 간 172.3㎞가 완공되어 호남고속도로가 되는데, 이것
의 개통일 또한 공교롭게도 남해고속도로의 그것과 같은 1973년 11월 14일이다. 당시에는 이 둘을 묶어 '호남 · 남해 고속도로'로
불렀다.
●03● '1960년대가 경공업 중심의 산업단지개발이었다면, 1970년대는 국가 산업화를 위하여 중화학공업의 육성을 국정 최대
의 과제로 삼았다. 이를 위하여 1973년 중화학공업추진위원회를 설립하고, 같은 해 산업기지개발촉진법을 제정하여 공포하였다.
또한 입주업체의 부담을 줄여주기 위하여 모든 투자비는 국고에서 지원하였다. 중화학공업단지는 기존 도시기반시설을 활용하는
1960년대의 내륙공업단지와는 다르게 도로, 항만, 용수 등 기반시설에 대한 대규모 개발이 필요하였으며, 원재료 수입 등을 고려
하여 해안지역을 중심으로 조성되었다. 이때 임해산업단지는 기존 내륙 산업단지에 비해 규모가 크고 산업도시의 개념으로 개발
되었다. 제철, 정유 및 석유화학, 비철금속공장 등의 산업의 특성상 규모가 클수록 규모의 경제로 이익을 도모할 수 있었기 때문이
다. 이에 포항부터 울산, 온산, 창원, 여수, 통영, 그리고 거제까지의 남동해안지역에 대규모 임해산업단지가 건설되었다'. 자세한
내용은 손의영, 앞의 책, 49~50을 볼 것.

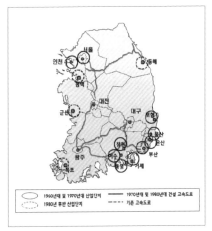

대동맥이 놓이기 시작한 때였다면, 부산의 입장에서 볼 때 1970년대 초는 국토 남부의 동서 대동맥이 놓이는 시기가 된다.●04
● 그리고 이에 발맞춰 부산에서는 제2낙동대교(구포낙동강교)와 만덕터널(현재 제1만덕터널)이 개통되는데, 그 날짜도 남해고속도로의 개통일과 똑같은 1973년 11월 14일이다.●05●

그림 2▲ 1970년대와 1980년대의 고속도로와 산업단지
손의영(2013), 「2012 경제발전경험모듈화사업: 고속도로 건설 및 운영」, 기획재정부, 51.

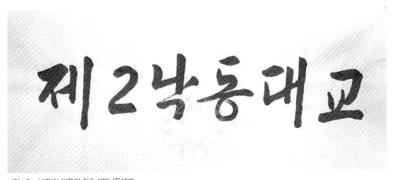

사진 15▲ 박정희 대통령 휘호 제2낙동대교
[사진: 「박정희 대통령 휘호 제2낙동대교」, 생산기관: 공보처 홍보국 사진담당관, 촬영일자: 1973년 10월 8일, 출처: 행정자치부 국가기록원, 관리번호: CET0023234.]

●04● 1970년대 초반의 고속도로는 앞서 이야기한 남해고속도로와 호남고속도로 말고도 신갈~새말 간 고속도로(1971)가 강릉까지 이어지는 영동고속도로(1975)와 같은 때 개통된 동해~주문진 간의 동해고속도로가 더 있다.
●05● 제2낙동대교 관련 기사는 글상자1을 볼 것.

제2차 동서팽창과 사상공업단지 : 지리적 불평등의 심화

　제2낙동대교와 만덕터널 둘 가운데 만덕터널은 성장 위주의 계획 수립에 따른 부산의 지역적 팽창, 곧 '제2차 동서팽창'의 지표로 볼 수 있으며, 그 팽창의 중심에는 사상공업단지(1968~1975, 이하 사상공단)의 조성이 자리 잡고 있다.●06● '1972년 이후 사상공업단지의 본격적인 입주'를 계기로 부산의 '도시발달이 서쪽으로 크게 진행'한 것이다.●07● 이는 1972년에서 1977년 사이의 인구분포와 그에 따른 변화를 봐도 알 수 있다. 〈그림 3〉을 보면, 200% 이상의 '급속한 인구증가추세를 보인 지역'은 오륜동 · 만덕동 · 수영동 · 부곡동 · 사직동 · 명장동 · 동상동 · 감전동 · 용호동 · 덕포동 · 광안동 · 반여동 · 반송동 · 삼락동 · 개금동 · 재송동 · 학장동 · 주례동과 같은 곳으로 '여기서 주목되는 것은 서부, 즉 금정산지의 서쪽에 인구증가추세가 현저한 점'이다. 또 급속한

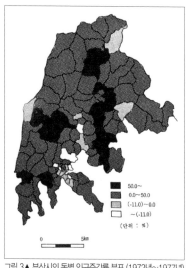

그림 3▲ 부산시의 동별 인구증감률 분포 (1972년~1977년)
부산직할시(1991), 『부산시사 제 3권』, 1383쪽.

●06● 이 부분에서는 만덕터널을 집중적으로 다룰 텐데, 1970년대에 있었던 부산의 제2차 동서팽창은 1971년에 뚫린 대티터널, 1975년과 1977년에 각각 놓인 연안교, 그리고 세병교와 수영교를 통해서도 볼 수 있다. 특별히 이 세 다리는 당시 부산이 온천천과 수영강을 경계로 한 동쪽을 연결하여 이미 1960년대 말에서 1970년대 중반까지 지속적으로 만들어진 여러 철거민 동네를 부산 도심 쪽으로 끌어당긴다는 측면에서 중요하다. 그리고 수영교는 지금 센텀시티 자리에 있었던 부산의 또 다른 인프라인 구 부산국제공항(수영비행장)으로 이어졌다는 점에서 눈여겨볼 만하다.

●07● 『부산시사』 제3권, 1382. 이 인용의 전체적 맥락은 다음과 같다. '1, 2차 경제개발로 인한 산업의 발달과 수출호황에 따른 부산항세의 확대 그리고 이에 따른 배후지 인구의 계속적인 유입 등으로 부산의 도시 공간이 포화상태에 달하였을 뿐만 아니라 극히 무질서한 공간구조를 보였다. 더구나 한국동란 중 피난민들의 무질서한 주택 난립과 평지가 적은 지형적인 조건 때문에 타도시에 비해 도시 공간구조가 훨씬 혼잡하고 무질서했다. 이 때문에 1972년에 부산도시계획정비사업으로 도시전반에 걸친 토지이용, 교통 및 각종 도시계획시설이 정비되어 본격적인 도시개발이 진행되었다. 또 1972년 이후 사상공업단지의 본격적인 공장입주와 1978년의 시역확장으로 경남 김해군 대저읍 일원과 가락면 북정리 · 대사리 · 상덕리 · 제도리, 명지면 중리 · 동리 · 진목리 · 조동리 · 평성리 · 신전리가 북구에 편입, 낙동강 동쪽에 국한되었던 시역(市域)이 서쪽으로 확대되어 도시발달이 서쪽으로 크게 진행하였다'. 이는 1960년대와 70년대 부산도시개발사의 핵심 내용과 거의 같다고 볼 수 있다.

인구증가추세를 보인 지역 중에서 반여동·용호동·재송동·사직동과 같은 곳은 '재개발지역 철거민의 이주정책에 의해 시영임대아파트가 건설되어 철거민을 입주시킨 지역이거나 민간아파트의 건설이 활발하여 인구 유입이 많은 신개발지역이었다'.●08● 여기서 만덕터널과 비교적 가까운 철거민 동네를 동쪽과 서쪽으로 나누어 보면 동쪽에는 수영동·부곡동·사직동·명장동·동상동·반여동·반송동·재송동이, 서쪽에는 만덕동·감전동·덕포동·삼락동·개금동·주례동이 있다. 이렇게 볼 때 만덕터널은 우선적으로 그 터널을 기점으로 한 동서 각 묶음의 움직임이 원활해질 수 있도록 한 것으로 볼 수 있다.

이 상황에서 사상공단까지 함께 고려해 보면 만덕터널은 그곳 동서쪽에 철거민이 모이기 시작하면서 쌓이기 시작한 부산의 값싼 노동력을 사상공단으로 조달하기 쉽도록 해 놓은 것으로 볼 수도 있다. 당시 사상공단에는 '주로 신발·봉제와 주물·조립금속 등의 노동집약형 산업'이 자리 잡았고 '당시 한국경제의 주력산업이던 신발·섬유·화학공장 등이 즐비했다'.●09● 따라서 사상공단이 돌아가는 데 필요한 값싼 노동력의 수요가 급증했음은 두 말할 나위도 없다. 이 수요에 맞추기 위해 부산은 먼저 북구 일대의 도로를 정비하는 일에 공을 들인다. 이는 '사상공단을 조성하면서 제일 먼저 기존 사

●08● 같은 책, 1384. 여기서 하나 주의해야 할 점은 철거민 동네에도 '급'이 있었다는 것이다. 당시 부산시가 집까지 지어 이주시킨 동네도 있는 반면 땅만 주고 쫓아낸 경우도 있다.
●09● 이상봉(2013a). 「역설의 공간-부산 근현대의 장소성 탐구 〈8〉 사상공단 국제상상」, 『국제신문』, 2013년 8월 20일 21면, http://www.kookje.co.kr/news2011/asp/newsbody.asp?code=0500&key=20130821.22021194339. 이 가운데 특별히 주목할 만한 것은 신발산업이다. 사상공단의 신발산업은 '1960년대 이후, 국가의 유력 수출산업으로 장려되면서 저임금 노동을 기반으로 한 대표적인 수출산업으로 입지'를 굳혔고, 이는 이미 1950년대 중반부터 총 종업원 수가 1만 면이 넘는 큰 기업으로 성장한 '국제화학(1973년 국제상사로 사명변경)이 1972년에 단일공장으로서는 세계 최대 규모인 사상공장을 완공하면서부터' 시작했다. 이렇게 볼 때 만덕터널을 통해 부산 철거민 동네의 노동력이 사상공단으로 공급되었다는 이야기가 전격으로 타당해 보이지 않을 수도 있다. 예를 들어 '국제상사의 노동자들 가운데는 호남지역 등에서 돈 벌러 온 외지인'도 많았기 때문이다. 하지만 이 또한 남해고속도로의 개통을 통해 가능한 일이었을 것이며, 이런 측면에서 볼 때 결국 곧이어 이야기할 부산 내의 지리적 불평등 또한 한반도 남쪽 전체의 지리적 불평등, 특별히 동서 간의 불평등으로 확대·적용해도 별 무리가 없을 듯하다.

상로(沙上路)의 도로 폭을 24~35m로 확장하고 낙동강변 제방을 따라 낙동로(洛東路)를 신설하였다'거나, 당시 '북구지역의 교통망이 늘어나는 인구를 감당하지 못한 상황에서 1973년 남해고속도로 개통 시 구포와 덕천동을 잇는 구포 고가도로가 생긴 후 구포역 앞에서 만덕로를 통하는 교통로가 뚫렸고 덕천교차로에 시내버스 합동주차장이 들어서게 되었다'는 것을 통해 알 수 있다.●10● 이어서 부산은 시내버스의 확충에도 애를 쓰게 된다. 예를 들어 1974년에서 이듬해인 1975년 사이에 시내버스의 수송인원이 21.2% 증가하게 되는데, 이는 1970년대 부산의 시내버스 수송 인원 증가율 모두를 통틀어 두 번째로 큰 폭이며 당시까지 보면 가장 큰 폭이다.●11● 그리고 당시 부산이 기울인 이 같은 노력은 1970년대를 '1960년대 2~3%의 도로율보다는 상당히 높은 7~8%로 상승시키는 도시개발을 추진해 지금까지의 도시개발과는 다른 도시계획'이 진행하는 시기로 보는 견해와 상당 부분 일치한다.●12●

하지만 실상은 얼마든지 다를 수 있다. 우선 만덕터널 건설과 도로율 증가를 핵심으로 하는 당시 부산의 도시계획과 개발은 부산 도심 외곽으로 밀려난 사람들의 노동력을 노동집약적 산업이 몰려 있던 사상공단으로 모으는 것과 결코 무관하지 않아 보인다. 이는 '실제로 부산지역 경제가 가파른 성장세를 보이면서 전국의 경제성장의 견인차 역할을 하던 1975년의 경우 부산

●10● 「역사」, 낙동문화원 홈페이지, http://nakdong.kccf.or.kr/home/main/history.php?menuinfo_code=history. 그 밖에 당시 부산 북구의 변화를 간단히 살펴보면, '1975년에 구포·사상지역이 시 직할 북부출장소로 독립되면서 1976년도에 만덕동 동쪽 상학산 아래 산허리를 깎아 연립주택을 지어 시내 영도구와 중구 등의 고지대 철거민들을 위한 정책 이주촌을 조성'하게 되는데, 이러한 노동력을 바탕으로 '기업체로서 부산시 편입 후 만덕동에 광덕물산 주식회사가 설립되었고, 1970년대에 흥아공업유한회사와 부국제강주식회사 등 2개의 큰 공장이 들어서면서 부근의 인가도 늘어나기 시작했다'.

●11● 「부산시사」 제3권, 582~3. 가장 큰 폭은 1977년에서 1978년 사이의 증가율 32.8%다. 참고로 당시 부산 시내버스 관련 자료가 충분치 않은 데서 오는 곤란함이나 한계를 잠깐 이야기해 두어야 할 것 같다. '부산의 버스에 관한 기록 중 가장 오래된 것은 1971년판 부산시 도시계획백서에 나오는 기록으로 1956년도의 버스차량대수 468대로 영업용이 455대, 자가용이 13대로 기록되어 있다. 그리고 버스업체 수에 대한 기록은 1963년도 것으로 당시의 시내버스 업체 수는 6개였다. 그 후 1968년에 18개 업체, 10년 후인 1977년에는 24개 업체로 늘어났다고 한다.

●12● 황영우, 앞의 책, 29.

지역 계급 구성 내에서 산업노동자의 비중은 43.3%에 달한다'는 사실만 봐도 충분히 알 수 있으며, 그 중 상당수가 당시 만덕터널의 동서 양쪽에 집중적으로 살고 있었을 것 또한 쉽게 짐작할 수 있다.●13● 만약 그렇다면 이는 당시 본격적으로 시작한 산업화의 물결이 일으키고 있던 자본주의적 생산관계, 곧 산업화와 더불어 또는 그것에 따라 필연적으로 생길 수밖에 없는 부산의 대도시화와 그런 부산이 반드시 필요로 하던 그 생산관계 속으로 수많은 부산 사람이 떠밀려 들어갔음을 뜻한다. 결국 부산 그 자체가 수많은 임노동자의 양산 체제로 변모하기 시작한 것이다. 그런 가운데 산업도시의 필연적 생산관계를 중심으로 하여 재편되기 시작한 부산의 지리적 불평등은 그 규모를 불문하고 고착화하기 시작하는데, 이는 그 뒤로 수십 년 동안 줄곧 이어질 터였다.

먼저 그 고착화를 지역 규모에서 살펴볼 때 우선적으로 참조할 수 있는 것은 1960년대부터 2000년대까지 일어난 부산지역의 계급 구성 변화다. '1966년부터 2005년까지 약 40년에 걸친 부산지역 계급 구성의 변화를 살펴보면, 자본가계급은 약 3% 이상, 신중간층은 약 8% 이상 비중이 늘어난 것'으로, '구중간층은 큰 변화가 없는 데 반해서 노동자계급은 약 10% 이상 비중이 줄어든 것'으로 나타나고 있다. 이렇게 '자본가 계급의 비중이 늘어나고, 중간관리자층과 인텔리층으로 이루어진 신중간층의 비중이 늘어나는 현상은 자본주의가 발전되는 과정을 반영하는 것'으로 볼 수 있다.●14● 두 번째로 참조

●13● 김석준, 앞의 책, 293.
●14● 같은 책, 같은 쪽. 하지만 같은 기간 부산의 계급 구조 변화에서 특이한 점 또한 발견할 수 있다. '자본주의가 발전할수록 구중간층이 줄어들고 신중간층과 노동자계급의 비중이 늘어나는 것이 일반적인 현상'이라고 할 때, '부산지역의 경우 구중간층은 줄어들지 않고 거의 그대로 비중을 유지'하고 있는데, '특히 구중간층의 대부분을 차지하는 도시자영업자층은 1995년 이후부터는 그 비중이 미약하지만 오히려 늘어나 23% 수준을 유지하고 있다. 이러한 현상은 1990년대 후반부터 본격화된 구조조정과 정리해고 등으로 자본제 부문에서 일자리를 잃고 밀려나온 노동력이 소생산부문의 자영업을 통해 생존 방안을 모색함에 따라 나타나는 현상으로 짐작된다. 반면에 부산지역 계급 구성 내에서 노동자계급 비중이 줄어드는 것은 산업노동자의 비중이 크게 줄어든 것과 연관이 있다고 볼 수 있다.

할 수 있는 것은 부산의 구별 소득 현황이다.●15● 부산경제통계포털의 부산 소득통계에 따르면 2010년 부산의 지역총생산은 약 53조 4천억이고, 그 가운데 그나마 만덕터널이 뚫렸을 당시의 만덕이 아직도 속해 있는 부산 북구의 총생산은 약 2조 200억이다. 이는 현재 부산의 16개 구군 가운데 영도구·수영구와 더불어 가장 낮은 편에 속하는 것이며, 부산 지역총생산의 4% 정도로 평균치인 6.25%에도 못 미치는 수치다.●16● 물론 이것 말고도 꼼꼼히 따져 봐야 할 것이 많겠지만 영도구 전반과 수영구·해운대구·금정구 일부에 사는 사람들의 삶이 여전히 힘들다는 것은 어떤 식으로든 1960년대부터 이어져 온 지리적 불평등이 실제로 존속하고 있음을 보여주고 있다.

　　다음으로 전국 규모에서 그 고착화의 기미가 보인 때는 1975년 이후다. 1960년대부터 15년 정도 승승장구하던 부산이 힘이 빠지기 시작한 것이다. 당시 이미 넓힐 대로 넓혀서 꽉 차 버린 부산, 사상공단을 조성하며 노동집약적 경공업 단지로 굳어져 버린 부산은 말기에 접어든 개발독재 정권이 지향한 중화학 공업 시대에 발맞춰 나갈 수 없었다. 한 마디로 중화학 공업 단지로서 갖춰야 하는 매력적 입지조건이라고는 눈을 씻고 찾아봐도 찾을 수 없는 지경에 이른 것이다. 다시 말해서 '1970년대 중반까지만 하더라도 수출주도형 공업화를 추진하던 한국 경제의 대외 관문으로서 급속한 인구 증가와 경제성장을 기록하고 있던 부산지역 경제는 1970년대 중반 이후 한국 자본주의가 새로운 축적 전략으로 중화학 공업화를 추진하면서부터 서서히 침체 상태'에 빠지게 되었고, 이는 이미 부산의 '경공업이 상당한 정도 입지해 있어서 중화학공업이 새로이 입지하기 어려웠기 때문에 정부와 독점 대자본의 전략

●15● 당시 부산의 구별 또는 동별 소득 격차를 알아보는 것이 더 나을 수 있겠으나 관련 통계자료를 구하기가 여의치 않아 부득이하게 2010년의 자료를 활용하여 되짚어 보도록 한다.
●16● 가장 낮은 구는 수영구로 약 1조 4천 5백억, 그 다음이 영도구로 약 1조 8천 3백억이다. 가장 높은 구는 강서구로 6조 2천 백억인데, 이는 북구의 거의 세 배에 이른다.

적 입지 선택에서 제외되었다'는 점과 긴밀히 엮여 있다.●17● 엎친 데 덮친 격으로 제4차 경제개발 5개년 계획(1977~1981)이 당시 '중화학공업 분야에서의 여러 핵심 투자 프로젝트들이 결실을 거두어가는 과정에서 중화학공업 투자의 효율성 증대를 위한 중화학공업 투자조정계획을 심도 있게 추진했다는 점'은 당시 부산을 둘러싼 조건이 이전보다 상당히 나빠지고 있었음을 보여 준다.●18● 예를 들어 부산지역 경제의 전국 비중 가운데 수출실적은 1975년의 24.1%에서 1980년의 18.2%로 대폭 감소하였으며, 어음교환액의 경우 같은 기간 10.4%에서 15.6%로 대폭 상승했다.●19● 요컨대 1975년을 기점으로 부산 경제가 서서히 말라 죽어가기 시작한 것이다.

●17● 김석준, 앞의 책, 279.

●18● 박진근, 앞의 책, 203~4. 특별히 새로운 개발독재 정권이 '1980년 10월 7일, 상공부 주관 하에 제2차 투자조정 방안을 통해 직권 조정한 내용을 살펴보면, ' · 승용차 이외의 자동차부문에서는 기아산업과 동아자동차가 합병하여 생산한다. · 전자교환기 부문은 제1기종의 경우 한국전자통신이 동양정밀을 흡수하고, 제2기종의 경우 금성반도체가 대한통신을 흡수하여 각기 독자적으로 생산한다. · 초고압변압기는 효성중공업이 쌍용전기와 코오롱종합기계를 흡수하여 독점 생산한다. · 디젤엔진은 현대엔진(대형), 쌍용중기(중형), 대우중공업(소형)의 3원화체제를 유지한다. · 한국광업제련이 온산동제련을 흡수 합병한다'. 자세한 내용은 같은 책, 205를 볼 것.

●19● 김석준, 앞의 책, 281. 어음교환액의 증가는 의제자본fictitious capital 형성의 활성화로 볼 수 있으며, 이는 현재 자본주의의 중요한 한 축을 담당하고 있는 금융경제가 당시 싹을 틔우고 있었다는 측면에서 아주 중요한 경제 지표라 할 것이다.

글상자 1 /
제2낙동대교(구포낙동강교)

총 길이 1,336m로, 개통 당시 한국에서 가장 긴 다리였다. 이 사진을 실은 기사에서 '새공단 장관 … 함안·부산', '수많은 공장 굴뚝 치솟아', '주민계몽·히치하이커로 골치', '진영 단감 반나절이면 서울로' 같은 문구가 눈에 띈다. 1960년대 말에서 1970년대 초에 놓인 국토의 여러 주요 동맥과 더불어 진행한 산업화와 그에 따라 등장한 이른바 일일생활권의 전국적 확산을 엿볼 수 있다. 하나 흥미로운 점은 이 기사에 잇따라 나타나는 '하이웨이'라는 말이다. 예컨대 당시 이 기사를 적은 이재인 기자는 '구포인터체인지를통해 부산시내로 다시 곧바로 4km를달려 만덕산기슭을 뚫은 만덕터널에서 3백58km의 하이웨이는 종착점에 닿았다. 터널밖으로 동래를 거쳐 경부고속도로에 바로 이어지는 곳이었다'는 말로 이 기사를 마무리한다.

당시 이 다리의 이미지는 이재인(1973). 「영·호남 새길 천리(완)」, 『경향신문』, 1973년 11월 16일 6면을 볼 것.

— 띄어쓰기, 맞춤법은 원문과 같고 한자는 한글로 바꿈

구포대교가 보이는 전경 [사진 : 이인미]

제1차 남북팽창: 부산의 고사 枯死

부산의 고사는 애당초 1960년대부터 시작했던 두 번째 식민화의 두 가지 효과 가운데 종속의 효과를 배가하는 인프라가 건조됨으로써 심화하는데, 이로써 부산은 점점 더 허브가 아닌 바이패스의 도시기능을 강화하기 시작한다. 이를 단적으로 보여주는 것이 다름 아닌 도시고속도로(1977년 5월~1980년 10월)다. 모두 해서 다섯 개의 터널(문현터널·대연터널·광안터널·수영터널·오륜터널)을 뚫어 건설한 도시고속도로는 1970년대 후반에 있었던 부산의 '제1차 남북팽창'을 보여주는 지표로서 부산 북항과 경부고속도로를 곧바로 잇는 바이패스의 기능을 담당하게 된다.[20] 이것이 부산 사람들의 편의를 증진하기보다 전국 물류의 유통을 원활히 하려는 목적을 가졌음은 분명하다. 당시의 기사 한 도막을 보면, 우선 '부산도시고속도로는 번영로와 부두도로'(충장로)로 나뉘는데, 번영로의 '인터체인지 2곳은 원동(재송동)과 구서동. 원동인터체인지는 도시고속도로의 중간지점으로 주변의 20여개 컨테이너 하치장과 사상공단, 동래지역 제조업체, 남해고속도로의 접속 진입도로로 화물차량 소통에 큰역할을맡으며 구서동인터체인지는 경부고속도로와 산업도로에 이어진다'. 또한 '번영로의 개통으로 화물차량은 시내주요간선도로의 통행이 금지되는데 부산항 물동량의 90%이상을 번영로로 수송하게돼 산업의 대동맥이 된다'.[21] 이렇듯 당시의 부산은 실질적으로는 중화학공업 시대를 쫓아가지 못하면서 경제 상황이 나빠지고 있었는데도 표면적으로는 도시고속도로의 건설을 통해 바이패스의 기능을 한층 더 강력하

---

[20] 번영로 개통 당시, 광안터널의 스펙터클한 이미지는 『경향신문』, 1980년 10월 8일자 6면, 「항도의 새 명물로 등장한 부산 도시고속도로 전경」(유진오 기자)을 볼 것. 이 기사의 이미지 밑에는 〈최신공법으로 축조된 광안터널〉이라는 제목 아래에 다음과 같이 쓰여 있다. '이 터널은 고속운전시 운전자의 시력을 자동조절할수 있도록 햇빛을 이용한 루버시설과 2백마력짜리 송풍기8대, 소화기1백대와 터널안에서도 라디오를 들을수있는 특수안테나등 최신시설을 갖추었다'.— 띄어쓰기 원문과 같음. 또한 기사에서는 '컨테이너 하치장과 접속된 「대동맥」'이라는 글귀도 눈에 띈다.

[21] 앞의 기사 — 띄어쓰기 원문과 같음.

게 수행하려는 뜻을 내비치며 중화학공업 시대를 선도하고 있는 듯 보였다. 그렇게 부산은 자신이 고사하고 있음을 퍼뜩 깨닫지 못한 채 1980년대를 맞이하기에 이른다. ●22●

●22● 황영우, 앞의 책, 30. 참고로 1980년 당시 부산의 인구 동향을 보면, '부산 인구의 증가 추세는 1980년을 분기점으로 둔화하는 양상을 보였다. 그동안 경제 성장과정에서 경공업 내지는 노동집약적 공업기반을 주축으로 했던 부산이 1980년대 이후 수출여건의 변화 속에서 여타 공업도시들에 비해 상대적으로 적극적으로 대처하지 못한 점이 중요한 이유로 지적된다. 또한 1980년대 들어서 국토개발정책이 능률성 위주의 대도시 중심거점개발방식에서 국토의 균형개발이라는 기준 아래 형평성에 주목한 성장관리 정책으로의 변화에 따라 외부 인구의 흡입요인이 감소한 결과로 해석될 수 있다'.

도시 관리와 통제
1980년대

1980년대에 들어 선 부산 앞에 본격적으로 펼쳐진 것은 터널과 다리의 건조로 점철될 10년이었다. 이는 '대상형(帶狀形) 도시형태에서 환상형(環狀形) 도시'로 전환하려는 부산의 도시계획에서 필연적일 수밖에 없었던 것이었으며, '그 일환으로 가야로와 대신동의 대영로를 잇는 구덕터널이 1984년, 중앙로와 대영로를 연결하는 부산 제2터널 그리고 온천동과 만덕동을 연결하는 만덕 제2터널이 1988년 개통되고, 같은 해 도심순환도로의 대동맥인 동서고속도로가 착공'된다. 요컨대 '도심에서 컨테이너차량의 운행을 최소화하려는 도시정책이 이러한 환상형 도시를 위한 도로망 구축을 통해 상당히 적극적으로 구체화한 것'이다.●01●

사진16▲ 진의종 국무총리 구덕터널 개통식 참석
[촬영일자:1984년 8월 11일. 출처: e-영상역사관]

●01● 황영우, 앞의 책, 29. 또한 1980년대의 부산을 생각할 때 '무엇보다도 강조돼야 할 것은 지하철 1호선이 1981년 6월 23일 착공해 1990년 노포동 ~ 서대신동 25.9㎞가 개통됨으로서 지하철 시대가 개막됐다는 것이다.

제3차 동서팽창

기대했던 것과 달리 환상형 도시를 향한 1980년대 부산의 도시계획은 애당초 1960년대부터 시작했던 두 번째 식민화의 두 가지 효과 가운데 종속의 효과를 배가할 뿐이었다. 이때 부산은 시간을 견디는 구조물인 인프라의 건설에 점점 더 열을 올렸고, 이는 당시 부산이 지향했던 환상형 도시 그 자체가 바이패스가 되어 중앙 집중적 경제 구조에 한층 더 종속하도록 만들었다. 구체적으로 몇 가지 요인을 살펴보면, 첫째, '1980년대 들어와 대도시 성장억제 정책으로 규제가 강화되고 적실성 있는 산업정책의 부재로 공업용지 부족과 함께 중견제조업의 역외 이전이 가속화했다'는 점, 둘째, '기업본사 및 금융기관본점 등 핵심 중추관리기능을 담당할 기능이 수도권에 집중함으로써 자본시장의 미형성과 지역 조성자금의 역외유출로 지역중소기업의 자금난을 가중했다'는 점, 셋째, 지역 중심의 '산업 활동을 지원할 항만 · 철도 · 도로 등 물류인프라의 취약과 산업체가 입주할 공업용지부족 등 산업기반시설이 전반적으로 낙후했다'는 점, '특히 정부의 중화학공업 육성정책으로 울산 · 창원 · 거제 등 동남공업벨트 중심으로 중화학공업이 발전해 온 반면 부산은 새로운 전략산업의 육성 등 지역산업의 구조조정에 적절하게 대응하지 못했다'는 점 따위가 있다.●02● 이는 '제5차 5개년 계획 기간 중에도 중화학부문 육성 정책이 강도 높게 지속'하면서 특별히 정부투자가 반도체 · 컴퓨터 · 유전공학과 같은 새로운 산업에 집중하는 것과 깊은 관련이 있기도 한데, '반도체 및 컴퓨터산업에 대한 연구투자 계획을 확정지어 1983~1986년 기간 중 반도체와 컴퓨터부문에 총 341억 원을 투자키로 했다'거나 1985년 10월의 「유전공학 투자 지원계획」에 따라 '1986~1991년 중 10개 중점 연구 개발 사업에

●02● 주수현 · 서혜성 · 이기영(2009). 「부산지역 제조업의 산업구조 및 성장기여도 분석」, 미래경제 기획연구 2009-01, 부산발전연구원 미래경제연구센터, 5.

대한 총 736억 원의 지원계획이 시행에 들어갔다'거나 하는 일련의 정부 시책으로 말미암아 부산 지역이 큰 타격을 입게 되었다.●03● 한 마디로 '부산 지역은 동남권의 성장거점도시, 중핵도시로서의 기능을 점차 상실'하게 되고, 그런 가운데서도 꾸준히 터널과 다리를 건조하면서 종속의 길을 걸었던 것이다.●04●

　이런 측면에서 부산의 터널과 다리는 부산의 '제3차 동서팽창'을 보여주는 지표라고 할 수 있다. 동쪽보다 주로 서쪽으로 넓혀간 당시의 팽창은 이미 도시고속도로의 경우를 통해 본 것과 같이 부산의 바이패스 기능을 한층 더 강화하는 성격이 짙었다. 이를 대표적으로 보여주는 것으로 낙동대교(서부산낙동강교), 구덕터널, 제2만덕터널과 같은 것이 있는데, 먼저 낙동대교는 1981년 9월 4일에 부마고속도로(현재 남해고속도로 제2지선)와 함께 개통되었다. 당시 북구 감전동(사상공단)과 김해군 대저읍을 잇는 것으로서 1970년대 초중반 한국의 급속한 경제성장으로 한계를 드러낸 수영의 부산국제공항이 1976년 8월에 김해로 자리를 옮겨 문을 연 김해국제공항으로 곧바로 이어지기도 했으며 오는 1994년 12월에 개통될 동서고가로가 이어질 예정이었다. 당시 서구 대신동과 북구 학장동을 이으며 1984년에 개통된 구덕터널 또한 바이패스 기능 강화의 일환으로 볼 수 있다. 그 위치가 낙동대교와 매우 가깝다는 점을 생각해 볼 때 동서고가로가 개통되기 전까지 북항·영주터널(4년 뒤인 1988년 쌍굴 왕복 4차선 터널로 거듭난다)·구덕터널·낙동대교·부마고속도로로 이어지는 서부산의 환상형 도로망이 구덕터널의 개통으로 비로소 그 기초를 닦게 된다. 1988년 4월에 개통된 제2만덕터널 또한 이와 크게 다

●03● 박진근, 앞의 책, 288~9.
●04● 김석준, 앞의 채책, 279. 여기서 김석준은 김석준(2000). 「부산지역 실업과 지역사회의 대응」, 박준식 편, 『실업과 지역사회』, 한림대학교 출판부, 178~9를 참조하고 있다.

르지 않다. 기존의 만덕터널이 외굴 왕복 2차선 구조를 갖고 있었기 때문에 동래와 만덕 사이의 교통 정체는 극심할 수밖에 없었고, 이를 보완하고 심지어 대체하려는 목적에 따라 뚫린 것이 다름 아닌 제2만덕터널이었기 때문이다. 이로써 남해고속도로와 경부고속도로 사이의 통행이 훨씬 더 원활히 이루어질 수 있게 되었다.

터널 요금소 : 갈취의 체제

1980년대 부산의 터널과 다리를 볼 때 주목할 만한 한 가지는 이때부터 하나 둘씩 요금소가 설치되기 시작한다는 것이다. 〈사진16〉의 배경에 보이듯 이 구덕터널은 개통 당시 이미 요금소를 갖추고 있었음을 알 수 있고, 통행료 징수는 제2만덕터널 또한 마찬가지였다. ●05● 이렇듯 통행료가 징수되기 시작한 까닭은 총 공사비 대비 민간자본의 투입 비율이 높아졌기 때문인데, 예를 들어 제2만덕터널의 경우 터널 축조는 대림산업의 민간투자로 이루어졌으며 총 공사비 437억 7천 8백만 원 가운데 당시 부산직할시가 91억 원, 대림산업이 346억 7천 8백만 원을 부담했다. ●06● 거의 80%에 가까운 민간자본을 유치한 셈이다. 문제는 이 통행료 징수를 멈춘 시기와 그때까지 벌어들인 돈이다. 구덕터널과 제2만덕터널의 차량 통행료가 없어질 당시, 곧 2005년 6월 말의 신문 기사 한 도막을 잠깐 살펴보면, 그때 부산의 유료 터널이나 다리는 모두 해서 일곱 군데(구덕터널 · 제2만덕터널 · 동서고가로 · 황령터널 · 백양터널 · 수정터널 · 광안대로)로 이 가운데 '징수기간이 가장 오래된 두 군데'가 무료로 될 예정이었는데 그 까닭은 그 두 곳의 애초 징수 예정기간이 다 됐거나 투자비 상환잔액이 얼마 남지 않은 상태'였기 때문이다. 무료화 추진은 부산시가 이 두 터널의 관리운영자와 협의해 '남은 투자비 상환액을 시비市費로 일찍 갚는 방식'으로 이루어졌다.

그런데 여기서 다른 문제가 하나 더 생긴다. 당시 투자비 상환잔액이 과연 남아 있었을까? '구덕터널은 1984년 12월부터 통행료를 징수'하기 시작해 기사가 쓰인 2005년 6월 당시 '소형 500원, 대형 600원씩을, 제2만덕터널은 88

●05● 물론 부산 인프라 전체를 볼 때 이 요금소가 처음은 아니었다. 앞서 이야기한 도시고속도로의 경우 원동과 문현나들목 근처에 요금소가 있었기 때문이다. 도시고속도로의 총사업비 7백 62억 가운데 민간자본의 비율이 어느 정도인지는 정확히 알 수 없으나, 1980년대의 총 공사비 대비 민간자본의 비율보다는 낮았을 것으로 짐작할 수 있다.
●06● 부산직할시 · 대림산업(1988). 『제2만덕 TUNNEL 건설지』, 31; 「제2만덕터널」, 『위키백과』에서 재인용.

년 6월부터 통행료를 징수'하기 시작해 당시 '소형 400원, 대형 500원씩을 받고 있었으며, 이들 터널의 하루 평균 차량 통행량은 각각 6만3000여 대와 7만 6000여 대로 2004년 연간 통행료 수입은 각각 106억 원과 101억 원이었다'.●07● 이런 상황이라면, 제2만덕터널에서 17년 동안 거둬들인 돈이 총 공사비 437억 7천 8백만 원을 훌쩍 뛰어넘고도 남음이 있지 않았겠는가 하는 의문이 생길 수밖에 없다. 통행료 징수 기간 동안의 임금 및 이자 상승률, 터널 유지 · 보수 · 관리 따위에 드는 제반 비용의 증가율을 충분히 감안한다 하더라도 상식적으로 퍼뜩 이해하기 힘든 일이다. 더군다나 당시 그 '조치로 하루 평균 구덕터널을 이용하는 6만3천여 대 차량과 제2만덕터널을 오가는 7만6천여 대 차량의 통행료가 사라져 부산시민의 부담이 연간 200억 원 정도 감소할 전망이 있었다'고 한다면 2004년에 거둬들인 200억이 넘든 돈은 과연 누구 주머니로 들어갔을까 하는 의문도 덩달아 생긴다.●08●

이런 미심쩍은 상황에서도 통행료 징수를 단축하기는커녕 오히려 연장하려는 움직임이 있었다는 사실에 그 같은 의문은 눈덩이처럼 불어난다. 구덕터널과 제2만덕터널의 통행료 징수가 실질적으로 없어지기 2년 전쯤인 2003년 8월에 발표된 한 성명에 따르면 '부산시는 지난 13일 '통행료심의위원회'를 열고 오는 2003년 11월 징수기간이 완료되는 구덕터널에 대한 요금징수 기간을 오는 2008년 9월까지로 연장하기로 의결하였는데, 이는 당초 부산시가 제시한 2011년 4월까지의 연장안보다는 기간이 단축되기는 하였지만, 개통 당시 사업비 343억 원보다 오히려 늘어난 420억 원의 상환잔액을 시민들

●07● 신동명(2005), 「부산 구덕 · 제2만덕터널 통행료 폐지」, 『한겨레신문』, http://www.hani.co.kr/arti/society/area/46081.html.

●08● 김종열(2005). 「구덕 · 제2만덕터널 내달 1일부터 무료 개방」, 『부산일보』, 2005년 6월 28일 12면, http://news20.busan.com/controller/newsController.jsp?sectionId=1010010000&subSectionId=1010010000&newsId=20050628000047.

이 부담하게 된다는 점', 그리고 초안인 '2011년보다 단축된 기간에 대한 예상 상환액을 부산시 일반재정에서 부담해야 한다는 점'에서 '결국 시민의 부담을 가중시키는 결과'를 낳을 것으로 예상되었다. 당시까지 '거둬들인 통행료 수입만도 1천423억여 원'에 달했지만, '통행료 수입의 사용 내역을 보면 이자에만 1천251억여 원이 들었으며, 운영경비가 361억여 원 사용'된 것으로 나타나 있었기 때문이다.●09● 이렇듯 이 성명은 구덕터널의 건설에 필요한 재원을 민간자본으로 마련하는 일이 불러일으키는 재정적 문제를 지적하면서 그 문제를 부산의 터널과 다리 전반으로 확장하여 특별히 다음을 촉구하기에 이른다. '항만배후도로의 성격이 강한 터널 및 교량의 건설은 국고지원을 통해 이루어져야 하며, 무분별한 도심 유료도로의 건설보다는 도심 교통난 해소와 항만물동량의 원활한 수송을 위해 대중교통체계의 개선 및 항만물동량 수송체계의 개선 등 새로운 정책적 대안을 마련해야 할 것이다'.●10● 이런 주장은 한 마디로 1980년대에 들어선 부산이 자신의 바이패스 기능을 강화하려는 목적에 따라 서부산 환상 도로망을 구상하고 그것의 핵심 인프라인 구덕터널을 건설하기 위해 민간자본을 도입하는 데 필연적으로 따라오는 것이었다. 구덕터널을 지나는 사람들한테 그것을 '쓰는 돈을 내라'고 하기 시작한 지 20년이 지나 드러난 문제, 그것은 결국 구덕터널이 '공공재'로서 충실히 수행해

●09● 이와 관련하여 부산경실련에서 발표한 또 다른 자료는 '구덕터널의 관리운영 실태를 보면 타 유료도로에 비하여 과다하게 책정된 이자율(황령터널: 0.107%, 구덕터널: 0.135%)과 초기 건설단계에서 제대로 예상하지 못한 통행량, 과다한 유지관리비 지출실태에 대한 부산시의 무책임한 관리감독이 불러일으킨 전형적인 부실의 예라고 할 것이다. 관리부실에 대한 아무런 책임도 지지 않으면서, 투자 잔액에 대한 상환을 또다시 부산시민들의 주머니로 해결하려는 발상은 투자비를 회수 못하면, 통행료 징수 기간만 연장하면 된다는 식의 생각을 가진 구덕터널 관리회사인 '구덕터널관리(주)'와 '부산시의 안일한 행정이 서로 어울려 나타난 결과라고 밖에 볼 수 없다'고 결론 내리고 있다. 부산경제정의실천시민연합(2008), 「통행료 1,423억원 거둬들이고도 343억이던 투자 잔액이 420억으로 늘어나」, http://www.we21.or.kr/bbs/board.php?bo_table=bbs_2_1&wr_id=9&sfl=&stx=&sst=wr_hit&sod=desc&sop=and&page=1.
●10● 부산경제정의실천시민연합(2003), 「구덕터널 징수기간 연장에 따른 부산경실련 성명」, http://www.we21.or.kr/bbs/board.php?bo_table=bbs_2_2&wr_id=21&sfl=&stx=&sst=wr_hit&sod=desc&sop=and&page=1.

야 할 기능을 잃어버릴 수밖에 없게끔 되어 있었다는 점, 또한 '사재 私財'의 기능이 그것을 대체하는 것에 그치지 않고 도리어 한층 더 강화한 점에서 말미암는다. 실상이 이런데도 당시 부산시는 단순히 통행료 징수 기간을 늘림으로써 그 문제를 덮으려 하고 있었던 것이다. 꿍꿍이도 이런 꿍꿍이가 없는데, 이 속셈을 조금만 더 파헤쳐 보면 당시 부산의 모습이 어떠했는지가 더 뚜렷이 나타나게 된다.

우선 위의 자료를 살펴보면 적어도 네 묶음의 이해 당사자가 당시 구덕터널의 통행료 징수에 얽혀 있음을 볼 수 있고, 이렇게 얽혀 있는 관계는 '누가 구덕터널을 갖고 있느냐' 하는 물음에 구체적 답을 내어 봄으로써 풀어볼 수 있다. 첫 번째는 터널을 사용하는 부산 시민, 명목상 소유 주체다.●11● 두 번째는 터널의 공적 소유 주체, 드러나 있는 소유 주체 부산시다. 세 번째는 터널의 또 다른 소유 주체인 구덕터널관리주식회사로서 사적 소유 주체이자 실질적인 소유 주체다. 이 둘은 서로 연합하여 터널의 관리감독 주체가 되기도 하는데, 부산시의 경우 터널의 관리감독에 따르는 모든 행정적 책임을 지는 기관으로서 터널의 전반적 관리감독에 필요한 규제를 적용하고 때에 따라서는 그것을 강제적으로 집행할 수 있는 권한을 갖고 있기도 하다. 더더욱 중요한 점은 이 둘이 터널을 사용하는 부산 시민으로 하여금 그 사용을 500원이나 600원의 돈으로 교환하도록 한다는 데 있다. 터널의 사용 주체이자 명목상의 소유 주체인 부산 시민이 갖고 있는 터널에 대한 사용가치를 교환가치로 전환하는 구덕터널의 메커니즘을 만드는 것이다. 실질적으로 자본의 축적은 사용가치가 교환가치로 바뀌게끔 하는 그 메커니즘을 통해서 일어나게 되는데, 그것을 통해 이익을 얻는 곳은 부산시와 구덕터널관리주식회사가 거둬들

●11● 조금 단순화하는 일이기는 하지만 사용 주체는 당시 부산 시민으로 한정하도록 한다.

인 수입 대부분이 '이자'로 둔갑해 빨려 들어가는 그곳, 바로 금융기관이다.● 12● 이로써 금융기관은 구덕터널의 실질적 소유 주체가 된다. 결국 구덕터널의 통행료 징수와 함께 불거진 모든 문제는 이러한 복잡한 소유 관계가 빚어내는 갈등의 또 다른 모습인 것이다.

구덕터널은 평화롭기는 고사하고 갈등을 일으킬 수밖에 없는 공간이다. 그리고 그 갈등은 그 공간을 둘러싼 복잡한 소유 관계가 지대 地代라는 것이 결코 있어서는 안 될 공공재 공간을 지대가 발생하는 사재 공간으로 만드는 데 그치지 않고 도리어 지대가 없는 듯 보이도록 포장함으로써 빚어진다. 지대가 생기게끔 만들어진 공간, 그것은 바로 구덕터널이 '상품'임을 뜻한다. 명목상 소유 주체인 부산 시민은 구덕터널이라는 상품을 소비한다. 상품을 소비한 돈은 일차적으로 그 공간의 사용가치가 교환가치로 바뀌도록 하는 메커니즘을 구축해 놓은 부산시와 구덕터널관리주식회사로 들어간다. 그리고 그 돈은 최종적으로 부산 시민의 구덕터널 소비에서 이익을 얻는 실질적 소유 주체인 금융기관으로 향한다. 이제 그 복잡한 소유 관계는 조금 더 단순한 도식으로 그려진다. 한쪽에는 명목만 보면 소유자지만 실질적으로는 소비자인 부산 시민이 있고, 다른 한쪽에는 명목상 소유를 실질적 소비로 바꿔 놓는 부산시와 구덕터널관리주식회사, 그리고 그 소비에서 실질적 이익을 얻는 금융기관이 있다. 결국 부산 시민 '대' 그 나머지의 구도가 짜이는 것이다.

●12● 부산시와 구덕터널관리주식회사가 자신의 채무를 다해야 하는 채권자 금융기관은 지금에 이르러 더욱더 막강한 권리를 갖고 있고, 이는 마치 금융기관이 그 엄청난 채권이 가져다주는 '금권'의 힘 덕에 무소불위의 권력을 확보하고 있는 듯 보이게끔 하는 효과를 발휘한다. 이런 측면에서 다음의 인용은 돈의 힘으로 다스리는 이 시대의 정체plutocracy가 어디에서 비롯하는지를 잘 보여준다. '현재의 모든 전략은 사람들이 청산할 수 없는 빚, 신용, 비현실적이고 보잘것없는 것을 순환시키는 것으로 요약된다. 그런 식으로 니체는 신의 술책을 분석했다. 즉 예수 그리스도의 희생으로 인간의 빚을 갚음으로써, 위대한 채권자인 신은 이 빚이 더 이상 채무자에 의해 상환될 수 없도록 했다. 왜냐하면 이 빚은 채권자에 의해 이미 상환되었기 때문이다 ─ 그리고 신은 인간이 원죄로 지게 되는 이 빚의 끝없는 순환 가능성을 창조한다. 이것이 신의 술책이다. 그러나 그것은 또한 자본의 술책이다. 사실 자본의 술책은 세계를 언제나 증대하는 빚 속에 빠뜨리는 동시에 빚에 청산되지 않도록, 그 어떤 것과도 교환될 수 없도록 하면서 빚의 상환에 전념하게 만드는 데 있다. 참으로 곱씹어 볼 만한 이야기가 아닐 수 없다. 자세한 내용은 보드리야르, 장(2001), 『불가능한 교환』, 배영달 옮김, 울력, 12를 볼 것.

이렇게 볼 때 이 구도는 분명히 특이한 착취의 구도다. 이른바 '수익자부담 원칙'에 따라 구덕터널을 소비하는 데 드는 돈 500원, 600원은 그렇게 많지 않다. 어떻게 보면 아주 하찮을 정도로 적다. 시간이 돈인 세상에서 먼 길을 둘러 가는 것보다 구덕터널로 빠르게 가로 질러 가는 것은 시간도 벌고 돈도 버는 일이다. 그렇기에 개인적으로 볼 때 동전 몇 개면 충분한 그 비용으로 시간을 벌고 그 비용보다 더 많은 돈을 버는 일은 충분히 '가치'가 있는 일이 된다. 그 푼돈이 하루에 수만 번 쌓인다. 금융기관 입장에서 보면 티끌모아 태산이 되는 일이고 부산 시민 입장에서 보면 가랑비에 옷 젖는 일이지만 부산 시민 한 사람 한 사람은 그것을 쉽게 깨닫지 못한다. 실질적으로는 부산 시민 전체가 입고 있는 옷이 가랑비에 젖는 정도가 아니라 아예 물을 흠뻑 머금어 시민들이 그 무게를 지탱하지 못할 정도로 무거운 것이 되어 있는데도 표면적으로는 한 사람 한 사람이 입고 있는 옷에 그냥 빗방울 하나 묻은 것 같이 가벼운 것이 되게끔 되어 있다.

이는 구덕터널 사용에 대한 통행료 징수가 이미 착취의 단계를 넘어서서 '갈취'의 단계에 이르렀음을 보여주지만 그것은 결코 쉽게 드러나지 않는다. 그 갈취는 부산 시민 모두가 그 사안이 갖고 있는 실질적 무게를 아주 가볍게 느끼게끔 하는 이데올로기적 효과가 있어야 반드시 가능해지며, 이는 터널을 통과하는 데 내야 하는 돈이 세금이라고 하는 행정적 · 정책적 차원이 아닌 통행료라고 하는 단편적 · 소비적 차원에서 생기게끔 하는 메커니즘, 다시 말해서 시민 모두가 '함께'가 아닌 '각자'의 차원에서 이 상황을 받아들일 수밖에 없도록 하는 메커니즘과 동반해야만 발생할 수 있는 효과이기 때문이다. 당시 통행료 징수의 부당함에 맞설 수 있는 부산 시민의 힘을 분산하고 파편화해야만 성립할 수 있었던 갈취의 체제는 부산시 · 구덕터널관리주식회사 · 금융기관 이 셋이 힘을 합쳐 교묘히 감추기 위해 만들어 놓았던 구덕터널이라는 공간의 배치를 통해 물질적으로 구현하고 있었다. 결국 구덕터널이 보여주는 이런 갈취의 구도는 도시 공간 부산이 '사회적으로 생산됨'과 동시에 '축적과 사회적 재생산의 시간적 원동력 전체에서 발생하는 어떤 '적극적 계기' an 'active moment' within the overall temporal dynamic of accumulation and social reproduction로 취급될 수 있는 공간적 편성을 생산했음을, 또한 부산이 그런 공간적 편성의 생산을 통해 계급의 사회적 재생산에 장기간 봉사하면서 획책한 지리적 불평등을 단적으로 보여주고 있다. ●13●

●13● Harvey, D. (1982). *The Limits to Capital*, Oxford: Blackwell, 374. 이 지리적 불평등이 얼마큼이나 확대재생산되고 있는지와 관련해서는 글상자 1을 볼 것.

성장기계와 도시체제

　구덕터널을 통해 볼 수 있는 1980년대의 부산은 '사회적으로 건설된 도시'다. 사회적으로 건설된 도시에서 '모든 상품, 특별히 땅과 건물의 근본적 속성은 사회적 맥락에 놓여 있고, 사람들은 그 맥락을 통해 땅과 건물을 사용하고 교환한다'. 하지만 사람들이 도시의 삶을 통해 '교환가치를 추구하고 사용가치를 극대화하려는 이 두 목적을 동시에 요구한다는 것'은 도시의 삶이 '태생적 모순과 긴장·갈등·비합리적 합의 irrational settlements가 계속해서 생겨나는 근원임을 뜻한다'. 결국 '사용가치와 교환가치 사이에서 발생하는 도시의 갈등은 도시의 모습을 결정짓고 사람들을 배치 distribution하는 일, 그리고 어떻게 그 사람들이 함께 살아가는지와 밀접한 관련'을 맺고 있을 뿐더러 그것은 '도시와 지역 regions의 정치적 동학'과 그곳에서 일어나는 '불평등, 곧 장소뿐 아니라 개인과 집단의 계층화로 드러나는 여러 불평등이 어떻게 구축되고 유지되는지'를 더 잘 드러내 보여준다.●14● 이렇게 볼 때, 당시의 구덕터널을 통해 파악할 수 있는 부산은 오직 자본 축적을 향해 치닫기만 하는 '성장기계 growth machine'의 모습을 확실히 굳히고 있었던 것이다.

　교환가치를 추구하는 일이 도시의 삶 구석구석 localities에 스며들어 있음에 따라 도시는 토지 사용을 격화함으로써 [각기 다른] 지대 수준의 총합을 늘리는 일에 혈안이 되어 있는 devoted 기업으로 조직화한다. 도시는 사실상 어떤 "성장 기계"가 된다. 성장 윤리는 정치 체제, 경제 발전을 위한 현안, 심지어 야구팀과 박물관 같은 문화적 구성체마저 아우르는 현지 local의 삶과 관련이 있는 거의 모든 측면에 두루두루 존재한다.●15●

●14● Logan, J. R. & Molotch, H. (1987). *Urban Fortunes: The Political Economy of Place*, Berkeley: University of California Press, 1~2
●15● 같은 책, 13.

하지만 위의 인용만 갖고 이야기를 계속 이어가려 할 때, 약간 무리가 뒤따르는 것 또한 사실이다. 대체 '누가' 성장 윤리를 만들고 퍼뜨릴까 하는 질문, 곧 성장 윤리를 당시 부산 사람들이 따르지 않으면 안 될 것 같은 일상의 사회적 규범으로 만들고 그에 따라 그 사람들이 어떤 특정한 삶을 자연스럽고 당연한 것으로 받아들이게끔 하는 이가 도대체 누구일까 하는 질문의 답이 아직 남았기 때문이다. 달리 말해서 당시 부산이라는 도시의 성장 윤리를 담론화하는 사람들이 과연 누구였는가 하는 물음의 답이 남아있다. 가장 유력한 답 가운데 하나는 부산이라는 '도시의 유력 엘리트들'과 그 사람들이 자신의 계급적 이익을 위해서 활용하는 네트워크, 곧 '성장연합'이다. 그리고 이 연합은 '공공부문과 사적부문이 맺고 있는 관계를 재편성하며 도시체제를 구축'한다.

도시체제 urban regimes는 '공공부문과 사적부문의 비공식적 연합'으로 이루어지며, 이 연합을 지역 규모로 옮겨 이야기해 보면 한 지역의 정부와 그곳의 '금융자본 · 부동산개발업체 · 건설업체 · 제조업체 등 여러 사적 자본들이 도시 안에서 각기의 이해를 추구'하고 있는 것으로 파악할 수 있다.●16● 구덕터널의 경우에 부산시 · 구덕터널관리주식회사 · 금융기관의 연합이 바로 성장연합이 되고, 부산 시민은 그 연합이 잘게 쪼개어 다스리고자 하는 대상이 된다. 이렇듯 부산이라는 '도시체제와 관련한 연구는 권력을 어떻게 생각할 것인가 하는 문제를 무대의 중앙'으로 데려오고, 이때 권력의 사회적 통제 모델에서 권력의 사회적 생산 모델을 구별하는 방편으로는 '다스리는 권력 power over과 그것을 향하는 권력 power to 사이에 구분선을 긋지 않는 일이 중요하다'. 이는 '일상의 정치 현실에서 다스리는 권력과 그것을 향하는 권력에 대한 두

●16● 윤일성(2012). 「부산시 대규모 난개발에 대한 비판적 접근 — 토건주의적 성장연합의 개혁을 위하여」, 『한국민족문화』, 42, 207~210.

가지 이해가 한데 얽혀 있기' 때문이며, 결국 이렇게 그것들이 서로 얽혀 있는 부산의 '체제는 어떤 중립적 메커니즘, 곧 정책이 만들어질 때 그것이 통과하는 그런 중립적 메커니즘이 아니기' 때문이다. 오히려 부산이라는 도시체제는 '한 사안과 관련한 행동을 다른 사안과 관련한 그것보다 더 쉽게 할 수 있도록 해 주는 배치 arrangements인 것이다'.●17● 중요한 것은 이뿐만 아니다. 부산 도시체제에서 사적 자본의 범주에 속하는 여러 행위 주체가 맺는 관계 또한 늘 변하고 있음을 고려해야 하는데, 이는 1980년대에 도시체제를 본격적으로 형성하기 시작한 부산이 다가오는 1990년대에 들어 한층 더 복잡한 모습을 띠게 될 것을 뜻한다. 이런 측면에서 1990년대로 진입하는 부산 도시체제를 들여다볼 때 정말 중요한 점은 그런 '배치가 결코 고정되어 있지 않음을, 그리고 [암묵적] 합의 understandings의 굳건함이 늘 바위의 그것보다 덜함을 강조해야 한다'는 것, 부산 도시체제를 '규정하지 않아야 한다'는 것, '사회적 관계는 언제나 어느 정도의 변화를 겪고 있다'는 것, 끝으로 '한 자리에 붙박고 있는 구조 fixed structure보다 차라리 구조화하기 structuring를 이야기해야 한다'는 것이다.●18● 이제 이를 염두에 두고 1990년대의 부산은 과연 어떤 모습을 띠고 있는지 살펴보도록 하자.

●17● Stone, C. N. (2006). 'Power, Reform, and Urban Regime Analysis', City & Community, 5:1, 23. 스톤Clarence N. Stone은 이런 접근법을 채택하는 연구로 필립 에이브럼스Philip Abrams의 1982년 저서 Historical Sociology, Ithaca : Cornell University Press를 염두에 두고 있다. 자세한 내용은 같은 책, 28을 볼 것.
●15● Abrams, P. (1982). Historical Sociology, Ithaca: Cornell University Press; Stone, 2006: 28에서 재인용.

글상자 1 /
신자유주의 도시화 과정과 다국적 금융자본 :
우리가 내는 터널 통행료는 과연 누구 주머니로 들어갈까?

구덕터널을 통해서 본 1980년대의 지리적 불평등은 한국 사회가 1997년 동아시아금융위기를 겪는 동안 전 지구적 규모로 확대해 갔다. 이른바 신자유주의, 다국적 · 초국적 기업이나 금융회사를 앞세운 포스트자본주의의 경제 체제가 온 한국 사회에 확산되면서 그것이 부산의 터널과 다리를 본격적으로 잠식하기에 이른 것이다. 예컨대 1998년 1월과 2001년 1월에 각각 개통된 백양터널과 수정터널, 이 두 인프라는 '신자유주의적 도시화 과정에서 국내 건설자본뿐만 아니라 (다국적) 금융자본이 어떻게 부동산시장과 인프라 구축에 투입되어 엄청난 이윤과 수익을 올리게 되는 가를 전형적으로 보여준다'. 예를 들어 '호주에 기반을 두고 있는 다국적 금융회사의 지사인 맥쿼리한국인프라투융자회사는 현재 운영되고 있는 많은 민자사업들에 참여하여 엄청난 수익을 내고 있는데, 2008년의 경우 이 회사에 1,837억 원의 순수익이 발생했는데도, 정부는 이 회사가 대부분의 지분을 가지고 있는 민자사업들에 2,057억 원에 달하는 최소수입보장금을 지불했다'. 이 최소수입보장금 가운데 백양터널과 수정터널에서 발생한 돈은 각각 15억 2천만 원과 69억 7천만 원에 달하며, 최소수입보장비율은 둘 다 90%나 된다. 결국 부산 시민 한 사람 한 사람이 그 두 터널을 통화하며 내는 돈의 일정부분이 그 회사로 들어가는 것이다. 2014년 초에 이와 관련한 한 소송에서 지방정부가 승소한 일이 있었는데, '1400억 원대의 재정보전금을 쏟아 부어 '세금 먹는 하마'로 지목됐던 광주 제2순환도로 1구간의 민자사업자[맥쿼리한국인프라투융자회사] 쪽에 '자본구조를 원상회복하라'는 광주광역시의 행정처분은 적법하다는 항소심 판결'이 나왔다. 그나마 불행 중 다행이라 할 만하다.

자세한 내용은 최병두(2012), 『자본의 도시: 신자유주의적 도시화와 도시정책』, 한울아카데미, 185~91; 정대하 · 최상원(2014), 「세금 먹는 '광주 맥쿼리 도로' 2년 다툼 항소심도 광주시 손들어줬다」, 『한겨레신문』, 2014년 1월 10일 6면, http://www.hani.co.kr/arti/society/area/619162.html을 볼 것.

지속가능성을 위해

1990년대

1990년대 부산의 도시계획에서 가장 주목할 만한 특징은 권역화 regionalisation에 이은 조닝 zoning이다.●01● 당시 권역화의 대강은 '도시 내부적으로는 도시 공간을 동·서부산, 그리고 기존 시가지로 나눠 지역별 기능의 배분과 특화를 도모'하는 것이었다.●02● 이에 따른 세부 조닝은 첫째, 기존 도심에 '지금까지 추진해 오던 도심재개발과 주거환경개선사업을 추진'하고, 둘째, 서부산권을 '부산의 새로운 생산기지로 만들려는 목적에 따라 부산과학지방단지[부산과학지방산업단지]●03●·녹산국가산업단지·신호지방산업단지를 개발'하고, 셋째, '개발제한구역 해제 및 조정이 이루어진 동부산권을 종합관광단지로, 그 안에 있는 센텀시티를 지방산업단지로 개발'하려는 도시계획을 갖고 있었다. 이에 따라 터널과 다리 또한 지속적으로 건조되는데, 서부산권의 경우 신호대교가 1997년 12월에, 서부산권(북부산권 포함)과 동부산권을 단번에 잇는 동서고가로가 1994년 12월에, 그것에 이어 황령터널이 1995년 6월에 각각 개통된다. 아울러 1990년대를 살펴볼 때 '지금까지의 도시개발 정책과 또 다른 점은 광역권화가 구체적으로 추진되면서 부산권광역도시계획이 수립'되었다는 것인데, 당시의 '대표적인 개발 사업으로 동부산권의 해운대신시가지 조성'이 있다.●04● 이에 따라 남구 민락동(광안리해

●01● '조닝'은 도시 계획이나 건축 설계에서 공간을 사용 용도와 법적 규제에 따라 기능별로 나누어 배치하는 일을 뜻하는 건설 용어다.

●02● 1990년대 부산시의 조닝은 더 큰 맥락에서 볼 때 '도시 내부 문제의 해결뿐만 아니라 도시 외부와의 연계를 강화한다는 측면에서 다양한 정책들이 시행되었다는 점, 그리고 물리적 시설 확충이 도시개발정책의 중요 목표였던 이전과 달리 1990년대부터 도시의 질적 성장에 초점을 맞춘 도시정책이 추진되었다'는 점과 관련한다. 조닝의 문제는 2000년대를 거쳐 지금까지 이어지고 있는 만큼 '매축, 조닝, 기념비주의'에서 더 자세히 다루도록 할 것이다. 자세한 내용은 황영우, 앞의 책, 30을 볼 것.

●03● 부산과학지방산업단지는 부산·진해경제자유구역 안, 부산 서쪽 10㎞지점의 부산광역시 강서구 지사동 일원에 자리 한 것으로 1991년 12월 21일 부산과학산업지방공업단지지구로 지정되어 1992년에서 2005년 12월까지 총 사업비 1886억 원을 들여 조성한 곳이다. 자세한 내용은 부산광역시 홈페이지의 '투자프로젝트'에 소개되어 있는 「부산과학지방산업단지」를 참조할 것. http://www.investkorea.org/ikwork/reg/kor/co/index.jsp?num=&no=612170001&code=105050203&l_unit=90201&m _unit=90301&s_unit=91702&page=1&bno=7020800093&seq=2.

●04● 황영우, 앞의 책, 30~1. 조닝의 문제와 마찬가지로 해운대신시가지 또한 다음 장에서 다루도록 한다. 이는 광안대교의 개통이 2002년에 있었기 때문이다.

수욕장 쪽)에서 해운대구 센텀시티를 잇는 수영2호교가 1993년 12월에 먼저 개통되고, 이어서 해운대신시가지로 곧장 향하는 송정터널과 장산1터널이 1996년 6월에, 장산2터널이 1997년 1월에 각각 개통되면서 장산로를 이루게 되었다.●05● 이렇게 1990년대의 부산은 권역화, 조닝, 광역권화를 통한 '제4차 동서팽창'을 시도하고 있었는데, 이는 실질적으로 2002년 광안대교의 준공과 더불어 본격적 단계에 접어든다.●06●

●05● 개통 당시 장산로는 BEXCO 앞에서 시작한 뒤 장산터널을 거쳐 현 경로대로 진행하였으나, 광안대교 개통과 시민들의 민원으로 말미암아 시립미술관 뒤쪽으로 노선이 변경되어 지금은 부산광역시도 제77호선의 일부로 부산광역시의 도시고속도로 중 하나가 되었다. 수영구 남천동 도시가스삼거리에서 시작하여 광안대교, 장산터널과 양운폭포를 경유한 뒤, 좌동지하차도에서 끝난다. 원래 광안대교가 개통되기 전의 BEXCO~좌동지하차도 구간은 부산광역시도 제20호선 중 일부였으나, 부산광역시도 제77호선의 일부로 편입되었고 부산광역시도 제20호선은 삼호가든교차로까지 단축되었다. 광안대교 구간에서 요금을 지불하며 나머지 구간은 무료구간으로 운영되는데, 부산광역시의 도시고속도로 중 개통 초기부터 무료로 시작한 곳이다. 동해고속도로와 국가지원지방도 제31호선과 연계되어 부산시내로 빠르게 접근할 수 있도록 하고 있으며, 부산항에서 울산 방향의 컨테이너 물동량 수송에도 중요한 역할을 하고 있다. 자세한 내용은 「위키백과」의 「장산로」를 볼 것.
●06● 따라서 부산의 제4차 동서팽창과 관련한 내용은 '광안대교 메가 프로젝트'에서 다루도록 한다.

제2차 남북팽창 : 질주정과 질주권

1990년대에 주목할 만한 것은 부산이 바이패스의 기능을 강화하기 위한 노력을 지속적으로 기울이고 있었다는 것인데, 이를 뒷받침하는 인프라로 1998년 1월 개통된 백양터널을 꼽을 수 있다. 백양터널은 부산 북항─수정터널(2001년 12월 개통)─백양터널─신대구부산고속도로(2006년 2월 개통)●07●로 이어질 '제2차 남북팽창'의 기초를 닦은 인프라다. 부산이 1990년대 들어 '속도 중심 dromocentric의 정체 政體', 곧 '질주정 疾走政, dromocracy'을 도시체제의 새로운 구조로 서서히 도입하고 그 정체를 중심으로 한 '질주권 疾走圈,dromosphere'을 형성하면서 이 시대의 자본주의가 획책하는 또 다른 지리적 불평등을 공간적으로 구현하기 시작했다는 점에서 백양터널은 더없이 중요한 인프라로 볼 수 있다.

질주정과 질주권 이야기를 시작하기 전에 먼저 짚고 넘어가야할 것이 하나 있다. 이 장에는 때때로 '나'가 등장하며 어조의 변화가 일어나기도 하는데, 이는 '나'가 몇 가지 이유에서 논지를 전개하는 데 없어서는 안 될 요소이기 때문이다. 첫째, 1990년대 들어 개인에서 지역, 사회, 국가에 이르는 거의 모든 차원에서 '차별화'의 전략이 이른바 포스트모더니즘의 물결을 타고 사람들의 일상생활에 깊숙이 스며들기 시작한다. 개인적 차원에서 볼 때, 이런 새로운 풍조는 '우리'보다 '나'를 더 우선시하는 새로운 개인적 미덕을 형성했으며 이런 미덕은 사회적 차원까지 그 세를 넓혀 결국 계급 간의 갈등을 '소비'로 봉합해 버리면서 그 갈등을 더욱 심화한다. 또한 지역적, 국가적 규모에서 볼 때 차별화의 전략은 그것을 위한 실질적 실천 방안을 미처 마련하지 못한 채 차별화에 대한 지역의 과잉결정을 불러일으켜 지역의 차별화 실천

●01● 신대구부산고속도로의 추진과정을 보면 먼저 1995년 12월 30일에 고속도로건설 기본계획이 고시되고, 4년쯤 지난 1999년 12월 8일에 신대구부산고속도로주식회사가 설립된다. 곧이어 2000년 12월 14일에 민간투자시설사업 실시협약이 체결되어 2001년 2월 12일에 고속도로건설 공사를 착공, 2006년 2월 12일에 준공되어 운영을 시작하였다. 「회사개요」, 신대구부산고속도로주식회사 웹사이트, http://www.dbeway.co.kr/com pany07_02.jsp.

이 결국 한층 더 중앙을 바라보고 그것이 하는 일을 베끼기에 급급한 나머지 어떤 조급증을 갖게끔, 심지어 그 증세가 더 나빠지게끔 하는 효과를 낳는다. 둘째, '나'는 소비를 통한 차별화의 전략에 속수무책으로 당해 파편화한 개인을 나타내는 것으로 이는 도시체제 '대 vs.' 나의 구도를 형성하기 위해 꼭 필요한 장치다. 앞서 1980년대를 살펴보며 이야기한 것과 같이 성장연합을 기반으로 한 도시체제는 수많은 개인을 잘게 쪼개어 그 모든 개인이 한데 모일 수 있는 공간의 배치를 허락하지 않을뿐더러 오히려 각 개인을 점점 더 심각한 지리적 불평등의 상황으로 밀어 넣으면서 자본주의적 총체성의 힘이 공간적으로 구현되는 데 핵심 역할을 담당하고 있다. 더군다나 1990년대 들어 부산이라는 도시체제는 질주정을 도입함으로써 새로운 구조화를 꾀하고, 그 구조화 과정에 '나'를 자리 잡게끔 하면서 그 '나'가 결코 '나'일 수 없게 만드는 새로운 자본주의의 이데올로기적 효과, 곧 1990년대 후반부터 본격적으로 그 이빨을 드러낸 채 음흉한 미소를 짓고 있는 신자유주의의 이데올로기적 효과가 '내' 몸에 기입되도록 한다. 마지막 이유는 앞으로 전개할 논지의 매끄러움을 위해 '몸'을 언급해야 하기 때문이다. 이는 질주정과 질주권의 작동원리와 효과를 이야기하기에 앞서 간단하게나마 지각의 현상학을 언급해야 하는 까닭, 더 구체적으로 현상을 지각하는 몸이 다른 어느 누구의 몸도 아닌 '내 몸'이어야 하는 까닭에서 비롯한다. 그리해야 부산이라는 도시, 내 몸, 속도 사이의 관계를 할 수 있는 만큼 정확히 밝혀낼 수 있다. 자, 이제부터 이야기를 시작해 보자.

나는 도시에 산다.●08● 바삐 산다. 그것이 좋다고 말하는 사람들이 많다. 요즘 같은 세상에서 몸을 빨리 움직이면서 사는 것은 좋은 것이다. 하지

●08● 박훈하(2009). 『나는 도시에 산다』(개정판), 비온후.

만 여유로운 것도 좋다. 내가 도시에서 바삐 살기 때문이다. 이 경우 빠른 것은 좋지 않다. 때로는 몸을 천천히 움직이는 것이 좋다고 사람들은 생각한다. 그런 까닭 때문일까? 요사이 걷는 사람이 부쩍 늘고 있다. 빠르게만 사는 것은 바람직하지 않다. 결국 도시에서 잘 산다는 것은 일상에서 속도를 얼마나 잘 조절하느냐에 달려있다. 주로 자동차나 전철로 빨리 움직이지만 가끔은 걸으면서 천천히도 다녀줘야 하는 것이다. 그것이 바람직하다. 그런데 아예 걸을 수 없거나 걷기를 꺼리는 공간, 자동차만 다닐 수 있도록 해 놓은 공간, 그것도 한 번 들어섰다 하면 빼도 박도 못하는 공간이 도시 안에 많이 있다. 터널과 흔히 무슨 (대)교라는 이름을 가진 다리가 그렇다. 부산도 도시니까 이곳 안에도 물론 터널과 다리가 있다. 여기서는 그것들 가운데 특별히 백양터널을 가운데 두고 속도의 정치와 그것의 정치적 효과를 살펴본다.

이렇게 하려면 해야 할 일이 몇 가지 있는데, 먼저 '나는 도시에 산다'는

부산대교 [사진 : 이인미]

말이 무슨 뜻을 갖고 있는지 생각해 봐야 한다. 바꾸어 말하면, 도시 안에서 살아가는 나는 도대체 어떤 나인지, 그리고 나를 둘러싸고 있는 도시라는 공간과 나는 어떤 관계를 맺고 있는지, 도시 공간은 과연 어떤 특별한 성질을 갖고 있는지 설명할 수 있어야 한다. 그리고 앞서 이야기한 설명을 뒷받침하기 위해서 나는 이 도시 속에서 어떻게 살고 있는지 경험적으로 증명해야 한다. 그러려면 부산의 백양터널이 만들어내는 특수한 도시경관 속에 있는 나, 더 구체적으로, 내가 주로 움직이는 부산의 '특수한' 도시경관과 그 경관을 구성하는 '개체적' 요소인 백양터널과 그것 주변의 경관, 그리고 그것의 '이질적' 요소인 터널 공간 속의 나를 이야기하면서 나를 포함한 그것 각각을 개별적으로 해석할 수 있어야 한다. ●09● 그렇다고 해서 '개별성'만 생각해서는 안 된다. 이 모든 것 사이에서 일어나는 상호관계성 또한 들여다봐야 한다. 어느 한 '위치'에 있는 나의 '몸'이 그 경관의 다양한 요소를 어떻게 지각하는지, 그 지각을 통한 상황적 지식은 어떻게 만들어지는지 또 그것이 어떠한 보편성을 띨 수 있는지를 짚어봐야 한다. 백양터널과 그곳을 통과하는 나 사이에서 발생하는 권력 효과를 설명할 수 있으려면 그렇게 해야만 한다. 이를 위해 우선 육화된 지각적 존재인 '나'를 먼저 살펴보고 현상학과 속도를 통해 공간을 생각해 보도록 하자.

●09● 이 문장에 있는 세 단어, '특수적', '이질적', '개별적'을 강조한 까닭은 들뢰즈가 루크레티우스Lucretius의 자연철학을 설명한 것에서 비롯한다. 공간을 둘러싼 제반 문제가 문화연구의 핵심 주제 가운데 하나라면, 여기서 해석하고자 하는 도시의 터널-다리 공간 또한 적어도 문화연구의 한 귀퉁이를 차지할 수 있을 것이다. 문제는 도시의 터널-다리 공간과 자연의 관계인데, '이른바 우리가 '자연'으로 부르는 데 익숙한 것에 대해서도, 문화를 대할 때와 똑같은 태도를 가져야 한다'는 힌치리프Steve Hinchliffe의 주장에 동의한다면, 그리하여 '자연/문화'의 관계를 '자연-문화'의 관계로 전환해야 하고 또 그렇게 할 수 있다면, 들뢰즈가 설명하는 '특수성spécificité[종들을 구분케 하는 각각의 종에 고유한 성질], 개체성individualité[개체들을 구분케 하는 각각의 부분의 고유한 성질], 이질성hétérogénéité[부분들을 구분케 하는 각각의 부분에 고유한 성질]의 세 측면 아래 나타나는 자연적인 다양성'을 도시의 터널-다리 공간에도 적용해 볼 수 있을 것이다. 자세한 내용은 Hinchliffe, S. (2005). 'Nature/Culture', *Cultural Geography: A Critical Dictionary of Key Concepts*, D. Atkinson, *et al.* (eds.), London & New York: I.B. Tauris, 194; 스티브 힌치리프(2011). 「자연·문화. Nature/Culture」, 이영민 옮김, 『현대 문화지리: 주요개념의 비판적 이해』, 앳킨슨, 데이비드 외 엮고 지음, 이영민 외 옮김, 논형, 353~4와 들뢰즈, 질(2007). 「루크레티우스와 자연주의」, 『들뢰즈가 만든 철학사: 생성과 창조의 철학사』, 박정태 엮고 옮김, 이학사, 56을 볼 것.

육화된 지각적 존재로서 '나'와 공간: 현상학과 속도

　어떤 공간 속에서는 내 몸 또한 공간을 갖고 있다. 그 공간 속에서 내 몸은 그 공간의 배치를 둘러보면서 지각하고 다시 그것을 해석하면서 이해하려 한다. 공간의 배치라는 대상과 그 대상을 감각하는 몸 사이에는 어떤 관계, 다시 말해서 대상의 공간성과 내 몸의 공간성 사이에는 어떤 관계성이 있다. 어떠한 관계성일까? 이것을 어떻게 이해해야 할까? 내 몸을 둘러싸고 있는 살갗은 과연 내 몸의 공간성과 내가 지각하는 대상의 공간성을 구획하는 경계인 것일까? 만약 그렇다면 그 경계는 지울 수 없는 것일까? 만약 그 같은 경계가 있다면 그 경계에서 생겨나는 상이한 두 공간성의 충돌과 화해는 어떻게 설명할 수 있을까? 하지만 그 같은 궁금함을 해결하기에 앞서 짚어봐야 할 문제가 하나 있다. 바로 몸과 마음의 관계에서 생겨나는 문제, 조금 더 자세히 말하자면, 내 몸이 바로 내 마음의 대상이 되는 것에서 생겨나는 문제다. 조금 전에 어떤 '공간 속에서 나의 몸은 그 공간의 배치를 둘러보면서 지각하고 다시 그것을 해석하면서 이해하려 한다'는 말을 했다. 이 말은 몸과 마음을 구분했던 전통적 이원론의 틀에서 이해될 수도 있다. 몸의 신체적 작용에서 정신적 작용으로 상향하는 일종의 단선적 도식, 또는 몸(가시계) the visible과 마음(가지계) the intelligible의 일반적 위상학을 떠올리게 하기 때문이다. 하지만 몸이 하는 모든 일을 꼭 그렇게 단순화해서 해석할 수만은 없는데, 이는 메를로-퐁티 Maurice Merleau-Ponty가 주창한 '지각의 현상학'에 기대어 설명해볼 수 있다.

　그의 주저 『지각의 현상학』 *Phénoménologie de la Perception*(1945)에서 메를로-퐁티가 이룩하려 했던 철학적 목표는 몸과 마음의 위상학적 이원론을 걷어내고, 그 이원론으로 말미암아 오랫동안 오해되고 있던 몸의 지위를 복원하는 것이었다. 이를 위해 메를로-퐁티는 '고유한 신체의 종합'을 기획하고 '신체의 공간성'을 이야기한다. 그는 '운동 능력이나 지각 능력의 체계인 우리의 신체

는 '나는 생각한다'의 대상이 아니다. 그것은 균형을 향하는 의미들의 총체다'
는 주장을 내어 놓으며 데카르트를 직접적으로 겨냥한다.●10● 그리고 곧 이
어지는 한 마디, **"때때로 의미들의 새로운 연결이 이루어진다"**.●11● 이 대목
을 어떻게 해석해야 할까? 특별히 '의미들의 연결'을 무엇과 무엇의 연결, 또
는 무엇과 무엇 간의 의미 형성 과정으로 봐야 할까? 답은 다시 '공간의 배치
라는 대상과 그 대상을 바라보는 몸 사이에는 어떤 관계, 다시 말해서 대상의
공간성과 내 몸의 공간성 사이에는 어떤 관계성이 있다'는, 조금은 논리적 비
약이 있는 듯 보이는 이 말을 현상학과 비릴리오, 그리고 속도를 통한 공간
개념을 설명함으로써 구해 볼 수 있을 것 같다.

먼저 '논리적 비약'의 문제를 해결해 보자. 논리적 비약이 생길 수 있는
까닭은 '공간'과 '공간성'이 다르게 보이기 때문이다. 전자가 내 일상생활의 바
탕을 이루는 어떤 물질적 토대로 구체화한 것이라면, 후자는 이보다 더 이론
적이고 추상적인 감이 없지 않다. 하지만 이 간극은 현상학이 공간을 생각하
는 방식을 들여다봄으로써, 또 현상학의 영향을 크게 받은 비릴리오의 이론
적 입장을 살펴봄으로써 메울 수 있다. 현상학은 공간을 '움직이는 몸', 그 몸
이 하는 '경험', 경험을 통한 '지각', 곧 이 모두를 뭉뚱그려 일컫는 '육화된 지
각적 몸'에서 따로 떼어내어 생각할 수 없다고 주장한다. 제임스는 이를 다음
과 같이 설명한다.

●10● 그의 철학적 기획이 전통 형이상학, 특별히 데카르트의 심신이원론과 갖는 관계는 글쓴이 1을 볼 것.
●11● 메를로-퐁티, 모리스(2002). 『지각의 현상학』. 류의근 옮김, 문학과 지성사, 235~42 — 강조 원저. 메를로-퐁티의 지각의
현상학은 앞으로 설명할 비릴리오Paul Virilio의 이론과도 밀접한 관련이 있다는 것을 미리 밝혀둔다. '사실상 비릴리오의 저작은
메를로-퐁티의 『지각의 현상학』의 중요한 책임을 물려받는다'. 자세한 내용은 Clarke, D.B. & Doel, M. A. (2004). 'Paul Virilio',
Key Thinkers on Space and Time, P. Hubbard, R. Kitchin & G. Valentine (eds.), London: SAGE, 311~2. 아울러 곧 이어질 이
야기와 관련해 더 자세한 내용은 James, I. (2007). Paul Virilio, London & New York: Routledge, 12~7; 제임스, 이안(2013). 『속
도의 사상가 비릴리오, 폴』. 홍영경 옮김, 앨피, 28~35를 볼 것. 앞으로 '때때로 의미들의 새로운 연결이 이루어진다는 이 말을 다
시 두 부분으로 나누어서 설명할 텐데, 먼저 '의미들의 연결'을, 이어서 '때때로 새로운 의미들의 연결'을 이야기할 것이다.

현상학은 가장 먼저 공간을 **경험하는 것**으로 생각한다. 그것은 공간을 공간성으로 보는데, 이 때 공간성이란 우리의 몸이 위치한 방식에서 떼려야 뗄 수 없는 공간적 지각이나 의식이다. 공간성은 몸이 [공간에] 구체적으로 적응하는 맥락 속에서 느끼고, 만지고, 볼 수 있는 우리의 능력과 분리될 수 없다. 주장은 오직 공간성의 이 같은 사전적 경험을 기초로 하여 우리가 공간의 이론적이고 추상적인 이해에 도달할 수 있게 된다는 것으로 이어진다. … 여기서 중요한 점은 이것이다. 현상학자는 우리가 공간을 경험하고 지각하는 일이 몸을 둘러싼 주위 환경[상황]과 관계를 맺는 몸의 위치 결정과 움직임에서 분리될 수 없다고 생각한다.●12●

공간과 공간성의 간극은 이렇게 현상학의 입장을 살펴봄으로써 메울 수 있다. 그리고 이렇게 메운 틈 속에서 비릴리오의 공간 이론이 생겨나는데, 그것은 다음의 주장으로 요약할 수 있다. '공간은 느껴서 알 수 있는 경험의 세계에 국한되어 있다. 그리고 그 너머에는 그 이름에 어울릴 만한 어떤 공간도 더 이상 없다'.●13● 이제 '공간의 배치라는 대상과 그 대상을 감각하는 몸 사이에는 어떤 관계, 다시 말해서 대상의 공간성과 내 몸의 공간성 사이에는 어떤 관계성이 있다'는 이 말을 조금 더 자세히 살펴볼 차례다.

비릴리오는 움직이는 사람의 몸, 산 lived 경험(체험)을 하는 사람의 몸, 산 경험으로 느끼고 알아가는 사람의 몸에 몰두한다. 그리고 이 몸을 설명하기 위해 그는 테크놀로지와 속도, 특별히 테크놀로지의 '속도'와 속도의 '테크놀

●12● James, I. (2007). *Paul Virilio*, London & New York: Routledge, 12~3; 제임스, 이안(2013). 『속도의 사상가 비릴리오, 폴』, 홍영경 옮김, 앨피, 30 — 강조 원저.
●13● Virilio, P. (1995). *The Art of the Motor*, J. Rose (tr.), Minneapolis: University of Minnesota Press, 141; James, 앞의 책, 12; 29~30에서 재인용.

로지'를 이야기한다.●14● 동시대의 테크놀로지는 사람의 몸이 움직이고, 경험하고, 느끼고, 아는 방식을 바꾼다. 비릴리오는 테크놀로지와 속도가 신체적 운동·경험·지각을 전에 없이 다른 방식으로 구성한다고 믿는데, 이 같은 상황의 가속화는 결국 몸을 사라지게 만드는 정치적 효과를 불러일으킨다.●15● '속도의 테크놀로지는 우리가 처한 상황에서 하게 되는 신체적 경험의 풍성함과 다양함을 감소시킬지도 모른다 might diminish'.●16● 제임스는 '감소시킬지도 모른다'는 다소 약한 추측을 하고 있지만, 오히려 이는 사실에 아주 가까운 것으로 봐야 하며 그러한 감소의 추세는 실지로 한층 더 강화된다. 예를 들어 '경관'을 한 번 생각해보자.●17● 내가 걸을 때, 그것도 천천히 걸을 때와 빨리 걸을 때, 내가 자동차를 몰 때, 그것도 천천히 몰 때와 빨리 몰 때, 내가 기차를 탈 때, 그것도 무궁화호를 탈 때와 KTX를 탈 때 움직이고 있는 내 몸이 경험하고 지각하는 경관은 달라질 수밖에 없다. 그렇기에 '이 경관을 만들어내고 있는 것은 바로 내 몸의 여러 움직임이다. … 조금은, 기차를 타

●14● 비릴리오는 아주 독특한 시각으로 몸을 바라보고 있다. 그는 '신체는 그 거주자가 항상 주의를 기울이거나 불안한 마음으로 거주해야 하는 빈 집, 될 수 있는 한 불편하도록 만들어진 집이다. … 그렇지만 신체는 집인 것 이상으로 **생체적 운동장치**이기도 하다. 게다가 우리가 신체에서 쫓아내려는 유사(類似) 악령은 무엇보다도 자신의 말 등에 올라탄 채 '자기 마음대로' 말의 동력을 통제하려는 기수처럼 '조종자의 자리를 난폭하게 겸령하고 있는 존재이자 스스로를 이동시키는 지성적 존재'라고 말한다. 비릴리오, 폴(2004). 『속도와 정치』, 이재원 옮김, 그린비 — 강조 원저.

●15● '동시대의 테크놀로지가 몸을 사라지게 만든다'는 말은 '동시대의 발전 양상을 잘 보여주는 테크놀로지를 거부하면서 산 경험을 하는 몸의 가능성들을 긍정하려는' 비릴리오 사상의 전반적 기획을 이해하기 위해 반드시 생각해 봐야 하는 것이다. 또한 이 '거부와 긍정의 제스처'는 비릴리오의 '이중적twofold' 방법론을 잘 드러내 보여주기 때문에 실질적으로 두 가지 측면에서 생각해 볼 수 있다. 한편으로 그것은 몸을 물리적으로 사라지게 만드는데 이것이 바로 '새로운 기술의 숨겨진 면'이다. 배를 발명하면서 **난파를 발명하는 것**이나 기차가 출현하면서 **철도사고를 발명하는 것**을 고의로 잊지 않는 한, 우리는 새로운 기술이 우리 뜻에 반하여 명백함을 드러내기 전에 새로운 기술의 숨겨진 면을 검토해야 한다. 다른 한편으로 그것은 몸을 추상적으로 사라지게 만들기도 하는데, 몸이 추상적으로 사라지게 되는 공간으로는 '도시 공간'이 대표적이다. 곧이어 이 두 번째 측면과 도시 공간을 가급적 깊이 들여다보면서 백양터널의 정치적 효과를 짚어보도록 한다. '거부와 긍정의 이중적 방법론과 관련해서는 James, 앞의 책, 12~3; Leach, N. (2000) 'Virilio and Architecture', *Paul Virilio: Theorist for an Accelerated Culture*, S. Redhead (ed.), London: SAGE, 71~2를 볼 것. 몸의 물리적 사라짐과 관련한 인용 출처는 비릴리오, 폴(2006). 『탈출속도』, 배영달 옮김, 경성대학교 출판부, 56 — 강조 원저.

●16● James, 앞의 책, 9; 23.

●17● 이 예시는 같은 책 15; 31~2의 예시를 응용한 것임을 밝혀둔다.

고 있는 한 승객이 쏜살같이 지나가고 있는 나무와 말을 보고, 휘어나가는 언덕을 보는 것과 같다'는 비릴리오의 생각은 꽤 타당해 보인다. 그리고 이 말이 그렇게 보이는 까닭은 바로 '몸의 운동성과 이동성'인 움직임이 속도를 수반할 수밖에 없기 때문이며, 그 움직임과 속도는 내가 '세계의 공간을 경험하는 방식의 원리를 구성'하고 있기 때문이다.●18●

이제 '공간의 배치라는 대상과 그 대상을 감각하는 몸 사이에는 어떤 관계, 다시 말해서 대상의 공간성과 내 몸의 공간성 사이에는 어떤 관계성이 있다'는 말로 한 번 더 되돌아가 보자. 분명히 공간의 배치라는 대상과 그 대상을 바라보는 몸 사이에는 어떤 관계가 있다. 관계가 없다면 여러 의미의 연결은 불가능하다. 나의 몸은 움직이고, 경험하고, 체험하고, 느끼고, 깨닫고, 지각하고, 반응하면서 나의 몸이 놓여 있는 공간, 또 그것의 배치와 관계를 맺는다. 마찬가지로 대상의 공간성과 내 몸의 공간성 사이에 있는 관계성도 같은 방식으로 이야기할 수 있을 것이다. 하지만 그 관계는 어떤 관계일까? 바꾸어 말해서 그 관계성의 조건과 구성 요소, 그 관계성의 변수이자 상수는 과연 무엇이 될 수 있을까? 앞서 한 이야기를 되새겨 보면 답을 얼추 내어 놓을 수 있을 듯하다. 그 관계는 속도와 속도의 변화에 따라 맺어지는 관계이며 그 관계성의 조건과 구성 요소는 몸, 운동과 이동, 운동-이동을 포함한 움직임, 속도 따위가 될 것이다. 끝으로 그 관계성의 변수이자 상수는 바로 속도다. 그리고 이 속도와 속도의 정치적 효과가 가장 잘 구현된 곳 가운데 하나는 도시 공간이다. 이제 이야기는 질주정과 질주권, 더 구체적으로 말하자면 도시 공간, 도로경관, 터널의 경관, 그리고 터널-다리(또는 터널과 다리)의 문제로 이어진다.

●18● Virilio,, P. (2005). *Negative Horizon*, M. Degener (tr.), London: Continuum, 30; James, 2007, 15; 31에서 재인용.

터널-다리

이야기를 시작하기에 앞서 상상 하나 해 보자. 커다란 비커가 하나 있고 거기에 아주 다양한 잡곡, 곧 크기·색깔·질감·무게 따위가 다 다른 잡곡이 한 가득 들어 있다. 거기에 물을 붓는다. 물은 중력에 저항하지 못한 채 아래로 흘러내린다. 과학적으로 따지자면, 모두 똑같은 물의 원자가 꽤 일정한 속도로 흘러내릴 테지만, 여기에서는 그 원자도 모두 다르고(크기·색깔·질감·무게와 같이 생각해 볼 수 있는 모든 속성이 다 다르다), 그 속도도 모두 다르며 아래로 흘러 내려올 뿐 아니라 위로 거슬러 올라갈 수도 있다고 생각해 본다. 하지만 아주 질서 있게 흘러 내려오고 거슬러 올라가기만 할 뿐, '서로 간에 부딪힘은 전혀 없다'. 어쨌든 운동은 계속된다고 가정하자. 이제 그것을 눕힌다. 끝으로, 물이 흘러나오지 않는다는 가정도 필요하다. 어느 덧 그림이 완성되었다. 이제 그 그림을 한 도시라고 치면, 그것은 아주 예쁘기는 하지만 그다지 활기차지 않은, 심하게 말하면 일종의 죽은 도시가 된다.'●19●

그리고 여기에 아주 못난 도시가 하나 더 있다. 아래의 인용을 잠깐 들여다보자.

도시란 생래적으로 콜라주(collage)다. 이질적인 요소들이 모여들기 때문이 아니라 이질적인 요소들이, 마침내 하나의 욕망으로 수렴되어 버리기 때문에 그렇다. 이질성과 다양성은 일상 저편에 허구로만 존재할 뿐 도시는 욕망의 흐름이 분산되는 것을 결코 허용하려 하지 않는다. 그러므로 도시인이란 자본의 요구에 따라 자신의 노동력을 길들이고 그 대가로 정주권을 부여받는 사람일 뿐이며, 다양한 차이와 그러한 이

●19● 이 상상은 비릴리오의 「과잉 노출의 도시」 시작 부분에 나오는 '다공질로 이루어진porous'라는 형용사에 착안한 것이다. Virilio, P. (1998). 'The Overexposed City', Architecture Theory since 1968, K. M. Hays (ed.), Columbia Books of Architecture, First MIT Press paperback edition (2000), Cambridge & London, MIT Press, 540; 비릴리오, 폴(2003), 「과잉 노출의 도시」, 『1968년 이후의 건축이론』, 봉일범 옮김, Spacetime·시공문화사, 722.

질성을 삶의 윤리로 바꾸지 못한다. 그들은 다만 허구적 환상을 꿈으로 바꾸고, 꿈꾸기를 반복함으로써 윤리를 갱신할 따름이다. ●20●

　못난 도시, 못난 도시인이다. 하지만 이것이 그런 도시인인 내가 하루하루를 살아가는 부산이라는 도시의 모습이다. 그리고 이 모습을 설명하기 위해 필요한 것은 첫째, 도시 공간의 핵심 장치이자 그 공간의 배치에 없어서는 안 될 도로망이라는 경관[종(種)], 둘째, 그것의 경관요소인 터널과 다리(또는 터널-다리) ●21● 그리고 그 주변경관[개체], 끝으로, 각 터널과 다리[부분], 더 구체적으로 여기서는 백양터널이다.

　앞서 해 보았던 비커의 상상에서 비커 전체는 어떤 도시, 물의 원자는 제각각 다른 교통수단, 원자의 물길은 도로망, 그 둘을 사이에 두고 있는 잡곡은 건물, 그리고 이 모두는 도로경관이라 할 수 있을 것이고, 그 비커 속의 공극률은 도로율로 볼 수 있을 것이다. 그러나 조금 전의 상상에는 없지만 실제 도로경관을 이루는 핵심적 경관요소가 있다. 바로 '터널-다리'다. 부산의 도로경관은 '특수'하다. 요금소를 포함한 터널과 다리의 경관은 '개체적'이고 요금소를 제외한 터널-다리 공간은 '이질적'이다. 먼저 부산의 도로경관은 백두대간의 끝자락이라 산지가 많고, 남해를 접하면서도 서로는 낙동강이 흘러와 그 끝에 삼각주를 만들고 있고, 동해를 접하면서도 동으로는 수영강이 흐르는 부산의 지형적 여건 위에 조성된 것이기에 '특수적'이다. 다음으로 그 도로경관의 경관 요소인 터널과 다리 가운데 몇몇은 요금소라는 경계를 갖고 또 다른 경관을 이루기에 '개체적'이다. 끝으로 터널-다리 경관에서 요금소를 뺀

●20● 박훈하, 앞의 책, 136.
●21● '터널-다리'와 '터널과 다리'를 설명할 필요가 있어 보인다. 전자는 그 둘이 도시 공간 속에서 수행하는 기능이 같다는 조금은 추상적인 뜻으로, 후자는 우리가 일상을 통해서 체험하는 터널과 다리가 '보기에' 각각 다르다는 구체적인 뜻으로 이해하면 될 듯하다.

터널-다리는 그 경관의 부분으로서 가속과 감속만 허용되는 공간, 바꾸어 말하자면 '편위'가 불가능한, 한 번 더 메를로 퐁티의 말을 빌리자면 '때때로 의미들의 새로운 연결'이 불가능한 공간이기에 '이질적'이다. 하지만 터널-다리 공간의 이 세 가지 측면은 언뜻 보기에 서로 떨어져 있는 듯하지만 깊은 상호 관련성을 갖고 있다는 것을 염두에 둘 필요가 있다. 그리고 그 상호관련성의 중심에는 자본이 있으며, 특별히 그 속에는 어떤 새로운 모습의 자본주의가 '무의식적'으로 또는 '이데올로기적'으로 행사하는 권력도 깃들어 있다. 따라서 이제부터 터널-다리 공간의 이 세 가지 측면 가운데 주로 두 번째와 세 번째의 측면에 집중하면서 이야기를 풀어나가 볼까 한다.

부산의 터널-다리를 포스트모더니즘의 시각에서 바라볼 때 우선 이야기할 수 있는 것은 이것이 '혼종적'이라는 것,●22● 바꾸어 말해서 모더니티와 포스트모더니티의 요소를 다 갖고 있어서 딱히 어떻다고 규정할 수 없다는 것이다. 부산에서 볼 수 있는 터널과 다리는 기본적으로 모던 사회가 생산한 공간이지만, 하비가 이야기하는 포스트모더니티의 조건인 '근대적 시공간의 압축'이 실현되기도 하는 공간이기 때문이다. 비릴리오는 모던 도시의 건축적인 요소가 '객관적인 경계를 박탈당함으로써 … 공간적인 차원을 갖지 않으면서도 한순간에 확산되는 전자장(電子場) an electronic topology, 곧 단일한 시각적 차원에 각인되는 전자장 속을 표류하기 시작했다'고 하지만, 부산의 터널과 다리들 중 몇몇, 더 구체적으로 그 몇몇의 일부분은 실제 공간을 가지면서도 '하이패스 hi-pass'가 형성하는 전자장 속을 표류하고 있다.

예컨대 백양터널을 생각해 보자. 그곳의 요금소는 전자적 위상학 electronic topology을 설명하기에 아주 적합한 곳이다. 요금소에는 세 가지 각기 다른 '구역 zone'이 있다. 통과 요금이 800원이므로 가장 우측에 지폐를 동전으로 바

●22● 이 혼종성과 관련해서는 글상자2를 볼 것.

꿔 요금을 내는 창구가 두 군데 있다. 그 왼편에 잔돈을 미리 준비한 사람들이 직접 돈을 던져 넣어 요금을 지불하는 창구가 두 군데 있으며, 가장 왼쪽에는 하이패스로 그냥 지나갈 수 있는 창구 아닌 창구, 하이패스 전용이라는 녹색 글귀가 '빛'을 발하는 곳이 한 군데 더 있다. 이 요금소의 전자적 위상학, 곧 '속도의 위상학'은 그렇게 만들어진다. 오른쪽에서 왼쪽으로 갈수록 요구하는 테크놀로지의 속도는 아날로그에서 디지털로 빨라지며, 그 속도에 힘입어 터널의 **통과 의례**는 다른 두 구역보다 더 자연스럽게 이루어진다. 그리고 그 같은 자연스러운 통과 의례는 속도를 자연스러운 것으로 만든다. 이것이 바로 '요금소가 옛날 도시의 관문을 대신하고 있는 고속도로는 물론이고 은행과 수퍼마켓에서도 통과 의례 the rites of passage는 더 이상 단속적(斷續的) intermittent으로 이루어지는 것이 아니라 편재적(遍在的) immanent으로 이루어지는 것이 되었다'는 말의 뜻이다. ●23●

　이제 속도는 요금소가 아닌 하이패스 '통과소' 터널과 함께 자그마한 '질주권' 하나를 형성한다. 이 질주권은 적어도 세 가지의 정치적 효과를 만들어내는데, 하나는 앞서 말한 속도의 자연화다. 질주권은 그곳과 관계를 맺는 몸에 속도를 무의식적으로 기입한다. 다시 말해서 하이패스로 백양터널을 통과하는 나의 몸은 그 속도를 당연한 것으로 여기게 되고, 이는 그 속도보다 상대적으로 느린 것을 '비정상'으로 생각하는 정치적 효과를 만들게 된다. 다음, 이렇듯 자연스러운 속도의 감각은 또 다른 속도의 감각을 낳는다. 첫 번째의 경우와 모순되는 속도감이라고도 볼 수 있는 이 감각은 속도를 내기 위한 준비를 위해서 꼭 필요한 것이다. 하이패스의 경우 선불제●24●와 후불제로 나

●23● Virilio, 1998: 543~4; 비릴리오, 2003: 725~6─강조 원저.
●24● 선불제의 경우 또한 두 가지로 나눌 수 있다. 하나는 현금 충전이고 다른 하나는 신용카드 충전이다. 후자의 경우 후불제와 같은 규칙을 적용해 볼 수 있다. 여기서 말하고 있는 선불제는 현금 충전의 경우다. 신용카드로 충전하는 선불제, 곧 선불제를 가장한 후불제의 경우 상황은 후불제보다 훨씬 더 안 좋아진다. 곧바로 이어서 이야기하겠지만 간단히 말해 신용은 아직 하지 않은 미래의 노동을 저당 잡힐 때 비로소 가능한 것, 그래서 신용에 얽매이는 한 결코 노동을 그만둘 수 없는 상황에 놓이기 때문이다.

눌 수 있는데, 이 둘의 양상 또한 다르게 나타난다.●25● 선불제는 내가 일해서 '번' 돈으로 충전하는 것, 곧 과거의 시간을 지금으로 끌어와서 쓰는 것이니 별 문제를 갖고 있지 않다. 하지만 후불제의 경우는 이와 달리 꽤 심각하다. 일해서 '벌' 돈으로 충전해야 하기 때문이다. 아직 오지 않은 시간 속에서 빨리 움직일 수 있도록 그 시간에 해야 할 노동을 저당 잡히고, 지금 시간을 들여서 그때를 준비해야 하니 아이러니도 이런 아이러니가 없다. 미래의 시간은 현재의 담보 없이 빌려 쓸 수 있는 물건이 아닌데도●26● 질주권을 살아가는 부산의 도시 거주자들은 그렇게 '가역적 속도성',●27● 곧 미래를 팔아 현재의 자본가나 국가를 살찌우는 노동자의 절망적 현실을 대변하는 그 가역적 속도성에 멱살을 잡힌 채 하루하루를 보내고 있다. 모던 도시 공간의 비가역적 속도●28●를 한층 더 빨리 내기 위해 포스트자본주의의 가역적 속도성에 기대며 준비 아닌 준비를 해야만 하는 아이러니, 이것이 바로 질주권의 두 번째 정치적 효과다. 그리고 마지막, 속도의 테크놀로지와 테크놀로지의 속도가 함께 하는 질주권은 일반적으로 최소한의 인원만 있으면 작동하는데, 이는 '실직'이라는 정치적 효과를 불러일으킨다. 실직의 정치적 효과가 이미 발휘된 부산 도시철도 2호선의 경성대·부경대 역으로 잠깐 자리를 옮겨 보자.●30● 지하 1층을 둘러보면, 먼저 교통카드 자동 충전기가 있다. 예전에 표

●25● 둘의 공통점은 일단 상품의 소비, 곧 하이패스 단말기라고 하는 것을 반드시 사야한다는 것이다. 그리고 하이패스 단말기를 사는 사람 수가 많아지면 많아질수록 그 기계를 만드는 사람 수도 그리 될 것이고 그렇게 되면 그 산업에서 일하는 사람 수도 덩달아 그리 될 것이라는 '어처구니없는' 반론이 있을 수도 있지만, 이는 결국 같은 노동자뿐 아니라 기계 또한 노동자의 경쟁 상대가 된다는 측면에서 볼 때 순진한 시각이 아닐 수 없다.

●26● 자세한 내용은 박훈하, 앞의 책, 12를 볼 것.

●27● '가역적 속도성'은 2012년 상반기에 있었던 경성대학교의 「융·복합 학문을 위한 문과대 교수 콜로키움」의 마지막 강연(6월 22일)이었던 「국제금융위기와 인간의 존재론적 위기」를 들으며 떠올렸던 개념이다. 가역적 속도성과 일상생활의 관계를 주제로 하여 「금융의 질주정, 그리고 일상의 지연」이라는 제목의 글을 간단하게나마 쓴 것이 있으니, http://www.gndomin.com/news/articleView.html?idxno=22381을 참고하기 바란다.

●28● 물리적으로 터널과 다리는 한 번 들어가면 그 방향을 바꿀 수 없다.

●29● 도시철도는 대중교통 수단이면서도 아주 안정된 속도성을 보유하고 있기 때문에 또 다른 형태의 터널-다리 질주권을 형성한다고 볼 수 있다.

사상경전철 고가다리 [사진 : 이인미]

팔던 역무원의 일자리가 줄어들었음을 뜻하는데, 이것이 불필요한 인원을 감축한 것이 아님은 종종 눈에 띄는 어르신들과 봉사 활동이나 수행평가의 명목으로 강제 동원된 학생들이 거기서 도우미 일을 하고 있는 것을 보면 알 수 있다. 역무실은 어떨까? 예전에 방위로 강제 동원된 사람들이 지금은 똑같은 방식으로, 단지 이름만 달리 한 공익근무요원으로 동원되어 일하고 있다. 부산교통공사의 녹을 받고 있는 사람은 역장 한 명뿐이다.●30● 백양터널의 경우도 마찬가지일 것이다. 만약 하이패스의 통과소가 늘어 요금소가 줄어든다면, 그곳은 바로 실직의 정치적 효과가 드러나는 절망의 장이 될 것이다.

백양터널의 질주권은 앞서 살펴본 세 가지 측면의 정치적 효과를 아주 극적으로 실현하는데, 거기서 핵심 역할을 담당하고 있는 것은 모던 도시 공

●30● 열차는 한 명이 몰고(2012년 초 서울의 도시철도 기관사 한 명이 '공황장애'로 자살한 일도 있었다), 이것도 모자라 4호선 반송선은 '국내 최초 무인 경전철'이란 타이틀을 달고 홍보까지 하고 있다. 이는 신자유주의를 앞세운 이 시대의 자본주의가 획책하는 지리적 불평등이 얼마나 심각한지를 보여준다. 이 지하철이 가는 곳이 반송이 아닌 센텀 같은 곳이었다면 사정은 달랐을지도 모른다. 이른바 못 사는 동네에 사는 사람의 목숨은 목숨도 아니다. 자세한 내용은 「[부산4호선]사통팔달 부산 이어주는 전국 최초 무인 경전철」, 부산시 공식 블로그, http://blog.busan.go.kr/3169를 볼 것.

간을 구현하는 터널과 그것의 배치, 그리고 그 속으로 살며시 끼어들면서 포스트모던 시간성을 구체적으로 드러내는 디지털 하이패스 통과소가 한데 어우러진 혼종성, 달리 말해서 모던 자본주의와 포스트자본주의의 시공간 배치를 이루는 혼종성이다. 이 혼종성을 통해 나는 모던 도시 공간을 질주하는 가운데 포스트자본주의의 시간이라고 할 수 있는 '시간-빛의 강렬한 체험'을 하게 되고, 그러는 동안 속도는 내 몸에 이데올로기적으로 새겨진다.●31● 이렇듯 테크놀로지의 속도와 속도의 테크놀로지가 질주권을 형성하면서 어떤 정치적 효과를 기대하고 그것을 이데올로기적으로 생산한다고 할 때, 우리는 이 메커니즘을 어떤 정체로 여기고 그것에 '질주정'이라는 이름을 붙일 수 있을 것이다.●32● 이것이 바로 터널-다리 공간이 특수한 까닭이며, 이 질주정은 '편위' clinamen; deklination가 일어날 수 없는 터널-다리의 이질성으로 심화한다.●33●

●31● James, 앞의 책, 39:68.
●32● '사실상 '산업 혁명'이란 것은 존재하지 않았다. 오직 '질주적 혁명'이 있었을 뿐이다. 민주정['인민'(dê mos/δημος)]도 존재하지 않는다. 질주정['질주'(dromos/δρομος)의 지배]이 있을 뿐이다'. 비릴리오, 폴(2004). 「속도와 정치」, 이재원 옮김, 그린비, 117. 클라크와 도엘 또한 아주 비슷한 이야기를 하고 있다. '우리는 민주정이 아닌 **질주정**, 곧 움직임 관료주의 또는 속도(와 느림) 테크노크라시에 살고 있다'. Clarke & Doel, 앞의 책, 313 — 강조 원저.
●33● 여태껏 해 온 이야기의 외연을 넓혀 보면 지리적 불평등의 또 다른 양상인 '공간적 정의spatial justice'의 문제도 살펴볼 수 있다. 글상자 3을 볼 것.

편위, 그리고 거주와 짓기 사이의 간극:
부산 동남부 질주권

　편위의 논의는 데모크리토스의 원자론에서 시작하여 에피쿠로스와 루크레티우스의 자연주의로 이어지는 고대 그리스·로마의 사상적 전통에 자리하고 있다. 편위를 설명하기 위해 '에피쿠로스는 허공에서 이뤄지는 원자들의 **삼중 운동**을 가정'하게 되는데, '첫 번째는 **직선으로 낙하하는 운동**이고, 두 번째는 **원자가 직선에서 벗어나면서 생기는 운동**이며, 세 번째는 원자들의 **충돌(Repulsion, 반발)**을 통해 정립되는 운동이다'.●34● 여기서 '원자가 직선에서 벗어나면서 생기는 운동'이 바로 편위이며 마르크스는 『데모크리토스와 에피쿠로스 자연철학의 차이』를 이 개념을 설명함으로써 밝히고 있다. 키케로와 플루타르크에서 라이프니츠에 이르기까지, 많은 사상가는 에피쿠로스가 데모크리토스의 철학적 성과를 그대로 답습했다는 주장을 펼쳐 왔다. 하지만 마르크스는 이런 전통에 이의를 제기하며 두 사람의 자연철학을 같은 것으로 볼 수 없음을 이 책을 통해 아주 치밀하게 논증해 가고 있다.

　데모크리토스와 에피쿠로스 자연철학의 차이는 두 사람이 **개별적인 자연 현상을 설명하는 방식에서 명백히 드러나**는데, 전자는 '필연'의 결과로 나타나는 '상대적 필연성, 결정론'을, 후자는 '우연'의 결과로 나타나는 '가능성'을 주장한다'.●35● 이 같은 둘의 차이를 바탕에 두고 마르크스는 이제 '편위'를 설명하기 시작한다. 먼저 직선의 낙하 운동이 있다. 점들은 선을 만들고, 선들은 면을 이룬다는 유클리드 기하학의 일반 원칙이 옳다고 보면, '모나드(Monad)들의 운동 또한 선이 될 것이고, 그렇다면 모나드들이나 원자들 모두 직선 안에서는 실존하지 않게 되며 사라지게 된다'. 하지만 직선과 원자들(모나드들)은 서로 '상대적으로 실존하기 때문에 '직선 운동 안에서 원자들이 부정된다'는 명제의 역(逆)도 가능하다'. 부정된 원자들이 다시 나타나기 위해

●34● 마르크스, 칼(2001), 『데모크리토스와 에피쿠로스 자연철학의 차이』, 고병권 옮김, 그린비, 71 — 강조 원저.
●35● 같은 책, 45~8 — 강조 원저.

서, 자신의 설 자리를 부정당했던 원자들이 제 자리를 찾기 위해서, 원자들은 자신과 '대립하는 **상대적 실존인 직선의 현존재를 부정**해야만 하고, 이 운동의 직접적인 부정은 하나의 다른 운동, 바로 공간적으로 자기 자신을 표상하는 **직선으로부터의 편위**인 것이다'.●36●

아까 했던 비커의 상상을 한 번 더 떠올려 보자. 그리고 그것이 어떤 아주 예쁜, 하지만 그다지 활기차지 않은, 심하게 말하면 일종의 죽은 도시라고 말했던 것을 한 번 더 기억하자. 왜 죽은 도시인가? 간단히 말하자면, 편위와 그것이 불러일으키는 우발적 상황, 그리고 이 둘이 함께 가져다주는 만남의 즐거움을 전혀 보장하지 않는 공간이기에 그렇다. 터널과 다리를 제외한 도시의 도로경관에서 그나마 조금이라도 일어날 수 있는 편위를 터널과 다리는 결코 허용하지 않는다. 거기는 오로지 그곳을 지나다니는 사람들을 부정하는 '직선 운동의 가속과 감속'만이 존재하는 **'속도-공간'**인 것이다.●37● 따라서 이 공간은 일반 도로에서 볼 수 없는 어떤 '이질성'을 갖고 있고, 그 이질성은 나의 일탈 가능성을 다른 어떤 도로 공간보다 훨씬 더 철저히 부정하며 원천적으로 그것을 봉쇄한다는 데 있다. 터널-다리 공간에서 이데올로기적으로 체화된 속도는 그곳 바깥을 움직이는 몸 안에서 일 수 있는 여러 다른 생각, 그 몸이 실천할 수 있는 여러 다른 움직임의 가능성을 차단한다. 그리고 이것은 저항의 속도를 늦추면서 나의 일상생활을 더디고 또 더디게 만든다. 역설적이게도 뚫려 있는 공간이 막아서는 꼴을 하고 있는 것이다. 이제 나는 터널 안-다리 위와 별반 다를 것이 없는 도시 공간을 살게 되었다. 그 공간 속에서 내 몸은 사라지게 되었고, '정치적 행위가 자유롭게 이뤄지는 장으로서의

●36● 같은 책, 74~5—강조 원저.

●37● Virilio, P. (1991). *The Lost Dimension*, D. Moshenberg (tr.), New York: Semiotext(e), 102; James, 앞의 책, 31; 54에서 재인용—강조 원저.

공간 또한 절멸됐다. … 속도가 빨라질수록, 자유도 그만큼 줄어들기 때문'이다.●38● 몸을 사라지게 하고 정치적 행위가 자유롭게 이뤄지는 장을 소멸하는 것, 이것이 바로 질주정의 또 다른 정치적 효과다.

　여태껏 해 온 모든 이야기를 생각하면서 지금은 모두 이어진 백양터널 · 수정터널 · 번영로 · 황령터널 · 광안대교, 심지어 꽤 작은 규모의 터널과 다리인 과정교 · 연산터널 · 원동교와 그 모두를 잇는 여러 도로를 떠올려 보자. 이 모두는 어떤 질주권을 이루며 그곳은 질주정이 통제한다. 그렇다면 남은 질문은 하나다. 그 질주정의 안팎을 내달리는 것은 과연 무엇이며 그 질주권은 어떤 공간일까? 가능한 답은 의외로 간단하다. 먼저 질주정의 안팎을 마구 내달리는 것은 자본, 더 구체적으로 말하자면 '라이프스타일'이다. 그리고 21세기의 라이프스타일이 질주하는 권역은 기본적으로 '백인 공간'이다. '현시대의 비서구 사회에서는 백인적 이상이 '강하게 구현되거나 강요 enforced'된다. 하지만 그 강요에 백인이 물리적으로 직접 눈앞에 드러날 필요는 없을 뿐더러 그것을 백인이 직접적으로 매개할 필요조차 없다 not necessarily through the physical presence or even the agency of white people'. 차라리 그것은 소비자본주의를 열망하는 라이프스타일, 그리고 서구 백인의 실제 라이프스타일과 문화 간의 밀접한 연계를 거친다.'●39● 만약 이 주장에 무리가 없다면 도시 공간 부산, 그 가운데서도 특별히 부산의 남구, 수영구, 해운대구, 연제구로 이루어진 부산동남부는 백인공간으로 바뀐 질주권일 뿐 아니라 현재 자본주의를 구현하는 새로운 형태의 공간 배치로 규명할 수 있다.

....

●38● 비릴리오, 폴(2004) 『속도의 정치』, 이재원 옮김, 256. '…'에서 생략한 문장은 '치명적이기 이를 데 없는 추진력을 보려면, 철도 · 항로 · 자동차 도로 등의 하부구조가 가하는 통제와 제약을 참조할 필요가 있다'인데, 이것을 각주에 남겨두는 까닭은 이 문장이 이 연구의 목적을 단적으로 보여주기 때문이다.

●39● Bonnett, A. (2005). 'Whiteness', *Cultural Geography: A Critical Dictionary of Key Concepts*, D. Atkinson, *et al.* (eds.), London & New York: I.B. Tauris, 112; 보네트, 앨라스테어(2011). 「백인성 · Whiteness」, 이영민 옮김, 『『현대 문화지리학: 주요 개념의 비판적 이해』, 앳킨슨, 데이비드 외 엮고 지음, 이영민 외 옮김, 논형, 216.

이러한 공간 배치는 부산에서 '살기 dwelling'와 그것을 위한 부산 '짓기 building' 사이에 꽤 깊고 큰 금이 가 있음을 시사한다.●40● 이는 한국 사회의 근대화 과정을 아주 특이한 도시 공간 배치로 구현하는 부산이 그곳에서 살아가는 나를 비롯한 수많은 부산 사람의 생활양식과 존재 방식을 백인화하여 우리로 하여금 소비자본주의의 스펙터클에 한 순간이라도 더 빨리, 한 발짝이라도 더 가까이 다가가고 싶은 욕망을 갖게끔 한다는 것을 뜻한다. 다시 말해서 '거주(dwelling)와 건립(building)이라는 관점에서 보자면 근대화는 우리가 지난 반세기 동안 이 공간에서 살아오면서 부산 땅과 관계 맺는 방식, 장소와 경관을 조성하는 방식, 모듬살이의 터를 마련하고 영위하는 방식, 그리고 그 구체적 수단으로서 부산을 짓고 만드는 방식을 거의 전적으로 포기하고 부산에 대한 전혀 다른 접근과 실천을 취하게 되었음'을 뜻하는 것이다. 그리고 이러한 현상은 조금 더 폭넓게 보면 '기술 지배와 자본 지배, 그리고 도시적 삶에 기인하며, 근대화가 야기한 인간 정주방식의 근본적 변화, 사물 제작 방식의 근본적 변화, 그리고 그 배후에 있는 세계 이해 방식의 근본적 변화에서 그 이유를 찾을 수 있을 것이다'.●41●

이 근본적 변화의 중심에 속도가 있고, 그것에 올라탄 채 자본의 뒤꽁무니를 쫓는 부산이 있다. 더 심각한 문제는 이러한 자본을 쫓아가는 데 최적화한 부산 동남부 질주권의 공간 배치와 그것에 따르는 부산 사람들의 공간적 실천이 정책적 정당성을 부여하는 여러 목소리에 힘입어 구체화한다는 데 있다. 이러한 목소리에 따르면 속도는 부산 발전의 필수 요소가 될 수밖에 없다. 예를 들어 '세계 도시들은 속도혁명을 통해 광역경제권(Megacity Region · MCR)을 향해 치달으면서 단일 대도시 중심의 성장 한계를 극복하고

●40● 자세한 내용은 글상자 4를 볼 것.
●41● 강혁(2008), 「근대화의 충격과 이 땅에서의 거주와 건립」, 『인문학논총』, 제13집 1호, 경성대학교 인문과학연구소, 199~201.

주변 도시와 연계해 글로벌 경쟁력을 갖기 위한 노력을 기울이고 있고, 이에 대응하는 우리의 과제로 부산 동남권은 이제 행정구역 중심의 성장모델을 탈피하고 연계성이 높은 상생발전 모델로 전환해야 할 뿐 아니라 경부고속철도와 거가대로 등 광역교통망 개통을 계기로 상호의존적 정책을 분야별로 추진해야 한다'는 주장은 속도혁명을 중심으로 한 부산의 발전 모델을 제시하고 있다.●42●

하지만 이 모델은 주장만큼 타당하지 않아 보인다. 그 모델을 이루는 '광안대교'가 가져다 준 속도혁명, 또 그것과 이어진 '해운대 신도시', '센텀시티', '마린시티'를 철저히 검토하지 않기 때문이다. 광안대교를 중심으로 부산 최초의 신도시인 해운대 신시가지, 세계 최대 규모라고 기네스북에 오르기까지 한 신세계 백화점을 품고 있으면서 말 그대로 '100% 완벽한 ^{centum} 도시임을 자랑하는 '센텀시티', 21세기 자본주의의 특성을 고스란히 간직하고 있으면서 글로벌 다이나믹 시티 부산의 위용을 한껏 뽐내고 있는 '마린시티', 이 모두가 '스펙터클 해운대'의 모습을 이루고 있다. 그리고 그 스펙터클을 향하는 수많은 욕망이 광안대교 위를 무섭게 내달린다. 광안대교는 현재 부산과 부산 사람들의 욕망이 생산되고, 확산하고, 좌절하고, 성취되는 데 없어서는 안 될 다리, 곧 '욕망의 인프라'다. '속도의 욕망'이 '무서운 전염병'이 되기 위해 반드시 필요한 메트로폴리스 부산의 인프라, 바로 광안대교인 것이다.●43●

요컨대 터널-다리는 '원자들의 유동적인 흐름을 응고시키는 나쁜 배치이며 이런 배치를 설계하고 실현하는 국가와 자본 또한 분명히 나쁜 배치다'.●44● 하지만 지금껏 살펴보고 있듯이 그 배치는 늘 같지만 다른 모습으

●42● 최치국(2010). 「BDI 시론 ─ 세계 도시들 속도 혁명: 세계 도시들은 속도 혁명으로 MCR〈Megecity Region〉 형성 중」, 『부산발전포럼』, 7~9.

●43● 박훈하, 앞의 책, 38.

●44● 고병권(2001). 「역자서문」, 『데모크리토스와 에피쿠로스 자연철학의 차이』, 고병권 옮김, 그린비, 8.

로 구조화한다. 그렇기에 홀이 한 말, '나는 자본주의 그 자체에는 관심이 없다. 나는 자본주의가 1960년대에는 왜 그랬는지 또는 1990년대에는 왜 그런지에 관심이 있다'는 이 말은 여전히 중요할 수밖에 없다.●45● 이를 유념하면서 2000년대의 자본주의는 어떤 모습을 하고 있는지, 그리고 부산의 터널과 다리는 그것의 형성에 어떻게 기여하는지를 생각해 볼 차례가 되었다. 그러기 위해 부산 동남부 질주권의 중추인 광안대교와 그것과 이어져 있는 해운대를 살펴보면서 이 장에서 다루기를 미뤘던 조닝, 매축과 기념비주의를 바탕으로 한 스펙터클, 끝으로 장소의 증발 문제를 집중적으로 살펴볼 것이다.

●45● Hall, S. (1977). 'Culture and Power: interview with Stuart Hall', 28; Procter, 앞의 책, 2; 25에서 재인용.

글상자 1 /
대담 한 대목 : 메를로-퐁티의 철학적 기획과 전통 형이상학,
특별히 데카르트의 심신 이원론

메를로-퐁티는 신체의 공간성을 '신체가 신체라는 것을 전개하고 신체로서
실현되는 방식'으로 정의하면서 몸과 마음을 둘러싼 형이상학적 전통에 도전
한다. 그리고 이 도전은 그의 탄생 한 세기를 기리는 한 라디오 프로그램의 인
터뷰에서 긍정적 평가를 이끌어내는데, 그 대목을 소개하자면 아래와 같다.

알란 손더스[진행자]: 그[메를로-퐁티]는 이 같은 전통[현상학적 전통: 산 경험(체험)의
구체적 설명으로 되돌아가기 위해 추상화와 이론의 정립, 그리고 전통철학의 형이상학에
서 떠나려는 시도] 속에서 성장했죠. 분명한 것은 그가 그 전통을 찾는 곳에서 그것을 떠
나지 않는다는 것입니다. 그는 그 전통을 어떻게 합니까? 그의 기여는 무엇입니까? 간단히
말해서 그가 태어난 지 100년이 지난 지금 무엇이 그를 중요한 사상가로 여기게끔 하는 것
이죠?

테일러 카먼[대담자]: 메를로-퐁티의 진정한 독창성은 우리가 지각을 육화된 embodied 현
상으로 이해해야 한다는 그의 생각에 있습니다. 그리고 이것이 뜻하는 바는 지각하기를 하
는 것은 몸, 곧 신체적 존재 a bodily being라는 것입니다. 그것이 분명하고 평범하게 들리지
않는다면 이야기하기 어려운 것인데요. 우리 모두는 우리가 몸을 갖고 있음을, 그리고 우
리가 세계를 지각하기 위해서 반드시 몸을 갖고 있어야 한다는 것을 압니다. [형이상학적]
전통은 마음, 곧 어떤 식으로든 진정한 우리라고 할 수 있는 마음과, 몸, 곧 우리와 세계 사
이에 놓여 있는 일종의 매개체 또는 도구인 몸을 구분하기를 원해 왔습니다. 메를로-퐁티
는 이원론이라고 불리는 그것, 몸과 마음의 구분이라고 불리는 그것을 없애고 싶어 했습니
다. 그는 우리는 하나라고, 우리는 육화된 지각적 존재라고 말하고 싶어 했습니다. 따라서
우리의 지각적 경험 모두는 신체적 경험이며, 그것은 어떤 세계이자 어떤 물질적 세계입니
다. 이 세계는 우리를 에워싸며 우리는 그 세계의 일부입니다. 그 세계에 맞춰진, 있는 존재
의 경험입니다. 그리고 우리의 경험 자체에는 정녕 아무런 여지가 없습니다. 탈육화된 마
음, 그것이 어떻게든 경험의 진정한 실재적 터라는 신념을 위한 여지는 정녕코 없습니다.
그 터, 그 위치, 경험의 그 현장은 바로 몸인 것이죠.

Saunders, A. Carmen, T. & Tauber, J. (2008) 'Merleau-Ponty and the lived body', from
Philosopher's Zone, Australian Broadcasting Corporation(ABC),
http://www.abc.net.au/radionational/programs/philosopherszone/merleau-ponty-and-the-
lived-body/3165890, 방송일자 2008년 12월 13일.

글상자 2 /
혼종성

혼종성(혼성성) hybridity이 '양가적 결정불가능성 ambivalent undecidability'을 뜻하기는 하지만, 미첼 Katharyne Mitchell이 주장하는 것처럼 '많은 문화이론가한테, 혼종성과 혼종적인 것을 다양한 종류의 본질주의적, 그리고 본질주의화하는 서사에 저항하는 완벽한 대화상대 the perfect interlocutors로서 상정해 온 것이 다름 아닌 그 양가적 결정불가능성이라는 의미는 아니다'. 오히려 이 '혼종성'은 모던 자본주의와 포스트자본주의의 강화를 위해 모던 도시 공간의 배치 속으로 살며시 끼어드는 포스트모던의 요소, 그리고 이러한 양상의 특수성을 살펴보기 위해 쓴 말이다. 미첼이 쓰고 있는 것처럼 혼종성이 '분리와 단선성과 같은 구시대적 관념에 근거하는 근대적 이항대립과 규범적 가정에 대한 어떤 통렬한 비판 a trenchant critique으로 부상했다'는 말은 옳다. 하지만 문화연구를 공부하는 사람이 언제까지 혼종성을 포스트자본주의를 비판하기 위한 무기로 갈고 닦고 있지만은 않을 것이며, 더군다나 대기업의 기획팀이나 마케팅 관련 부서에서 일하면서 혼종성을 자본의 주구로 활용하는 사람도 꽤 있을 것이라는 생각을 해본다면, 혼종성도 더 이상은 어떤 '순진한 시각'으로 바라봐서는 안 될 개념이 된다. 자본의 생산과 그것을 비판하려는 생산의 관계는 범죄와 법의 그것과 같다. 자본을 비판하는 유물론적 문화연구의 실천은 대부분의 경우 '사후적으로' 진행될 수밖에 없다. 따라서 관건은 그러한 시공간적 틈을 가급적 빨리 메워 가려 노력하는 데 있을 것이다.

Mitchell, K. (2005), 'Hybridity', *Cultural Geography: A Critical Dictionary of Key Concepts*, D. Atkinson, *et al*. (eds.), London & New York: I.B. Tauris, 189~192; 미첼, 캐서린(2011), 「혼성성·Hybridity」, 박경환 옮김, 『현대 문화지리학』, 이영민 외 옮김, 논형, 344~50.

글상자 3 /
부산의 터널과 다리 : 공간적 정의의 문제

부산의 터널 및 다리와 관련해서 지리적 불평등의 또 다른 양상인 '공간적 정의 spatial justice'의 문제도 거론할 수 있다. 부산의 터널과 다리 가운데 몇몇이 갖고 있는 요금소 또는 통과소는 이곳의 도로경관에 어떤 금을 긋기 때문에 그 것의 개체성, 곧 터널-다리를 도로경관의 다른 경관 요소들과 구분케 하는 속 성 또한 요금소의 경계 위에서 생겨난다. 요금소는 말 그대로 터널-다리 공 간을 이용할 때 드는 비용을 지불하는 곳이다. 따라서 그곳은 빨리 움직여서 벌 수 있는 시간을 살 수 있는 사람과 그렇지 않은 사람을 구분하는 문화정치 적 지표로 기능한다. 예컨대 그곳은 자동차를 갖고 있는 사람과 버스를 타야 만 하는 사람, 자동차를 갖고 있으면서도 그 비용을 아껴야 하는 사람과 그렇 지 않은 사람(실례로 600원 정도였던 동서고가도로의 요금소가 없어지고 나 서 그곳의 정체가 훨씬 심해졌다), 자동차의 소유 여부와 관계없이 터널 근처 에 살아서 대중교통이 불편한 사람과 그렇지 않은 사람(예를 들어 황령터널을 통과해서 남구 대연동 쪽의 황령터널 근처를 지나가는 시내버스 노선은 38번 과 583번 두 개뿐이며, 그것을 보완하는 남구 마을버스 1번이 있다) 따위를 구 분하는 지표, 곧 공간적으로 평등치 못한 '포스트자본주의 도시 거주자의 유 형학'이 드러나는 공간적 장치가 된다.

글상자 4 /
살기와 짓기: 하이데거 · 데리다 · 하비

영어와 독어를 통해 보면, '짓기 to build; bauen'는 어떤 거처 dwelling places; shelter에서 '살기 to dwell; buan(고대 영어이자 현재 독일의 표준어인 고지 독일어): wohnen' 를 뜻할 뿐 아니라 '존재 be; sein(ich bin, du bist, 명령형의 sei와 같이)'와 불가분 의 관계를 맺고 있기도 하다. 다시 말해서 '네가 있고 you are 내가 있는 I am 방 식, 인간이 세상에 on the earth 있는 are 방식은 살기 Buan, dwelling다. 인간 존재로 세 상에 있다는 것은 아무 힘없는 보통 사람 a mortal으로 있다는 것이다. 그것은 살 기 to dwell를 뜻한다'. 하지만 짓기와 살기가 나뉘고, 거기에 '주택 housing'과 '거주 inhabiting'를 필요로 하는 공간 배치가 더해지면서 '짓기의 참뜻, 이를테면 거주 하기는 망각 oblivion의 상태로 빠져든다'. 따라서 우리는 **'거주의 참된 곤경'**이 무 엇인지를 계속 생각하고 물어야 하며, 그러기 위해 **'거주하기를 반드시 배워 야 한다'.°** 조금 더 확대해서 해석하자면, 거주의 참된 곤경은 곧바로 삶·존 재·사유의 곤경으로 이어지기 때문에 우리는 '짓기에 속하는 거주'를 배움으로써 이 난국을 타개해 나갈 수 있게 된다. 이러한 하이데거의 입장은 실존주의적 현상학 또는 현상학적 존재론으로 익히 알려진 그의 사유 체계가 종종 '건축술'에 빗대어 언급된다는 점과 깊은 관련이 있다. 그는 20세기에 접어든 세계가 목격한 과학기술의 발달 또 그것에 기초한 새로운 사회의 형성에 주목하고 그 속에 깃들어 있는 과학적 익명성에서 '존재'를 구해내려고 했다. 주체-대상 관계에 몰두하던 기존의 인식론적·존재론적 경향에 이의를 제기하며 '존재란 과연 무엇이며 과학적 익명성이 만연한 현대 사회에서 인간 존재가 인간 고유의 의미와 의의를 가질 수 있는 조건은 과연 무엇인가' 하는 질문을 던졌던 그는 자아와 '세계' 간의 상호관련성을 고려함으로써 앎과 존재 간의 어떤 새로운 관계를 개념화하고자 했다. 자아가 끊임없는 관계를 맺어가는 세계라는 곳은 결국 시간과 공간으로 이루어져 있고, 자아는 거기 있음 Dasein으로써, 세계 안에 있는 존재 In-der-Welt-sein로서 세계를 해석하는 활동을 벌여나가게 된다. 세계와 그 안에서 그것을 해석하는 주체의 관계를 정립하려는 하이데거의 '건축술적 사유'는 결국 '짓기'가 '존재' 및 '거주'와 불가분의 관계에 있음을 뜻하는 것이다.

이 논의가 일견 타당해 보이는 것은 사실이지만 한계도 지니고 있음 또한 부인할 수 없다. 이 한계는 결국 '개인적' 차원에서 이루어지는 해석의 범람이 해결할 수 있는 것이 보기보다 많지 않다는 점에 있는데, 이는 하이데거의 독법을 계승한 데리다의 해체론에서 더 뚜렷이 드러나게 된다. 비록 포스트모던 기획으로 볼 수 있는 해체론에 긍정적 효과가 있다손 치더라도 '포스트모더니즘에는 진보의 개념을 잃어버리는 과정에서 역사적 연속성이나 그에 대한 기억까지 모두 폐기해 버리며, 동시에 역사를 훔치고 거기서 현재의 모습이라 여겨지는 것들이라면 모두 집어삼키'는 역효과도 분명히 있는 것이다.**

● Heidegger, M. (1971). 'Building Dwelling Thinking', *Poetry, Language, Thought*, A. Hofstadter (tr.), Perennial Classics edition (2001), New York: HarperCollins, 145~6, 159 — 강조 원저.
●● 하비, 데이비드(1994), 『포스트모더니티의 조건』, 구동회·박영민 옮김, 한울, 74. 자세한 내용은 같은 책, 74~82를 볼 것.

도시재창조를 목표로

2000년대~현재(1)

　　새 천년을 맞이한 한국 사회는 첫 해인 2001년부터 본격적인 국토계획의 '대변혁'에 착수하는데, 이는 '세계적으로 호평과 악평을 두루 받았던 개발제한구역 정책에 획기적 수정을 가했기 때문이다'. 이로써 부산의 '대표적 현안 문제였던 3난 4장[3難 4場: 재정난, 교통난, 주택용지난, 쓰레기 매립장, 분뇨 처리장, 화장장, 연탄 저장장] 중에서 용지난'이 '일거에 해소'되기에 이른다. 이를 바탕으로 서부산권의 경우, '2003년 지정된 부산진해경제자유구역은 서부산개발의 호재로 작용했고, 균형발전이라는 과제에 돌파구를 제공'했다. 또한 '국제산업물류도시 · 에코델타시티 등이 서부산권을 중심으로 개발됨으로써 부산의 산업구조 역시 새로운 변화를 가져오는 계기'가 된다. 이를 위한 대표적 인프라는 2008년 7월과 2009년 10월에 각각 개통된 남항대교와 을숙도대교가 있다. 동부산권의 경우에도 서부산권처럼 많은 변화가 일어나기는 했지만 그 양상은 제법 다르게, '문화시설을 중심으로' 나타나기 시작한다. 구체적 예로 영화의 전당, 제2벡스코(BEXCO), 오디토리움 같은 곳이 들어서면서 '문화시설의 획기적 확충'이 이뤄졌다.●01● 이에 따라 2004년 2월에 센텀시티 진입로 기능을 담당할 목적으로 좌수영교(수영3호교)가 개통되고, 2004년 3월에 연산터널이, 2011년 3월에 과정교(수영4호교)가 연산터널과 이어지며 개통된다.●02● 이와 별도로 1990년대에 시작했던 '제2차 남북팽창'이 수정터널과 신대구부산고속도로가 각각 2001년 12월과 2006년 2월에 개통됨으

●01● 황병우, 앞의 책, 31.

●02● 과정교 공사는 '지난 2005년 10월 시작돼, '연제구 과정로~수영구 산업지원도로' 구간 개통(2008년 3월), '수영강변 지하차도' 구간 개통(2010년 7월), '충렬로 연결도로' 일부 구간 완공(2011년 2월)'의 순서로 진행되었으며, '왕복6차로로 건설됐고, 해운대 측의 수영강변로 4지 교차지점에는 665m의 지하차도를 만들어 교통흐름을 원활히' 했다. 개통 당시 부산시는 '충렬로의 만성적인 교통체증 해소는 물론, 과정로의 우회노선 기능을 수행해 해운대에서 도심으로 출퇴근하는 시민들의 불편을 대폭 해소'할 뿐 아니라 '컨벤션사업, 영화 · 영화산업, 관광산업 등이 총집결된 센텀시티 일대의 교통체계가 대폭 보강되는 한편, 수영강변에 인접한 연제구와 수영구 일대를 동부산 발전의 핵심지역으로 편입시키는 계기가 될 것으로 기대하고 있다'고 밝혔다. 김정현(2011). 「부산 과정교·해운대방면 접속도로 개통: 총 679억8500만원 투자···1797m 건설」, 『건설타임즈』, http://www.constimes.co.kr/news/articleView.html?idxno=45725.

로써 이 시기에 완료된다. 2008년 12월 부산울산고속도로가 개통됨으로써 그 일부인 해운대터널과 기장1·2터널이, 정관신도시 건설과 맞물려 개좌터널과 곰내터널이 각각 2009년 1월과 10월에 개통됨으로써 부산의 '제4차 동서팽창'이 계속 진행한다. 끝으로 2009년 2월 국내 최장터널(20.3㎞)인 금정터널이 원효터널과 함께 경주와 부산을 연결하는 KTX전용 노선을 구성하며 개통되기도 한다. ●03●

　　여기서는 방금까지 이야기한 내용 가운데 특별히 동부산권의 변화를 살펴볼 텐데, 그 초점을 '해운대'와 '광안대교'에 맞추도록 한다. 먼저 해운대를 행정적 또는 지리적 공간으로 설정하는 데 따르는 곤란함을 간단히 밝히고 그곳을 '인식과 경험의 공간'으로 상정한다. 이를 입증하기 위해 먼저 '광안대교 메가 프로젝트'와 해운대신시가지 조성을 살펴보고, 그것을 앞에서 미처 다루지 못한 '제4차 동서팽창'의 맥락에서 다룬다. ●04● 그런 다음 '인식적 지도를 그리는 일 cognitive mapping'을 간단히 소개하고, '돈·시간·공간의 객관적 특성이 확립되는 사회적 과정'으로서 매축과 단일기능적 조닝 monofunctional zoning, 그리고 이 둘을 상징적으로 구현하는 기념비주의 monumentalism를 짚어본 뒤, 끝으로 이 모든 것이 한데 어우러져 만들어내는 포스트모던 스펙터클과 그 속에서 증발하는 장소를 살펴본다.

●03● 이뿐만 아니다. 2010년 이후 어떻게 보면 가장 활발하다 싶을 정도로 많은 터널과 다리가 생기는데, 대표적으로 서부산권의 가덕대교와 가덕해저터널(각각 2010년 10월과 12월), 거가대교(2010년 12월), 북부산권의 대동화명대교(2012년 6월), 중부산권의 영도대교(2013년 11월) 같은 곳이 있다.
●04● 광안대교가 제4차 동서팽창의 핵심 인프라인 것은 분명하지만, 그것이 이어지는 수영강변도로가 다시 번영로로 향하는 것을 볼 때 제1차 남북팽창의 연장으로 볼 수도 있다. 따라서 2000년대는 도시 공간 부산이 동서남북 사방을 잇는 환상형 도시의 면모를 실질적으로 갖추어 나가기 시작한 때라고 할 수 있다.

광안대교 메가 프로젝트

누군가가 '해운대 쪽에 볼일이 있다'고 할 때, 이 해운대는 어디에서 어디까지를 일컫는 것일까? 해운대신시가지가 있는 해운대구 좌동일까? 아니면 세계에서 가장 큰 백화점으로 기네스북에 올라 있는 우동 신세계백화점일까? 아니면 재송동에 있는 교통안전공단 해운대 자동차 검사소일까? 부산 사람들이 보통 말하는 해운대는 그 범위가 상당히 넓다. 물론 행정구역만 갖고 따지자면 이 두 군데 모두 해운대구에 속해 있기 때문에 별로 이상할 것이 없을지도 모르지만, 그렇다고 해서 같은 해운대구에 있는 반송이나 송정이 해운대가 될 수는 없을 것이다. 그뿐 아니라 그곳 어디에도 '센텀'이란 말을 붙인 아파트 단지는 없으니 반송이나 송정이 해운대가 될 리는 만무하다. 실지로 수영강변도로 옆에 있으면서 원동 IC 가까이에 있는 '해운대 센텀 e편한세상 아파트'까지 '센텀'이라는 말을 쓰고 있는 것을 보면 광안대교를 축으로 퍼져 있는 이 '해운대'라는 곳이 과연 어디에서 어디까지인지 정하기가 애매한 것이 사실이다. ●05● 지리적 구분도 애매하기는 마찬가지다. 예를 들어 해운대 바닷가는 그렇다 치더라도 수영강변이나 장산기슭에 있는 모든 아파트가 해운대라는 곳에 속해 있다고도 할 수 없는 노릇이니까.

이렇게 볼 때 해운대는 행정적 · 지리적으로 존재하기는 하지만, 다른 곳과 딱히 구분할 만한 기준이 없기 때문에 '어디에서 어디까지가 해운대'고 말하기가 꽤 곤란한 곳이다. 그래서 해운대는 어떤 인식과 경험 속의 공간으로 상정되어야 하는 것이다. 다시 말해서 이는 '해운대는 행정상의 구역이기도 하고 지리적으로 특정한 장소이기도 하지만 무엇보다 우선 인식과 경험

●05● 퍼뜩 생각나는 한 가지 기준은 '부동산 값'이다. 특별히 아파트 시세를 좌우하는 가장 중요한 요소 가운데 하나가 '아파트 브랜드'라면, 어느 아파트건 상관없이 그것의 이름에 '센텀'을 붙이느냐 마느냐, 또는 붙일 수 있느냐 없느냐는 정말 중요한 문제가 된다. 참고로 한 뉴스 보도에 따르면 '부산 해운대에서는 지난 6년 동안 '센텀'이라는 이름을 붙이기 위해 아파트 이름 변경을 한 곳이 15곳이나 된다'고 한다. 자세한 내용은 2013년 8월 1일(목), RTN 부동산 · 경제 뉴스의 「단지 이름 바꿨더니 아파트값 3천만원 올라」 http://www.rtn.co.kr/user/news/new_tv_news_r_2012.jsp?rno=0000000005570를 볼 것.

광안대교 [사진 : 이인미]

속의 공간'이다, 또는 '행정 제도가 그은 경계 속에 존재하는 것도 아니고 옛날부터 유명했던 해운대 바닷가만을 지시하는 것도 아니기' 때문에 오히려 '하나의 느슨한 공간적 범주로 이해되어야 한다'는 뜻과 같다. 하지만 이 요구가 그다지 쉬워 보이지 않는 것 또한 사실이므로 방금 예를 들었던 세 해운대(좌동·우동·재송동)를 하나로 엮어 주는 어떤 인프라 같은 것을 생각해 보면 일이 조금 더 수월하게 풀릴 수도 있을 것이다. 이 인프라, 불 보듯 뻔한 이야기지만 바로 광안대교다.

부산의 대표적 랜드마크인 광안대교는 해운대구 좌동과 우동, 재송동을 하나로 엮고, 광안대교가 있기에 그 세 곳은 해운대라는, 서로 다르지만 동시에 서로 같기도 한 공간적 범주 안에 자리를 잡게 된다. 해운대신시가지는 광안대교를 타고 동쪽으로 죽 가다가 오른쪽으로 꺾으면 있고, 신세계백화점은

광안대교 요금소 바로 왼쪽에, 교통안전공단 해운대 자동차 검사소는 광안대교를 지나 수영강변도로를 타고 북쪽으로 조금만 올라간 뒤 오른쪽으로 꺾으면 바로 나온다. 광안대교야말로 '근자에 새로 형성된 해운대', '그것을 범주화하는 우리의 공간 인식'을 보여주는 지표가 되는 것이다.●06● 그렇다면 이제 관건은 광안대교를 매개로 하여 범주화한 해운대라는 공간과 관련한 '인식의 지도'를 그리는 일일 것이다.

앞에서 잠깐 밝혔듯이 광안대교는 1990년대에 시작했던 부산의 제4차 동서팽창, 다리 말해서 새로운 센텀시티와 기존의 해운대신시가지를 포함하는 동부산권의 팽창이 본격적 궤도에 올랐음을 알리는 지표다. 하지만 이 못지않게 2000년대의 팽창이 단지 동서방향에 머물러 있지 않았다는 것 또한 중요하다. 광안대교는 수영강변도로와 번영로를 지나 경부고속도로로 이어지는 인프라로, 1980년 도시고속도로 개통과 더불어 이루어졌던 제1차 남북팽창의 연장이기도 하다. 이렇게 본다면 2000년대는 그전까지 따로따로 구축되었던 부산의 인프라가 사방으로 이어져 마구 뻗어나가기 시작한 시기, 곧

●06● 강혁(2009). 「해운대 별곡」, 『오늘의 문예비평』, 75호, 168~9쪽.

1980년대에 시작했던 '환상형 도시' 구축이 본궤도에 오르기 시작한 시기라고, 광안대교는 국토의 일부로서 부산의 바이패스 기능을 지속적으로 강화하기 위한 역할을 담당하며 특별히 1980년대에 시작한 '환상형 도시' 구축을 본격적으로 구체화하기 위한 필수 인프라라고 할 수 있다. 더 구체적으로 광안대교는 부산의 주거 · 물류 · 관광 · 컨벤션 산업과 아주 긴밀한 관계를 맺고 있었는데,●07● 이 넷은 '2011년 부산 시정 Best 10' 가운데 절반을 차지할 정도로 중요하게 여겨졌다.●08●

영화의 전당 개관(9.29)	• 세계 최고 수준의 영화제 전용관 개관 • 영화영상 도시의 부산의 랜드마크 역할 • 연건평 54천㎡, 지상9층 규모, 1,678억 원 투입
아시아 4대 국제회의도시로 도약	• 2011부산세계개발원총회 성공 개최(11.28~12.1) 　– 지역경제 파급효과 5,237억 원 • 세계통신올림픽인 '2014 전권회의' 부산 유치 성공 　– '14.10.20~11.7, 세계 193개국 장관급 대표 참석 • 국제협회연합 발표, 부산국제회의 개최실적 아시아 4위, 　세계 17로 크게 도약('10년 기준)
부산항 세계적인 슈퍼항만으로 도약	• 부산신항 남컨 4개선 추가 완공(12월) • 신항배후철도 전철화 사업 완료(11월) • 부산항물동량 1,610만TEU 달성, 세계 5대 슈퍼항만으로 도약, 　한국 무역 1조 달러 시대의 견인차 역할
국제산업물류도시 일원 글로벌 산업 중심지로 부상	• 신항배후 국제산업물류도시 1단계 기업투자 활발 　– 민간주도 본격 투자 개발 중(251개사) • 미음지구 331천㎡ 외국인 투자지역 지정(11.30) • 미음지구 글로벌 클라우드 데이터센터 조성 　– 클라우드 데이터센터 시범단지(LG CNS 유치)
해안순환도로망 전 구간 연결 가시화	• 마지막 미착공 사업인 천마산 터널 착공(12.13) 　– 북항대교('07), 영도연결도로('10), 동명오거리 고가 지하차도('10) 　모두 착공되어 순조롭게 공사 중 • 전구간을 연결할 해안순환도로망 '15년 완성

표 2▲ 광안대교 관련 2011년 부산 시정 Best 10

자, 이제 이것을 갖고 광안대교와 해운대를 이야기해야 할 텐데, 먼저 유념해야 할 것은 이제부터 해 나갈 이야기가 광안대교와 해운대의 '인식적 지도를 그리는 일'이라는 것이다. 조금 전에 이야기했다시피 행정구역으로 봐도, 지리적으로 봐도, 이 해운대를 정확히 규명하기가 힘든 것이 사실이다. 그렇다면 뭔가 다른 접근 방법을 생각해 보고 갖고 와야 하는데, 그 방도를 '인식적 지도'에서 찾고자 하는 것이다. ●09●

●07● 광안대교에 대한 '공식적' 문건은 글상자 1. '광안대교 메가 프로젝트'를 볼 것. 컨벤션 산업은 MICE 산업으로 불리는 것의 한 축을 담당하는데, 이때 MICE 산업이란 Meeting(회의), Incentive Tour(포상관광), Convention(컨벤션), Exhibition & Event(전시와 이벤트) 산업을 총망라한다. 부산 MICE 산업의 경우 '지난 10여 년간 MICE · 관광산업 육성에 심혈을 기울인 결과, 국제회의 분야에서 2010년 아시아 4위, 세계 17위의 괄목할 실적'을 이룬 것에 더해 '전시회도 2008년 63건에서 2010년 131건으로 폭발적으로 늘어나' 실질적으로 급성장 추세에 있다고 볼 수 있으며, 이에 따라 '부산은 동북아 MICE 중심도시를 추구'하면서 'MICE 산업을 동남경제권의 핵심 신 성장 동력산업으로 육성해 2020년 세계 10대 국제회의도시에 진입한다는 목표'를 세웠다. 그밖에도 '부산시민공원의 역사적 기공', '낙동강 둔치 및 온천천 생태공원으로 재탄생', '부산형 도시재생사업, 산복도로 르네상스 사업 본격 시행', '부산~김해 경전철 개통 및 광역 환승제 실시', '출생아수 및 합계출산율 증가율 전국 최고'가 있다. 자세한 내용은 우석봉(2011), 「부산 MICE 산업 급속 성장」, 『부산발전포럼』, 제132호, 부산발전연구원, 19~20을 볼 것. 지난 4년간의 굵직한 변화를 고려하면서 보면 더 좋을 것 같기도 하다. 이런 맥락에서 이루어진 연구 중, 부산시민공원에 대한 비판적 검토는 전국조(2015), 「부산시민공원: 사회적 생산력들의 결집을 위한 장소, 그리고 그 가능성」, 『인문학논총』, 제38집, 경성대학교 인문과학연구소, 123~64를 볼 것.
●08● 부산광역시(2013), 『2012 시정백서』, 발간등록번호 52-6260000-000180-10, 1122~3.
●09● 강혁, 앞의 책, 175.

인식적 지도 그리기

광안대교와 해운대를 본격적으로 읽기 전에 인식적 지도를 그리는 일이 얼마나 중요한지 잠깐 이야기해 둘 필요가 있다. 인식적 지도를 그리는 일은 이 연구의 가장 중요한 이론적 얼개인 역사-지리적 유물론과 실질적으로 깊은 관련을 맺고 있기도 하다는 점에서 매우 중요하다. 이 '인식적 지도' 개념을 처음 소개한 제임슨 Fredric Jameson은 '포스트모더니즘'을 '후기자본주의의 문화적 논리'로 보면서 특별히 후기자본주의가 공간을 구획하고 시간을 구성하는 방식에 많은 관심을 기울인다.●10● 그는 포스트모더니즘이 끊임없이 세분화하며 생산해 내는 다양하고 특이한 취향과 감수성이 역사적 의의를 갖기 힘들다는 입장을 밝힌다. 그는 '최면을 거는 듯 마음을 사로잡는 mesmerizing 새로운 심미적 양상 그 자체가 우리의 역사성, 그리고 우리가 역사를 능동적 방식으로 경험하는, 체험된 lived 가능성이 이지러지는 것의 세련된 elaborated 징후로 부상'했다고, 이러한 '역사성의 위기는 어떤 새로운 방식의 복귀', 곧 '포스트모던의 힘이 만들어가는 장 場에서 일반적으로 이루어지는 시간적 구성에 관한 질문으로 또 정말로 시간 · 시간성 · 통합적인 것 the syntagmatic이 점점 더 공간과 공간적 논리에 지배당하는 문화를 포함할 수 있게 되면서 생겨나는 [문화적] 형태에 관한 문제'로 되돌아감을 뜻한다고 주장한다.●11● 그는 포스트모더니즘의 취향과 감수성으로 말미암아 우리가 어떤 새로운 국면에 접어들었다고 보고, 그 국면에서 역사를 어떻게 다시 바라보고 그것에 따른 문화적 실천을 어떻게 펼쳐갈 것인가를 다시 고민한 뒤, 그에 합당한 새로운 전략을 구상해야 한다고 생각한 것이다. 그는 그 구상을 '인식적 지도'로 일컬으면서 그 구상의 중심에 '공간'을 둔다.

●10● '인식적 지도'는 제임슨의 1991년 저서 Postmodernism, or, The Cultural Logic of Late Capitalism에서 처음 선보이는 개념이다. 이 책의 제목이 분명히 보여주듯 제임슨은 포스트모더니즘을 후기자본주의의 문화적 논리로 보고 있다.

●11● Jameson, F. (1991). Postmodernism, or, The Cultural Logic of Late Capitalism, Durham: Duke University Press, 19~25.

우리는 더 이상 우리 것이 아닌 심미적 실천, 곧 역사적 상황과 딜레마에 근거를 둔 채 정교히 가다듬은 심미적 실천으로 되돌아갈 수 없다. 한편 여기서 전개한 공간의 구상은 우리 상황에 적절한 정치적 문화의 모델이 근본적으로 자신을 구성하는 중요 관심사로서 공간적 문제를 필연적으로 제기해야만 함을 시사한다. 따라서 나는 잠정적으로 이러한 새로운 (그리고 가설적인) 문화적 형태의 미학을 **인식적 지도**의 미학으로 정의할 것이다.●12●

공간을 중심으로 한 인식적 지도를 작성하고 그것을 읽으면서 우리는 어떤 새로운 항해술을 익히게 된다. 포스트모더니즘이 새로이 열어젖힌 이 망망대해에서 길을 잃지 않으려면 우리는 인식적 지도 같은 '공간의 이론화', 곧 '그 자체로 이 새로운 문화적 상황의 징후를 나타내기도 하고 그 상황의 지형에서 길을 찾아 갈 중요한 예비 노력이 되기도 하는' 공간의 이론화를 꾀해야 하는 것이다.●13●

인식적 지도를 주장하는 제임슨의 목소리는 여기서 그치지 않고 다시 두 가지 중요한 질문을 담은 채 메아리가 되어 되돌아온다. 첫째는 만약 포스트모더니즘이 권장하는 다양하고 특이한 취향과 감수성이 지금 이 시대의 문화를 다시 편성하고 그 문화가 공간과 공간적 논리에 지배당한다면 대체 '누가' 그 공간을 지배하고 그 지배에 합당한 논리를 펴는가 하는 것이고, 둘째는 그 누군가가 공간을 지배하는 일과 그것에 합당한 논리를 펴는 일에서 과연 '무엇'을 얻을 수 있는가 하는 것이다. 첫 번째 질문의 답은 자본, 더 구체적으로 '돈'이며, 두 번째 질문의 답은 '이익'이다. '보편적으로는 화폐 경제에

●12● 같은 책, 50~1 — 강조 원저.

●13● Wegner, P. E. (2002). 'Spatial Criticism: Critical Geography', J. Wolfreys (ed.) *Space, Place and Textuality, Introducing Criticism at the 21st Century*, Edinburgh: Edinburgh University Press, 188.

광안대교 [사진 : 이인미]

서, 특수하게는 자본주의 사회에서 돈 · 시간 · 공간이 서로 엇갈리거나 마주치면서 지배하는 일 the intersecting command은 사회 권력의 어떤 실질적 상호 결합 a substantial nexus을 형성'하는데, 특별히 '공간과 시간에 대한 지배는 모든 이윤 추구에서 결정적인 요소'로 작용한다. 다시 말해 '어떤 사회에서도 이데올로기적 · 정치적인 헤게모니는 개인적 personal · 사회적 경험의 물질적 맥락을 통제하는 능력'에 달려있으며, 이로 말미암아 '돈 · 시간 · 공간에 주어진 물질화와 의미는 정치권력의 유지에 대해 적지 않은 중요성'을 갖게 된다. 이것을 이해하는 일은 무척 중요하다. 하지만 이보다 더 시급한 문제, 우리 눈앞에 닥친 문제는 '돈 · 시간 · 공간의 객관적 특성이 확립되는 사회적 과정'을

파악하는 일이다.●14● 이제 그 사회적 과정을 광안대교와 해운대를 읽음으로써 밝혀볼 차례가 되었다. 이를 위해 먼저 광안대교와 해운대에 녹아들어가 있는 두 가지 모던 modern 요소인 매축과 단일기능적 조닝을 이야기하고 젊은 자본주의를 상징적으로 드러내는 기념비주의를 살펴본다. 그리고 증발한 장소로서 해운대와 분리의 테크닉인 광안대교가 함께 만들어내는 포스트모던 스펙터클을 그려봄으로써 이 시대의 자본주의가 어떻게 작동하는지 짚어본다.

●14● Harvey, D. (1989). *The Condition of Postmodernity: An Enquiry into the Origin of Cultural Change*, Oxford: Blackwell, 226~7; 하비, 데이비드(1994).『포스트모더니티의 조건』, 구동회 · 박영민 옮김, 한울, 266~8.

매축, 조닝, 기념비주의

매축●15●과 그것이 낳은 부산의 지리적 조건 변화는 터널-다리와 함께 현재 메트로폴리스 부산의 면모를 이야기할 때 결코 빼놓을 수 없는 중요한 요소다. 리아스식 해안선을 따라 여러 만이 형성되어 있고 수심까지 얕아 매축으로 땅을 넓히기에 더할 나위 없이 좋은 지리적 조건을 갖고 있는 곳이 바로 부산이기 때문이다. 부산의 원도심 일대, 특별히 지금의 남항과 북항·부산역 또 그 각각의 앞을 지나는 큰길인 충장로·중앙로 모두 일제강점기 때 매축하여 생긴 땅위에 있다는 것은 익히 알려진 사실이다.

그러나 잘 알려져 있다는 것이 매축의 문제를 간단히 만들거나 단순히 봐도 괜찮다는 뜻은 아니다. 매축이야말로 돈·시간·공간의 객관적 특성이 확립되는 사회적 과정을 부산 특유의 방식으로 보여주는 역사의 흔적이기 때문이다. 이 과정은 기본적으로 부산 사람 모두가 누리던 바다를 메워 땅으로 만들고 국가든 기업이든 상관없이 그 땅을 누군가가 갖게 됨을 뜻한다. 엄청난 돈과 시간, 무엇보다 노동력을 들여 뚜렷한 임자가 없던 available 바다를 메우고서 없던 땅을 만들어 낸다. 그 땅의 임자가 생기니 그전까지 바다를 삶의 터전으로 삼았던 사람은 물론, 바다를 누리던 사람마저 두 번 다시 바다를 쓸 수 없게 되고 바다와 만나 이야기도 할 수 없게 unavailable 된다. 이렇게 만드는 것이 바로 매축이다. 그렇기에 매축은 기본적으로 '공간적 배제'와 '공간적 특권화'의 속성을 갖고 있다. 하지만 매축의 과정이 이러한 속성만 갖고 있는 것은 아니다.

만약 부산이 새겨 온 매축의 역사가 돈·시간·공간의 객관적 특성이 확립되는 사회적 과정 그 자체라면, 거기에는 공간적 배제 및 특권화와 동시에

●15● 우묵한 땅이나 하천, 바다 등을 돌이나 흙 따위로 채우는 매립과 달리 매축은 바닷가나 강가를 메워서 뭍으로 만드는 일을 뜻하는 건설 용어다.

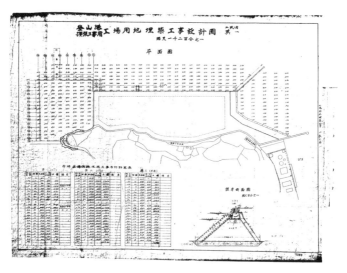

그림 4▲ 부산항 확장공사용 공장용지 매축 공사설계도 기일: 평면도(축척 1/1200)

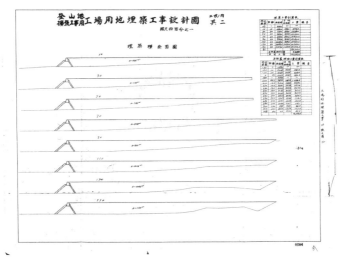

그림 5▲ 부산항 확장공사용 공장용지 매축 공사설계도 기이: 매축횡단면도(축척1/400)

[그림: 「부산항확장공사용지매축공사 외 3건」, 183~4, 작성기관: 조선총독부 내무국 토목과, 작성일자: 1936년, 출처: 행정자치부 국가기록원, 관리번호: CJA0015311.]

참고로 수영만 매축 관련 내용 및 이미지는 이상헌(2012), 「사진으로 만나는 56년 전 부산 … 천지개벽 광안리 같은 장소 맞아?」, 『부산일보』, http://news20.busan.com/controller/newsController.jsp?newsId=20100712000238; 블로그, 「소달구지·점쟁이 … '그땐 그랬지' 천지개벽 광안리 같은 장소 맞아?」, http://blog.daum.net/jhr2580/420를 볼 것.

일어나는 공간적 포섭 및 순응도 있다. 바다를 통해 삶을 이어가던 사람들은 그것을 온전히 갖고 있다고 생각하지 않았을 것이기 때문에 그 바다를 땅으로 바꿔 누군가로 하여금 갖게끔 하는 일이 생겨도 자신의 전유물을 빼앗겼다고 생각하지 않을 가능성이 높다. 비록 자신의 의지와 상관없이 땅이 생겨 바다에서 내몰리고 그 땅에 뭔가가 들어서서 그것이 자신의 삶에 엄청난 피해를 입힌다 해도 그러한 땅을 만드는 데 필요한 돈과 시간이라는 객관적 조건을 충족하지 못하는 한, 매축을 통해 일어나는 공간의 사회적 생산 또 그것을 통한 지리적 조건의 변화는 한 개인한테는 그냥 당연하고 자연스러운 것이 된다. '공간적 포섭'이 일어나게 되는 것이다. 그리고 그 이가 그 일을 그냥 당연하고 자연스러운 것으로 여기게 되는 순간 그 이는 사회에 공간적으로 순응하게 된다. '공간적 순응'이라는 한 개인의 공간적 실천은 급기야 그 이가 분명히 깨닫고 있지 못하는 사이에 벌어지는 소유권의 발생과 이전에 종지부를 찍는 것과 다름없다. 없던 땅이 생기고, 그에 따라 없던 소유권이 생기고, 그 소유권이 새롭게 생긴 땅 임자한테 넘어가고, 그럼으로써 원래 바다를 소유하고 있던 이들이 그 새로운 땅의 소유권에 순응하게 되는 이 일련의 과정은 바로 부산의 매축이 돈·시간·공간의 객관적 특성이 확립되는 사회적 과정임과 더불어 그 사회적 과정이 공간적 배제·특권화·포섭·순응과 같은 지리적 불평등으로 이루어지는 것임을 뚜렷이 보여준다.

　　지리적 불평등은 심화의 단계로 접어들고 이제야 우리는 그 불평등의 과정 끝에 무엇이 자리 잡고 있는지 보게 된다. 조금 전에 이야기했던 그 사회적 결과로 새 땅이 만들어지고 그 위에 새 세상이 펼쳐진다. 이 '새로움'은 매축지 특유의 매력적 요소라고 할 수 있는데, 특별히 두 가지 측면에서 볼 때 그렇다. 첫째, 매축지의 새로움은 그 주변에 있는 기존의 땅을 헌 땅으로, 그 땅 위에 펼쳐져 있던 세상을 헌 세상으로 만드는 '공간적 구분 짓기 spatial distinction'의 효과를 낳는다.●16● 이는 두 땅이 서로를 끌어안기보다는 서로를 밀어내고, 서로를 잇기보다는 서로를 서로한테서 떼어내는 결과를 불러일으 킨다. 이른바 공간의 '획정'이 생기는 것이다. 둘째, 이 새로움으로 말미암아 아무런 걸림돌 없이 그곳에 새로운 공간과 장소의 경험을 구성할 수 있는 여 러 길을 낼 수 있는 효과도 있다. 이는 기존의 땅을 갈아엎고 새 땅으로 만들 때보다 훨씬 더 유리한 방향으로 일을 끌고 갈 수 있는 장점을 뜻하기도 하는 데, 새 땅에서 뭔가를 할 사람들이 기존의 땅에 대해 사람들이 갖고 있는 정

사진 17▲ 박세직 위원장 부산 요트 경기장 보고 청취 및 수영만 점검: 보고 청취 후 이동하는 모습
[촬영일자: 1986년 8월 25일, 작성기관: 서울올림픽 조직위원회, 출처: 행정자치부 국가기록원, 관리번호: CET0086860.]

●16● '공간적 획정demarcations 또는 구분 짓기'는 다시 세 가지 세부 효과를 불러일으키는데, 이를테면 '중심과 주변, 녹지 와 도시의 다른 구역, 위험하고 안전하지 않은 구역과 다른 구역' 간의 구분이다. 이 모두는 이르테면 직간접적 관련을 맺고 있 다고 볼 수 있다. 특별히 세 번째 구분은 자본을 지키기 위한 '치안문제'와 직결한다. 예를 들어 2012년 6월 20일 해운대구 우1 동 마린시티 입주민 대표연합회가 부산지방경찰청장한테 보낸 마린시티치안지구대 유치 협조 공문, 「마린시티 내 치안시설 신 설의 건」(마린시티 입대연 제2012-09호)을 보면 '3. 마린시티는 부산을 대표하는 랜드마크 도시로 금융시설이 밀집해 있으므 로 치안수요가 늘어날 것으로 예상됨과 대단위 주거단지 형성으로 치안대책이 절실하다고 봅니다'라고 말하고 있다. '공간적 구분 짓기'와 관련해서는 Uggla, Y. (2010). 'Risk, Uncertainty, and Spatial Distinction: A Study of Urban Planning in Stockholm', *Theoretical and Empirical Researches in Urban Management*, 6:15, 56을, 상기 공문과 관련해서는 http://blog.naver.com/ jjh8442896/60177283451을 볼 것.

서적 애착과 경제적 관심에서 비롯하는 여러 문제를 애당초 걱정하지 않아도 됨을 뜻한다. 이 두 효과가 한데 맞물려 새로운 지구 zone, 곧 '자족적이고 자립적인 지리적 공간, 도시 내부의 또 하나의 도시(A city within a city)'가 매축지 위에 탄생하게 되는 것이다.●17●

　　1990년대부터 20년이 조금 넘는 기간 동안에 이루어졌던 부산의 도시 계획은 기본적으로 '기능적 조닝'에 바탕을 두고 있다.●18● 예를 들어 해운대 신시가지의 경우 '지속가능성을 위한 계획(1991~2000년)'의 한 축을 담당하던 '광역권화'의 결과물로 '부산권광역도시계획'에 따라 '시개발 기법 상 'New Town in Town'을 통해 추진'된 것이다.●19● 그런데 이 조닝에는 보기보다 훨씬 더 심각한 문제가 있다. 크라이어 Léon Krier는 특별히 모던 도시 계획인 기능적 조닝이 불러오는 '상징적 빈곤'을 비판했는데, 잠깐 그의 이야기에 귀를 기울여보자.

　　근대주의적 도시 계획은 본질적으로 어떠한 영역(도시와 시골)의 어느 부분이라 할지라도 그것을 따로 떨어진 **단일기능적 존**monofunctional zones으로 잘게 조각낸다. …

●17● 강혁, 앞의 책, 169.
●18● 주로 끝에 '시티', '신도시', '단지', '지구' 같은 말이 붙는 곳을 부산의 존으로 볼 수 있는데, 마린시티, 센텀시티, 해운대신도시, 화명신도시, 명지국제신도시, 정관신도시, 문현금융단지, 대연혁신지구가 대표적이다. 이 각각의 존 아주 가까이에 다리와 터널이 있다는 점은 퍽 흥미롭다. 아래의 표는 그 관계를 간단히 정리해 본 것이다.

부산의 존	터널과 다리
마린시티, 센텀시티, 해운대신도시	광안대교, 장산1·2터널, 송정터널
화명신도시	대동화명대교
명지국제신도시	낙동강하구둑, 신호대교, 거가대교
정관신도시	곰내터널, 개좌터널
문현금융단지	황령터널, 동서고가로
대연혁신지구	황령터널, 번영로, 광안대교

표 3▲ 부산의 존과 그곳을 잇는 터널 및 다리

●19● 강혁, 앞의 책, 169.

기능적 조닝은 모든 사회적 활동의 완수를 위해 필요한 소프트웨어와 하드웨어를 최대치로, 그리고 의무적으로 소비하는 것을 보장한다. 기능적 조닝은 우리가 하는 시간, 에너지, 땅 낭비의 주요 원인이다. 그것은 본래 반(反)생태적이다. … 현재 건축과 도시경관의 상징적 빈곤은 기능적 조닝의 실천이 법률로 마련한 기능적 단조로움의 직접적 결과이자 표현이다. 고층건물, 저층건물, 중심업무지구, 번화가 commercial strip, 복합 상업 지구, 교외 거주지와 같은 주요 모던 건물의 유형과 계획 모델은 한 도시 지구, 한 건설 프로그램, 한 지붕 아래에서 이루어지는 단일한 용도의 과잉집중이며, 이 과잉집중은 변함없이 수평적 또는 수직적 방식으로 이루어진다.●20●

그렇다면 도시의 상징적 빈곤을 자아내는 단일기능적 조닝의 불길은 왜 아직 사그라지지 않은 채 오히려 이곳 부산에서 활활 타오르고 있는가 하는 문제를 먼저 생각해 봐야만 한다. 이어서 앞 문제의 답이 만들어 내는 것은 과연 무엇이며, 거기서 광안대교가 하는 실질적 역할은 무엇인가 하는 문제도 빠트리지 않고 고민해 봐야 한다. 일단 투기적 성향을 강하게 띠는 '토지와 부동산 개발, 곧 지대와 높은 수익을 얻기 위해 재빠르고 값싸게 지으려는 개발이 자본축적의 주요 부문'인 토건산업에서 여전히 '지배적 힘'을 발휘하고 있다. 더군다나 여기에 정책적·법적 지원까지 더해져 그 지배적 힘이 몇 곱으로 커진다.●21● '도시 계획가의 조닝은 지불능력으로 이루어진 조닝, 곧

●20● Krier, L. (1987). 'Tradition-modernity-modernism', *Architectural Design*, 57, 38-43: http://zakuski.utsa.edu/krier/tradition.html(텍사스 대학 샌안토니오) — 강조 원저. 크라이어의 입장과 관련해서 더 자세한 내용은 하비, 앞의 책, 95~7을 볼 것.

●21● 솔직히 이런 이야기는 거의 상식이 되어버렸다. 그래도 최근 몇 년 동안 있었던 일을 하나 소개하면 2013년 6월 28일 부산 남구가 '2010년 7월 용호만 매립지 부지를 매입한 뒤 69층 주상복합건물 건설을 추진해 온 (주)IS동서에 건축 허가를 내 주었다고 한다. 또한 이와 관련해 하비는 1950년대 미국의 도시 계획을 논의하면서 '심지어 계획 규제에 따라 제약을 받거나 공공투자가 주종을 이룬 경우에도 기업 자본은 여전히 상당한 권력을 쥐고 있었다'고 밝히고 있는데, 이런 움직임을 전혀 찾아볼 수 없는 부산에서 토건 자본이 기승을 부리는 것은 불 보듯 뻔한 일이다. 자세한 내용은 이승륜(2013). 「부산 남구, 용호만매립지 주상복합 건축 허가」, 『국제신문』, 2013년 6월 28일 6면, http://www.kookje.co.kr/news2011/asp/newsbody.asp?code=0300&key=20130629.22006230314; 하비, 1994: 101~2를 볼 것.

시장이 생산하는 조닝으로 대체'되고, 이는 '지대원칙에 기초한 용도에 땅을 할당하는 것'이 된다. 이 모두는 '많은 도시 경관을 획일성으로 구성된 새로운 패턴으로 개조 re-shape'해 버린다. 그리고 마침내 그 도시경관의 획일성은 '기업권력의 상징으로서 그 어느 때보다 높이 치솟아 가는 기념비주의적 건축물 monuments을 지어 올리는 실천'으로 구현한다.[22] 기념비주의가 등장하게 되는 것이다. 부산에서 이 기념비주의를 그대로 구현하는 곳은 다름 아닌 마린시티며 그곳으로 이어지는 광안대교다. 심지어 그것은 예의 그 새로운 매축지에 기념비의 새로움을 덧입힌 두 존, 두 시티, 곧 엘지메트로시티와 마린시티를 이으며 그 웅장한 자태를 뽐낸다.[23] 근대적 도시 계획의 대표적 방식인 조닝에 없어선 안 될 대동맥의 중추적 역할을 수행함과 아울러 부산을 대표하는 랜드마크의 위용을 드러내고 있는 것이다. 그 광안대교에 더해 마린시티까지, 특별히 그 둘을 부산의 랜드마크로 부르는 데 이의를 제기할 사람이 그다지 많지 않을 것이라고 한다면, 이 랜드마크는 앞에서 살펴보았던 기념비적 건축물과 다를 것이 없다. 그렇다면 이 기념비적 건축물은 도대체 무슨 일을 할까? 그냥 사람들이 말하듯 부산을 상징하는 데 그치고 말까? 만약 그렇다고 한다면 그 생각은 순진하기 이를 데 없는 것일 공산이 크다.

현시대의 자본주의를 공간적으로 드러내 보여주는 그 랜드마크는 성장과 진보[24]를 향해 끝없이 나아갈 수 있는 '젊은 자본주의'를 상징한다. 그리고 이 젊은 자본주의의 상징체제는 다름 아닌 '스펙터클'이다.

[22] Harvey, 1989: 70~7; 101~10. 후자인 번역본의 100~1에 하비가 말하는 '기념비주의'의 상징적 건축물 둘, 록펠러 센터와 트럼프 타워가 사진으로 소개되어 있다.

[23] 엘지메트로시티는 남구 용호동 일대에 있는 아파트 단지로 GS하이츠자이와 함께 있으며, 마린시티는 해운대구 우동 또는 운촌(雲村) 일대의 존으로 부산의 대표적 랜드마크인 현대아이파크와 두산제니스가 우뚝 서 있는 곳이다. 참고로 지금 마린시티가 자리 잡은 곳의 옛 모습을 확인할 수 있는 사진이 꽤 많이 있는 곳으로 온라인 카페 「운촌사람들」이 있다. http://cafe.daum.net/unchonio/.

[24] 자본주의의 성장중심적 성향, 그리고 과학기술과 결탁한 자본주의가 '진보를 필연적이고 좋은 것'으로 만드는 이데올로기와 관련해서는 하비, 1994: 215~6을 볼 것.

스펙터클과 장소의 증발(1)

지금의 자본주의는 결코 젊지 않다. 부산에서 이 젊지 않은 자본주의가 자신의 주안술 ^{朱顔術} 을 과시하는 대표적인 곳이 수영만을 메운 땅 위에 우뚝 솟아 있는 마린시티의 현대아이파크며, 광안대교는 그 주안술이 결코 우연한 것이 아닐 수 있도록 해 주는 시공간 압축 장치다. 이 둘은 한데 어우러져 스펙터클을 만들어 낸다. 이것이 스펙터클인 까닭은 두 가지 측면에서 이야기할 수 있다. 첫째는 사람들이 '부산답다'고 말하는 그 고유의 믿음에 자본주의의 보편성이 고스란히 깃들어 있기 때문이고, 둘째는 그 자본주의가 지금 이 시대를 견뎌 내는 데 필요한 자신의 특수성을 부산 특유의 지리적 조건에서 찾고 그것을 활용하며 타개하기 때문이다. 더 구체적으로 전자는 불황에 빠진 자본주의가 '과잉축적'의 위기를 타개해 나가기 위해 마련한 일련의 '공간적 해결책 $^{spatial\ fixes}$'에서, 후자는 자본주의가 지속적으로 성장하고 발전해 나가기 위한 역사적 조건으로서 포스트모더니티를 적극 활용하는 데서 드러난다.●25● 현대아이파크는 '부자가 소비하기 위해 쓰는 돈을 쫓기 위해 도시 디자인의 제품 차별화를 강조한 곳'임과 동시에 '차별화한 취향과 심미적 선호의 영역을 개척'하는 이른바 포스트모던 '취향 문화'가 가득한 곳이며, '긍정적이고 고품격의 장소 이미지를 만들어 내기 위해 엄청나게 신경을 쓰고 있는 곳'이라서 '스펙터클과 극장성의 조직과 같은 몇몇 특질의 축복을 받은, 분명한 장소 이미지'가 드러나는 곳이다.

현대아이파크가 이런 곳이 된 가장 큰 원인은 광안대교가 대폭 낮춘 공간적 장벽에 있다. 경제 '위기의 상황에서 생겨나는 경쟁 격화는 자본가가 상대적 입지 우위에 한층 더 집중하도록' 하는데, 이것의 '정확한 이유는 공간

●25● 여기서 과잉축적은 '유휴자본과 유휴노동의 공급이 사회적으로 유용한 업무를 수행하기 위해 그 같은 유휴자원을 한데 묶을 수 있을 아무런 방법도 없는 것처럼 보이는 상황과 나란히 존재할 수 있는 상태'로 정의할 수 있다. Harvey, 1989: 179; 217. 과잉축적과 시간적·공간적·시공간적 이전의 관계는 하비, 1994: 216~25를, 공간의 해결책과 역사적 조건으로서 포스트모더니티는 각각 같은 책, 249~50과 379~80을 볼 것.

적 장벽이 낮아지는 것이 자본가로 하여금 아주 미세한 ^{minute} 공간적 차별화가 갖고 있는 시장성을 착취하여 자신한테 유리한 결과를 낳을 수 있게끔 하는 힘을 갖도록 하기 때문이다'.[26] 이 힘에 이끌려 끊임없는 경쟁, 심지어 무차별하기까지 한 경쟁이 일어난다. 이 경쟁은 비단 노동과 관련한 일터나 취업 상황에서 이루어지는 것만은 아니다. 이 경쟁은 심지어 '심미적' 영역, 곧 한 잠재적 소비자의 감성 영역까지 침범하여 뒤흔든다.[27] 소비의 경쟁이 일어나고 점점 격해지는 것이다. 지금의 자본주의는 소비의 경쟁을 먹고 산다. 자본주의를 지금의 위기에서 구할 방책에는 오로지 소비가 양산하는 '특이성 ^{singularity}'의 강조와 그것에 따른 무차별적 경쟁밖에 없다. 우리가 손에 쥔 선택은 너무나 많은 듯 보이고 그것은 마치 우리가 정말 자유로운 존재인 듯 여기게끔 한다. 그러나 실상 손에 쥔 것이라고는 눈에 보이는 것보다 훨씬 적은 이 상황에서 우리의 좁디좁은 시야에 들어오는 것은 포스트모던 세상이 장려하는 특이성을 향해 움직이는 수많은 욕망, 곧 '강렬한 심미적 움직임' 뿐이다.[28] 끝없는 파편화는 그렇게 이루어지고, 그 가운데 '공동의 것 ^{the} ^{common}'은 어디로 갔는지 자취조차 찾기 힘들다.

이러한 상황에서 장소는 별다른 의미를 갖지 못하게 된다. 자본이 그곳에 마련하는 장소와 그곳의 장소성, 그리고 그곳에서 사람들이 하게 되는 경험, 이 모든 것이 생각만큼 대단한 것은 아니기 때문이다.[29] 물론 전통적

---

[26] 같은 책, 210, 77, 91~3, 293~4; 249, 106~10, 124~5, 342~3.

[27] 보드리야르Jean Baudrillard가 말하듯 상품의 기호 가치가 조장하는 '차이화의 강제contrainte de différenciation'와 '상대성의 강제contrainte de relativité'는 이 같은 경쟁의 또 다른 이름이다.

[28] Harvey 앞의 책, 327; 379.

[29] 이것이 조금 전에 매축을 통한 새로움으로 말미암아 아무런 걸림돌 없이 그곳에 새로운 공간과 장소의 경험을 구성할 수 있는 여러 길을 낼 수 있는 효과가 있다고 한 구체적 이유다. 또한 이는 기존의 땅을 갈아엎고 새 땅으로 만들 때보다 훨씬 더 유리한 방향으로 일을 끌고 갈 수 있는 장점을 뜻하기도 한다는, 곧 새 땅에서 뭔가를 할 사람들이 기존의 땅에 대해 사람들이 갖고 있는 정서적 애착과 경제적 관심에서 비롯하는 여러 문제를 애당초 걱정하지 않아도 된다는 조금 전의 주장을 뒷받침하는 구체적 근거가 되기도 한다.

인문지리학 쪽의 반론도 있을 수 있다. 그런 경향에 바탕을 둔 시각은 먼저 어떤 사람이 한 장소에서 일어나는 일을 해석하면서 이해하는 일련의 과정을 '감각운동, 촉[지]각, 시[지]각, 개념과 관련한 sensorimotor, tactile, visual, conceptual 다른 양상의 경험'으로 본다. 그렇기에 그 사람과 그곳 사이에는 다양한 방식으로 의미를 만들어 가는 과정이나 폭넓은 의미화 실천 a variety of meaning making processes or signifying practices이 생기게 되고, 그에 따라 그 사람은 거기를 어떤 장소라고 느끼면서 '장소감 a sense of place'을 갖게 된다고 주장한다.●30● 하지만 이런 주장에는 '현시대 사회의 공간성이 갖는 역할 변화에 또 다른 차원을 제기'하는 입장, 곧 '만일 자본가가 세계 지리를 이루는 공간적 차별화의 특성에 더 민감해진다면, 그러한 공간을 장악하고 있는 사람이나 세력이 아주 유동적인 자본한테 그 공간을 훨씬 더 매력적인 것으로 바꾸는 일이 가능'해질 수 있다는 입장을 다시 반박할 수 있는 힘이 없다.●31● 이로써 '광안대교와 해운대, 부산을 대표하는 이 두 랜드마크, 이 두 사물이 구현하는 기념비주의는 젊은 자본주의를 표상하는 스펙터클로 우리 눈앞에 펼쳐지기에 이른다'는 주장이 가능해지기에 이른다.

스펙터클은 젊다. '젊음'은 '자본주의의 활력 dynamism이 갖고 있는 특성'이며, 이 활력이 끊임없이 생산하는 '**사물** things'이야말로 '지배하는 것, 젊은 것'이자 '서로 대결하고 대체'하는 것이기 때문이다. 이로써 '탁월한 이데올로기'인 스펙터클은 우리로 하여금 '세계를 활동이 아닌 표상으로' 여기게끔 한다.●32● 그리고 그 표상에는 자본가뿐 아니라 '기업가적 역량의 범위 안에

●30● Tuan, Yi-Fu (1977). *Space and Place: The Perspective of Experience*, Minneapolis: University of Minnesota Press, 3~7; 투안, 이-푸(2007). 『공간과 장소』 개정판, 구동회 · 심승희 옮김, 대윤, 15~20.
●31● Harvey, 앞의 책, 295; 343.
●32● Debord, G. (1970). *Society of Spectacle*, a Black & Red translation, Detroit: Black & Red, §62, §215, §216; 기 드보르 (1996). 『스펙타클의 사회』, 이경숙 옮김, 현실문화연구, 45~6, 171~2 ─ 강조 원저.

있는 지역적 차이, 벤처 자본, 과학기술 노하우, 사회적 태도, 영향력과 권력으로 구성된 지역 네트워크, 지역을 지배하는 엘리트의 축적 전략이 모두 스며들어 있다.●33● 그 표상은 이윽고 '해운대'를 대표하면서 그곳에 어떤 특권적 지위를 부여하기에 이른다.

> 대형 재벌과 건설 자본, 지방 권력과 부르주아의 합작품으로서 해운대는 공간의 균질화와 추상화, 양극화를 이뤄내면서 특권화된 공간의 지위를 부여받았다. 해운대의 공간들의 두드러진 특성은 브랜드화와 명품화, 그리고 고급화이다. 그것은 주변과 다른 장소적 지위를 획득하기 위한 목적뿐 아니라 해운대 지역 내부에서의 치열한 자본의 각축 때문이기도 하다. 부동산 자본들은 공간적 매력과 개성을 추구하면서 상품 가치를 극대화하여 경쟁에서 이기고자 한다.●34●

이로써 해운대는 '매혹의 장소이자 유혹의 공간'으로, ' '저들(them)'과 '우리(us)'를 구분하는 준거적 공간'으로, '견고한 장소가 아닌 허공의 신기루'로, '현실로 존재하되 실체감이 휘발된 무중력의 대상'으로, 부산에 있긴 하되 부산에서 벗어나 있는 곳이 된다.●35● 이제야 해운대가 모습을 드러냈다.

그렇다면 해운대를 '잇는' 광안대교는 무슨 일을 할까? 정말 '잇기'만 하는 것일까? 이미 살펴봤듯이 부산의 대표적 랜드마크이자 기념비적 구조물인 광안대교는 이 시대를 견뎌 내려는 자본주의가 자신의 진면목을 젊음으로 포장하고 그것으로 성장과 진보를 이루어낼 수 있다는 '이미지'를 만들어 내는 곳이다. 아울러 그곳은 '시대를 앞서 나가는 해운대'로 향하는 길을 내면서

●33● Harvey, 앞의 책, 295; 343.
●34● 강혁, 앞의 책, 171~2.
●35● 같은 책, 162, 170, 172~3.

부산을 해운대와 해운대가 아닌 곳으로 쪼개어 나누고 해운대가 아닌 나머지를 솎아냄으로써 성장과 진보를 향해 내달려야 한다는 자본주의의 대명제를 적극적으로 구현하는 곳이다.

이렇게 볼 때 광안대교는 바로 '분리의 테크닉'이다. 이 분리의 테크닉은 '지리적 거리를 제거'하며 '스펙터클한 분리로서 거리를 내부적으로 재생산'한다.●36● 더욱더 중요한 것은 그렇게 내부적으로 재생산된 거리가 오직 끝없는 소비를 통해서만 좁혀질 수 있다는 착각을 불러일으킨다는 것이며, 그 착각은 다시 결코 채워질 수 없는 욕망을, 한 발 더 나아가 좁혀지고 있는 듯 보이면 보일수록 멀어지기만 하는 '거리의 아이러니'를 끝없이 확대재생산한다는 것이다. 광안대교가 만들어내는 거리의 아이러니는 어떤 '초현실성의 감각을 제공'하고, 그 감각을 통해 '하루아침에 사막에서 솟아오른 도시처럼 순식간에 이루어진 해운대의 장소적 변용'이 가능해진다. 이제 해운대라는 '익숙한 공간의 소멸'과 해운대라는 '낯선 세계의 갑작스런 출현' 사이에서 생겨나는 아이러니의 '현기증', 곧 '장소의 감각이 증발하면서 the vaporising of the sense of place 나타나는 이 어지럼증은 우리의 몸과 지각이 변화의 속도를 따라잡기에 역부족임을 뜻한다'.●37●

분리의 테크닉인 광안대교는 2000년대의 자본주의를 현상학과 속도만 갖고 설명하기에는 역부족임을 시사하며, 그렇기에 광안대교는 이 시기의 자본주의가 속도의 정치에 스펙터클의 정치를 더하고 있음을 보여주는 어떤 중층적 진화의 지표로 볼 수 있다. 상황이 이렇다면, 그리고 '만약 자본주의의 모든 기술력 technical forces'이 분리를 만들어 내기 위한 도구로 이해될 수 있다면, '우리는 어바니즘'이 갖고 있는 '이 기술력의 기반, 그 힘의 전개 deployment

●36● Debord, 앞의 책, §167.
●37● 강혁, 앞의 책 172~3.

에 적합한 땅의 처리 the treatment of the earth, **분리와 관련한** 바로 그 테크닉에 맞닥뜨려야 한다'.●38● 우리가 그 테크닉에 우선적으로 맞서는 방식은 부산에서 그 테크닉을 가장 극적으로 구현하고 있는 이 시대의 지표 가운데 하나인 광안대교를 이렇게 해서라도 내려 앉히는, 그런 인식적 지도를 그리는 일일 것이다. 그리고 그런 인식적 지도를 계속해서 그려 나갈 때, 우리는 지금 부산에 도대체 무슨 일이 일어나고 있는지 또 그 일을 어떻게 바라봐야 하는지를 훨씬 더 구체적으로 깨닫게 된다. 이제 무대는 부산광역시 동구 초량동에 있는 '유치환 우체통'과 그곳에서 보이는 경관, 곧 '북항 재개발지구'와 '북항대교'로 바뀐다.

●38● Debord, 앞의 책, §171; 136~7 ─ 강조 원저. '어바니즘'과 관련해서는 글상자 2를 볼 것.

글상자 1 /
광안대교 메가 프로젝트

사업추진 배경	해운대 신시가지 건설에 따른 교통영향 평가 시에 최초로 광안대로 건설의 필요성이 제기되었는데, 해운대 신시가지는 1993년 말 기준으로 주택 보급율이 69.4%로 전국 평균 79%에 비해 현저히 떨어져 있었기 때문에 부산시의 주택난 완화를 위한 주택보급의 일환으로 해운대구 중동, 좌동, 우동 일원에 약 100만평 규모의 신시가지를 조성하여 3만 가구 12만명을 수용하는 동부산권 대생활권의 중심지로 개발되기 시작하였다. 이 시점에 해운대지역과 도심지역을 연결하는 주축 도로인 수영로에는 교통량 집중에 따른 상시 교통 정체가 발생하고 있었고, 해운대 지역에는 C.Y(컨테이너 야드)가 산재해 있었으며, 신선대부두, 감만부두 등에서 발생한 항만물동량이 도심을 통과하여 이동함에 따른 물류비용과 이들 화물교통으로 수영로를 비롯한 간선가로의 교통체증 또한 가중되고 있었다(119~20).
사업 추진 목적	이러한 배경 하에 광안대로는 경부고속도로 ~ 수영강변도로 ~ 북항대교 ~ 남항대교 ~ 명지대교 ~ 명지주거단지 ~ 녹산공단 ~ 부산신항으로 이어지는 도시 역순환도로망 건설사업인 항만배후도로 확충 10개년 계획의 일환으로, 급증하는 항만물동량을 경부고속도로에 신속하고 원활하게 연결함으로써 수출경쟁력 제고에 일익을 담당하는 한편, 수영로와 해운대 신시가지에서 발생하는 교통량을 처리함과 동시에 도시균형발전에 기여할 목적으로 1994년 공사를 착공한 이래 8년간의 긴 여정 끝에 남천동 49호 광장에서 부산전시컨벤션센터(BEXCO) 부근까지 바다 위를 가로지르는 복층구조 8차선으로 너비 18~25m, 교량구간 6,220m, 육상 램프구간 1,200m 등 총 7,420m에 이르는 현수교로 2003년 1월에 개통하였다(120).
교량 형식	현수교, 사장교, 겔바트러스 형식을 두고 구조적 안정성, 시공성, 경제성, 미관의 요소를 감안한 결과, 설계 조건상 중앙경간(徑間)이 500m가 되어야 하고, 아름다운 외관이 경관에 잘 어울리며, 세계적으로 시공실적이 가장 많은 현수교로 결정하였다. 이 결정에는 특별히 경관성과 경제성이 적극적으로 고려되었는데, 아름다운 곡선미로 가장 훌륭한 경관을 선보일 수 있다는 점과 경제성을 100%(1,830억)로 높일 수 있다는 점이 결정적으로 작용했다(127).
시행 계획	수영구 남천동 49호 광장에서 해운대구 우동 센텀시티 부근에 이르는 총연장 7.42㎞의 사업으로서 총 소요 사업비는 7,899억으로 이 중에서 국비 2,802억, 시비 2,807억, 기부채납형식의 2,290억을 투자하여 약 9년간의 건설기간을 통해 완공하도록 계획하였다. 한편, 광안대로에서 해운대신시가지를 연결하는 168m, 폭 21m의 왕복4차로의 연결부 공사에 시비 150억 원을 투자하여 연결로를 완공토록 계획하였다. 공구별 사업량은 전체 5공구 사업 및 연결부 사업, 요금소, 전기공사, 통신 공사로 구분하여 시행하였다. 공정별 사업비는 광안대로 공사비 7,357억, 보상비 226억, 기타 감리비 및 부대비용으로 316억이 투입되었으며, 연결로는 공사비 142억, 감리비 8억이 투입되었다(128).

계획 변경	광안대로와 해운대 우회도로 연결 및 요금소 설치계획은 당초 1993년 12월 도시계획시설결정시에는 수영비행장의 고도제한으로 수영로에 평면도로 및 램프로 연결처리토록 계획되었으나, 1995년 11월 광안대로 요금소 설치 설계용역 발주단계에서는 수영비행장의 이전이 전제되어 우회도로 접속은 수영로 위에 고가도로를 설치하는 방안으로 계획을 변경하게 되었다. 수영비행장을 김해공항으로 이전할 것이 확정되고, 수영정보단지의 토지이용계획이 결정됨에 따라 기존 수영로의 기능을 대신하게 될 폭 40m의 광로가 계획되고, 지하철 2호선 센텀시티역이 신설되도록 계획하여 기존 수영로에 요금소 및 진출입램프를 포함한 고가도로를 설치할 경우, 수영정보단지와 시민의 문화, 휴식공간인 올림픽 공원을 단절하고 이 일대의 교통 혼잡을 유발하는 불합리한 도시계획이 되므로 폭 26m의 간선도로망이 계획되고 있는 우동천 방향으로 계획노선을 변경하게 되었다. 이렇게 노선을 변경함으로써 국제교류센터 및 정보미디어 센터를 주축으로 한 부산정보단지와 시민의 휴식공간으로 무한한 개발 잠재력을 가지고 있는 올림픽 공원을 연계 개발하여 수영정보단지와 올림픽공원의 상호보완 기능을 극대화할 수 있을 것으로 전망하였고, 노선변경으로 올픽공원의 녹지공간 훼손을 방지하는 한편, 보행자 중심의 문화공간이 형성될 뿐만 아니라 노선변경을 통한 고가도로 연장의 단축으로 공사비 절감효과를 도모할 수 있을 것으로 판단되어 노선을 변경하게 되었다. 한편, 광안대로와 해운대 우회도로 연결로 및 요금소 설치계획은 당초 수영비행장 남측도로와 올림픽 교차로를 고가도로로 통과하도록 추진하던 중 수영정보단지가 계획되어 정보단지의 효율적인 토지이용계획과 주변간선도로의 원활한 접속 및 올림픽 공원과 공원 내에 설립 중이던 시립미술관의 효율적인 이용을 위하여 우동천 복개부를 이용하는 방안으로 설계노선을 변경하게 되었다. 그리고 황령터널 방면의 차량소통의 원활성을 도모하기 위하여 광안대로에서 황령터널 방면으로의 램프를 추가로 설치하는 설계변경이 이루어졌다(128~30).
의미	현재인구 360만의 부산은 동북아 물류중심도시이자 신해양시대의 주역으로서 국내 제1의 항구도시이자 천혜의 관광자원을 보유한 복합기능도시의 역할을 담당하고 있다. 광안대로는 이와 같은 세계적인 항만도시로서의 기능을 배가하는 동시에 수영로의 만성적인 교통체증을 획기적으로 개선하여 항만 물동량을 신속하게 시 외곽에 위치한 고속도로에 연결함으로써 수출 경쟁력 제고에 일익을 담당할 뿐만 아니라 해운대 관광특구, 민락수변공원, 광안리해수욕장 등 지역관광 명소와도 조화를 이뤄 부산지역 관광산업 진흥에도 크게 기여하고 있다. 광안대로는 교통소통 측면뿐만 아니라 예술적 조형미와 최신 조명공학을 접목한 환경조명 시스템이 구축되어 있는데, 부산시가 32억을 투입하여 경관조명에 착수해 현수교 및 트러스트 구간 1,680m에 국내 처음으로 발광 다이오드(LED) 조명등 1,184개의 조명제어 시스템을 설치해 10만 가지 이상의 각종 색상을 연출할 수 있는 최첨단 시설을 갖추게 되었다. 이로써 계절별, 일자별, 시간대 별로 변화 있는 조명 연출이 가능해져 동부산권 관광벨트인 광안리해수욕장, 민락수변공원과 해운대 관광특구 및 이기대공원 등 주변 자연경관과 연계된 새로운 관광명소가 되고 있다(134~5).

이 표는 구자균(2007), 「광안대교 프로젝트」, 『메가프로젝트와 오늘의 부산』, 부산발전연구원 부산학연구센터, 119-139쪽에 있는 내용을 그대로 또는 고쳐서 옮긴 것으로 별도의 따옴표는 붙이지 않고 쪽 수만 써넣었다.

글상자 2 /

어바니즘 Urbanisme

본문의 '어바니즘'이 기 드보르의 '스펙터클'과 관련한 것이기는 하지만 여기서는 1960년대 후반까지만 해도 드보르 및 상황주의와 긴밀한 관계를 맺고 있었던 르페브르의 논의로 이어가 볼까 한다. 먼저 르페브르는 어바니즘을 '도시 계획의 이데올로기'로 보면서 '도시적인 것보다 어바니즘을 강조하는 경향이 현대세계의 여러 문제 가운데 하나'라고 말한다.● 이는 어바니즘이 '순수한 기술성이라는 신화'에 바탕을 두고 있기 때문, 다시 말해서 '자유롭고 가용한, 합리적 행위에 개방된 듯 보이는 영역을 조직'하지만 정작 '공간과 거주지의 소비를 지휘'하는, '소비조작의 관료사회' société bureaucratique du consommation dirigée 를 구축하기 때문이다. 아울러 어바니즘은 '그것이 만들어 내는 공간을 객관적 · 과학적 · 중립적으로 표현하고 그 공간의 억압적 특성을 은폐할 수' 있기 때문에 '수량화 가능한 것의, 일반화된 테러리즘의 효력을 강화한다'.●● 요컨대 어바니즘은 '기술관료주의라는 이 신화의 덮개 아래에서 작동하는 이데올로기'인 것이다.●●● 끝으로 결코 잊어선 안 될 것은 이데올로기로서 어바니즘이 국가-자본의 지배력 강화에 이바지한다는 사실이다. 국가는 '주택 건설, 신도시, 도시화에 적극적으로 관여'하기 때문에 결국 '우리가 '어바니즘'으로 부르는 것은 이데올로기, 그리고 장차 국가의 합리적 실천이 될 것 둘 다의 일부'가 된다.●●●● 한국 같은 토건국가의 비호로 그러한 어바니즘을 적극 구현하는 것이 바로 토건재벌이라고 할 때 또 그것이 전혀 이상한 말로 들리지 않는다고 할 때, 르페브르의 '어바니즘' 관련 논의에는 한국사회의 현시대적 함의가 듬뿍 담겨 있다고 하겠다.

전반적인 내용은 Elden, S. (2004). *Understanding Henri Lefebvre: Theory and the Possible*, London: Continuum, 141~5를 볼 것.

● Lefebvre, H. (2001b). *La fin de l'histoire* (2ᵉ éd.), Paris: Anthropos, 177.

●● ——— (1970), *La révolution urbaine*, Paris: Gallimard, 271, 244.

●●● ——— (2001a), *Du rural à l'urbain* (3ᵉ éd.), Paris: Anthropos, 220~1.

●●●● ——— (1969). *The Explosion: Marxism and the French Upheaval*, A. Ehrenfeld (tr.), New York: Modern Reader, 46.

문화의 정치경제학
2000년대 ~ 현재(2)

2000년대에 들어 부산시는 '재개발 · 재건축 등 기존 주거환경개선사업의 한계를 극복하기 위해 도시재정비촉진계획을 통한 개별정비사업의 통합'을 추진하고, 연후에 '재정비촉진특별법'이라는 '기존 도심의 활성화를 기대하는 제도적 장치'를 마련한다. 더불어 '마을 만들기 사업 · 산복도로 르네상스 같은 물리적 개발과 프로그램 사업들을 동시에 진행하면서 지금까지의 도시개발 형태와는 다른 개발방식'을 추진하고 있다. 이런 행보에 더욱더 박차를 가하기 위해 '부산시의 공식 조직에 창조도시본부가 설치된 것은 매우 의미 있는' 일로 볼 수 있다.●01●

이 같은 공식적 입장을 바탕으로 이 장은 먼저 산복도로 르네상스 사업을 간단히 살펴볼 텐데, 여기서 중심이 되는 것은 유치환 우체통의 조망공간, 그리고 북항 재개발지구와 북항대교를 아우르는 경관이다. 이어서 유치환 우체통의 조망공간과 그곳에서 바라보이는 북항과 북항대교의 경관을 텍스트로 볼 때 생기는 한계, 다시 말해서 차연의 효과로 증발하고 마는 장소의 문제를 지적하고 그 한계를 타고 넘을 수 있는 기호의 정치경제학을 소개한다. 이는 경관의 경치경제학과 관련한 논의, 곧 앞서 이야기한 경관의 스펙터클을 광고의 기호술과 이음으로써 가능해지는 논의로 이어진다. 끝으로 공간 · 사회 · 문화적 재생을 바탕으로 한 창조도시 부산의 정치경제적 함의를 짚어봄으로써 지금 바로 여기에서 요구되는 비판적 시각, 곧 현시대의 도시 공간 부산에 대한 비판적 시각으로 문화의 정치경제학을 제안하고 그에 합당한 문화전쟁을 지속적으로 벌여나가야 함을 힘주어 말하면서 마무리하도록 한다.

●01● 황영우, 앞의 책, 31. 참고로 '창조도시본부'의 공과는 강동진(2014). 「떠나는 '부산시 창조도시 본부'에 보내는 편지」, 「국제신문」, http://www.kookje.co.kr/news2011/asp/newsbody.asp?code=1700&key=20141219.22022192036를 볼 것.

차연 : 장소의 증발(2)

차연과 그에 따른 효과인 장소의 증발을 살펴보기 전에 부산시가 최근 몇 년 동안 창조도시 부산을 이룩하기 위해 벌인 굵직한 사업 가운데 하나인 산복도로 르네상스를 잠깐 짚어보도록 하자. 아래의 인용은 산복도로 르네상스 사업에 참가한 한 전문가의 이야기다.

부산시는 우리 삶터를 새롭게 가꾸고자 지난 2010년부터 산복도로 르네상스 사업, 강동권 창조도시 사업, 행복마을 만들기, 커뮤니티 뉴딜 등 다양한 시도를 해 왔다. 특히 산복도로 르네상스 사업은 부산의 원도심 배후지역의 주거지를 대상으로 **공간 · 사회 · 문화적 재생**을 목표로 10년간 연차적으로 추진하고 있다. 2011년에 1차 사업 으로 시작된 영주 · 초량지구는 산복도로 **경관**을 대표하는 지역이다. 또한 **북항재개 발사업**을 비롯한 다양한 원도심 재생계획이 수립되어 있어 산복도로 주거지 일원의 **정비 효과**를 극대화할 수 있는 입지로 1차 사업지구로 선정되었으며, 지난 5월 15일 산복도로 **조망공간**인 '**유치환의 우체통**'이 개소하면서 주요사업 대부분이 완료되었 다. ●02●

위의 인용에서 진하게 해 놓은 몇 마디로 이야기를 다시 풀어내 보면, 먼 저 산복도로 르네상스는 'Renaissance'의 뜻, 곧 '다시 태어남'에 걸맞은 '공간 · 사회 · 문화적 재생'의 목표를 달성하기 위해 산복도로 특유의 자원인 '경관' 을 활용한다. 여기서 산복도로 특유의 자원인 경관은 어떤 사람이 부산 동구 초량동 산 복판에 있는 길가의 한 군데, 곧 유치환 우체통에서 아래를 내려다 볼 때 그 사람의 눈에 들어오는 어떤 집합체를 일컫는 것으로서 그 경관의 중

●02● 한영숙(2013). 「마을만들기와 스토리텔링」, 『문화정책과 스토리텔링』, 제7회 경성대학교 문화발전연구소 학술대회 발표 논문집(2013. 10. 28), 경성대학교 문화발전연구소, 14 — 강조 글쓴이.

심에는 2014년 초 당시 한창 성형 중에 있던 북항 일대와 새롭게 놓이고 있던 북항대교가 있다. 이 경관을 활용하기 위해 부산시는 유치환 우체통이 들어설 곳을 '정비'하면서 산허리 아래의 그 경관을 바라볼 수 있는 '조망공간'을 조성한 것이다. 하지만 부산시가 산복도로의 공간을 재배치하면서 만들어 놓은 그 조망공간과 그곳에서 바라보이는 북항 경관은 실질적으로 많은 문제를 안고 있는데, 그 첫 번째는 그 조망공간이 불러들이는 여러 이질적 시간 사이에서 생겨나는 차이, 또 그 차이 탓에 끝없이 뒤로 밀리는 현실[감] différance of reality에서 비롯한다.

　유치환 우체통에 마련된 조망공간은 기본적으로 현실과 동떨어진 두 가지 다른 시간인 과거와 미래를 불러들이는데, 이 일을 담당하는 것은 각각 유치환 우체통과 북항대교다. 우체통에는 경남 거제에서 나고 당시 충무(지금의 통영)에서 자란 한국 문학의 거목 canon이자 그 조망공간 근처에 있는 경남여자고등학교의 교장까지 역임해서 더더욱 뜻깊은 청마 유치환의 이름이 붙었다. 그 탓에 그 우체통은 '노스탤지어의 손수건'을 흔들며 과거를 불러들인다. 한편, 북항대교는 성장과 발전에 점점 속도가 붙어 결국 더 나은 미래로 향하리라는 어떤 희망의 메시지를 끊임없이 건네며 결국 더 나은 부산의 미래상이 그 조망공간에 끼어들게끔 한다. 이를 유념하면서 이제부터 과거와 미래라는 두 시간과 그것들을 물질적으로 구현함과 동시에 수렴하는 공간의 배치, 곧 유치환 우체통의 조망공간과 북항대교를 중심으로 한 경관을 통해 그 '경관'을 비판적으로 조망하며 독해하고 '바로 지금 여기에 있어야 할 장소'를 침착하게 생각해 보도록 하자.

　북항 경관을 가장 잘 설명해 줄 수 있는 것은 우선적으로 '텍스트 메타포'일 것이다. 이는 '(손이나 마음이) 경관을 만들고 (특정한 사람들이나 계급이, 그리고 역사와 신화의 새로운 층이 서서히 더해지는 과정 accretion을 통해) 경관을 재현하는 정도가 매우 중요한 한 측면에서는 경관이 '쓰인다 authored'는 사실'을 나타내기 때문에 경관을 텍스트로 여기고 그것을 어떤 기호 체계로 읽어낼 수 있음을 뜻한다. ●03● 따라서 '경관은 **기호**와 관련한 모종의 체제 a system of signs이고, 이때 기호는 아마도 그 자체로 불안정하고 다시 살펴보는 데 개방되어 있는 것'으로 봐도 틀림이 없을 것이다. ●04● 그렇다면 이 기호의 불안정성은 어떻게 해서 밝혀질 수 있을까? 가능한 답을 내기 위해 이쯤에서 '차연 différance'의 문제에 집중해야 할 필요가 있다.

차연은 기본적으로 언어와 형이상학의 문제다. 출발은 소쉬르의 구조언어학에서 밝혀진 차이와 자의성의 문제에서 이루어진다. 잘 알려진 것과 같이 소쉬르는 시니피앙(기표) signifiant과 시니피에(기의) signifié로 구성된 기호 signe가 대상이나 관념 따위의 지시체 référent를 일컫는다고 분석했다. 잠깐 '산 山'과 '신 神'이라는 기호를 예로 들어 생각해 보자. 이 경우, 각각을 말할 때 나는 소리나 적을 때 보이는 모양새는 시니피앙, 각각을 듣거나 봤을 때 떠올리는 대상이나 관념(표상), 곧 산과 신은 시니피에가 된다. 단지 모음 하나 바꿨을 뿐인데도 각 말이 지시하는 것은 '전적으로 다른 개념'이 되는 것이다. 이는 한국어라는 언어 체계 속에서 산과 신이 각각 다른 의미를 갖게 됨을 잘 보여준다. 다시 말해 산과 신이 'ㅏ'와 'ㅣ'라는 '언어적 차이'를 보여주고 자연적 존재와 초자연적 존재라는 '차별화한 범주'에서 제각기 다른 자리를 잡고 있기에 한국어라는 언어의 체계가 성립하는 것이다. 또한 산과 신이라는 '기호의 의미가 외재적으로 정해지지 않고' 그 각각이 한국어라는 '언어의 관계적 구조 전체에서 잡고 있는 각자의 자리에서 비롯하는 것이기 때문에 시니피앙과 시

●03● 이러한 입장의 선구적 연구로 제임스 덩컨과 낸시 덩컨James Duncan & Nancy Duncan이 1988년에 발표한 논문 '(Re) reading the landscape'가 있다. 자세한 내용은 글상자 1을 볼 것.
●04● Mitchell. D. (2000). *Cultural Geography: A Critical Introduction*, Oxford: Blackwell, 121~3; 미첼, 돈(2011). 『문화정치 문화전쟁: 비판적 문화지리학』, 류제헌 외 옮김, 살림, 285~90.

니피에 사이의 관계는 완전히 자의적인 purely arbitrary' 것이 된다. 이는 바꿔 말해서 왜 산이 산을 일컫고 왜 신이 신을 일컫는지에 따라 붙는 '필연적 이유 따위는 전혀 없음'을, 따라서 산과 신 같은 '개별적 언어 기호를 단편적으로 piecemeal, 즉석에서 ad hoc, 또는 경험적으로 이해하기가 불가능함'을 뜻한다. 그럼 어떻게 해야 산과 신을 이해할 수 있을까? 이 이해는 산과 신이라는 두 자의적 기호가 '내재적으로 일관성을 갖고 있는 체계나 구조, 곧 여러 [언어] 규칙과 관습으로 이루어진 체계나 구조 langue' 안에서 서로 '잘 맞물려' 있음을 보여주는 때, 곧 그 두 기호가 한국어라는 '일반적 구조 내에 일단 자리를 잡으면서 자의적이기를 멈추고 의미'를 갖게 되는 때에 비로소 가능하다.●05● 이렇게 볼 때 한국어의 일반적 구조를 고려하지 않고 산과 신을 다룰 때 생겨나는 차이와 자의성 탓에 각각의 기호 그 자체는 불안정할 수밖에 없다. 이것이 소쉬르 구조언어학의 대강이며, 데리다는 이 체계가 밝힌 언어의 '두 상관적 특질'인 '자의성과 차이'를 붙들고 씨름하면서 차연 개념을 내어 놓기에 이르는 것이다.●06●

차연은 기본적으로 자의적 기호 간의 차이 때문에 한 기호의 의미를 결정하는 일이 끊임없이 미끄러져 밀리는 것 temporization을 뜻한다. 이때 중요한 점은 시니피앙과 시니피에의 구분이 없어져 오직 시니피앙만 남게 된다는 것이다. 결국 제각각 다른 시니피앙이 만나서 생기는 공시간적 간격에서 의미

●05● Strinati, D. (2004) *An Introduction to Theories of Popular Culture* (2nd ed.), London & New York: Routledge, 81~2. 예를 들면, '올 여름엔 산이 유달리 푸르다'는 문장이나 '사람이 신을 만들었지 신이 사람을 만든 것은 아니다' 같은 문장이 있을 수 있는데, 산과 신은 이 구조를 만드는 한국어 체계 속에서 자신의 의미를 갖게 된다. 물론 더 자세한 설명을 위해 랑그langue와 빠롤parole, 계열체적syntagmatique 관계와 통합체적paradigmatique 관계, 공시적synchronique 측면과 통시적diachronique 측면을 모두 다루어야겠지만 너무 장황해질 것 같아 생략하도록 한다. 이와 관련한 자세한 내용은 같은 책, 79~83을 볼 것. 또한 여기서 이야기하는 언어의 구조는 '일반언어'에 관한 것으로 '시적 변용'과 같은 문학적 측면은 포함하지 않는다는 점은 반드시 덧붙여 놔야 할 것 같다.

●06● Derrida, J. (1982). 'Différance', *Margines of Philosophy*, A. Bass (tr.), Sussex: The Harverster Press, 10; 데리다, 자크 (1996). 「차연」, 『해체』, 김보현 엮고 옮김, 문예출판사, 131.

가 생성한다는 것인데, 이른바 의미의 결정불가능성이나 환원불가능성 또는 어떤 개념의 정의불가능성 같은 말이 차연 뒤에 종종 붙어 다니기도 하는 것은 바로 이런 까닭에서 비롯한다. 차연은 한 시니피앙의 이면에 미리 정해진 a priori 의미가 있다는 일반적 언어 이해의 틀을 뒤집으며 서양 형이상학의 전통에 도전하려 했던 데리다의 초창기 철학적 기획을 단적으로 보여주는 개념이다. 형이상학적 측면에서 볼 때, 기호의 차이와 자의성을 염두에 둔 차연은 기원으로 거슬러 올라가려는 어떠한 시도도 불가능하게 만드는 효과를 거둔다. '그것[차연]은 즉각적이고 환원할 수 없는 방식으로 다의적'이며, '그것이 구성하는 다의성의 세상에서 이 말[차연]은 반드시, 물론 다른 모든 의미처럼, 그것이 발생시키는 담화와 그것의 해석적 맥락을 따라갈 것'이기 때문이다. '차연은 가득하지 않은 것, 단순하지 않은 것, 구조화한 것이며 차이의 기원을 차별화한다. 따라서 '기원'이라는 이름은 더 이상 *그것*에 적합하지 않다.'●07●

기원이 아무런 근거도 갖고 있지 않다 the groundlessness of origins는 측면에서 볼 때 차연은 언어와 형이상학의 문제일 뿐 아니라 시간과 공간의 문제라는 것을 유념할 필요가 있다. 차연은 일차적으로 '역사'를 중심으로 한 '시간화 temporalization'와 관련한 개념이다. '만약 '역사'라는 말이 그 자체로 in and of itself 차이를 최종적으로 억압하는 어떤 것의 모티브를 실어 나르지 않는다면 처음부터, 그리고 그 차이가 지니고 있는 각 양상의 측면에서, 오직 차이만 '역사적'이라고 말할 수 있을 것'이기 때문이다. 이렇듯 오직 차이만 역사적이라고 말할 수 있다면, 오직 차이만 시간성을 담보할 수 있다면, 차연을 위한 자리는 어디에도 없다. '차연의 다발이나 도표를 추적하여 찾아내는 일을 시작할 곳은 어디에도 없는 것'이다. 하지만 이것이 차연의 장소가 아예 발생조차 하지 않는다는 뜻은 아니다. 오히려 차연의 장소가 결코 한 자리에 머물러 있거나 붙박고 있는 상태에 있지 않다는 것, 따라서 차연의 장소는 어디든 될 수 있다는 것을 함의한다. 이로써 차연은 시간뿐 아니라 공간과 관련한 문제가 된다. 결국 차연은 기원을 찾아 적어 내려가려는 형이상학적 욕망 이전에 발생하는 사건인 '원-쓰기 archi-writing', 그 원-쓰기라는 사건의 흔적인 '원-흔적 archi-trace'으로 부를 수 있으며, '이(는) (동시적으로) 공간화와 연기(다)'. ●08●

자, 여태껏 한 이야기를 갖고 유치환 우체통을 중심으로 꾸며 놓은 조망공간과 거기서 바라보이는 북항대교를 중심으로 펼쳐진 경관 문제로 다시 돌아가 보자. 우선 그 같은 방식으로, 다시 말해 유치환이라는 거장의 이름을 붙인 우체통을 놔두는 방식으로 조성한 조망공간을 비판할 수 있는 대목은 산복도로 르네상스 사업이 바로 유치환이라는 이름을 통해 부산의 기원으로 거슬러 올라가려 시도했다는 점이다. 이는 부산을 정전화 canonise하려는 시도와 같다. 차연의 논의에 따르면 부산의 기원 따위는 없으며 그것을 새길 수 있는 장소 따위 또한 없다. 부산의 기원으로 덮어쓰고자 하는 이 장소의 의미는 어떤 유명한 이름으로 결정할 수 있거나 환원할 수 있는 성질의 것이 전혀 아니기 때문이다.

하지만 역설적이게도 바로 이런 까닭에 이 장소는 어디에든 있는 것이 되기도 한다. 이는 그 조망공간으로 들어서는 한 사람의 시야에 들어오는 경관, 유치환 우체통과 북항대교를 비롯한 수많은 기호로 짜인 그 텍스트가 그이가 갖고 들어 온 텍스트, 곧 그이의 삶에 있는 고유한 텍스트를 만나면서 어떤 특이한 맥락을 형성하기 때문이다. 그 맥락, 서로 다른 두 텍스트가 만나서 이루어진 그 맥락에는 모든 해석의 가능성에 열려 있는 특성 intertextuality

●08● 같은 책, 11, 6, 13; 131~2, 125, 135.

사진 18▲ 유치환 우체통 조망공간
[사진: 2013년 12월 14일 직접 찍음]

사진 19▲ 유치환 우체통 길 건너 동네
[사진: 2013년 12월 14일 직접 찍음]

이 있다. 곧 그 이가 어떤 해석을 하느냐에 따라 그 맥락의 형식과 내용이 달라지는 것이다. 그렇기에 그 맥락은 어떤 목적도 상정하고 있지 않다 non-teleological. 도리어 그 맥락의 장은 기본적으로 그 두 텍스트의 공시간적 차이가 만나면서 생기는 어떤 틈에서 만들어지고, 그 장에서 그 장소, 그리고 그곳의 장소감(이나 장소의 의미) the sense of place가 생겨난다. 시야를 좁혀 좀 더 구체적으로 생각해 보면 유치환 우체통이 있는 조망공간은 유치환 우체통과 북항대교라는 각각의 기호가 불러들이는 두 시간, 과거와 미래 사이에 자리를 잡게 되고, 그 자리에서 그이가 갖게 되는 '지금 여기의 장소감' 또한 그 두 기호 사이에서 일어난다. 그 장소감이 생겨나는 맥락이 모든 해석의 가능성에 열려 있기에 그것 또한 모든 해석의 잠정적 결과물이 되며, 그렇게 그것은 끝없이 미끄러져 가기만 한다. 그리고 그렇게 그것이 무한대로 미끄러져 가는 동안 유치환 우체통이 있는 그곳 또 그것이 있는 동네 같은 '실질적 장소, 현실의 장소'는 증발해 버리고 만다.

　이러한 장소의 증발은 유치환 우체통이 우체통의 실질적 기능을 담당한다는 데서 한층 더 복잡한 양상을 띠게 된다. 누군가가 그 우체통에 편지를 넣으면 그 편지는 반년이 지난 뒤에 겉봉에 쓰인 사람 손에 건네진다. 이 메커니즘은 과거와 미래 사이가 아니라 느림과 빠름 사이라는 또 다른 시간의 층위에서 끊임없이 뒤로 밀리는 장소감의 문제를 낳는다. 이 장소감은 현시대의 자본주의가 오로지 빠름만 강요하는 것이 아니라 느림마저 권장하는 것 사이에서 생겨나는 아이러니의 또 다른 모습이며, 그 아이러니가 결국 미래로 수렴되면서 사라지게 될 장소의 또 다른 이름이다.

　더 자세한 설명을 덧붙이자면 이렇다. 멀게는 이 시대의 성장과 진보에 적어도 이만큼의 빠름은 꼭 필요하다고, 그래야 삶의 질이 더 높아질 수 있다고 말없이 강변하는 북항대교라는 기호가 있고, 가깝게는 그 빠름의 반대쪽 끝에 있는 느림을 권장하는, 적어도 이 정도의 느림은 있어야 더 나은 삶을 살아갈 수 있다고 속삭이는 유치환 우체통이라는 기호가 있다. 언뜻 보기에 이 두 기호가 지칭하는 각기 다른 두 속도감은 상반하고 상충하는 것 같지만 실질적으로 이 둘은 상보적 관계를 맺고 있다. 둘 다 미래로 향하기 때문이다. 예컨대 편지함에 편지를 넣는 그 누군가는 그 편지를 받는 이가 누가 되었든 반년 뒤에 그 편지를 받을 사람을 생각하고 있을 가능성이 높으며, 그렇게 생각이 미래를 향하고 있는 동안 잠시나마 뇌리 속에서 사라지는 것은 그 편지를 넣고 있는 그곳과 그때가 처해 있는 현실적 상황이다. 이처럼 오직 미래로 수렴되기만 할 뿐인 정반대의 두 속도가 운동하는 방식은 마치 차연의 그것과 같아서 그 장소의 현실감은 끝없이 뒤로 밀리기만 할 뿐 아무런 실천적 함의를 갖지 못하게 된다. 만약 그 자리에 놓여 있는 우체통에 편지를 넣는 행위를 유치환 우체통과 북항대교의 공간적 배치에 따르는 실천으로 부를 수 있다면, 그러한 공간적 실천은 현실을 망각하게끔 이끄는, 이 시대 자본주의가 획책하는 이데올로기적 실천과 같다. 요컨대 〈사진 23〉에서 볼 수 있는 경관 텍스트가 만들어내는 두 맥락, 곧 앞서 이야기했던 과거-미래의 맥락과 방금 막 이야기한 빠름-느림의 맥락이 서로 만나게 되면서 생겨나는 특성 intercontextuality은 실체적 장소의 장소감을 무한대로 생산함과 동시에 무한대로 연기하여 결국 현실의 장소, 〈사진 19〉의 장소가 증발하게끔 하는 이데올로기적 효과에 있다고 할 것이며, 이것이 바로 차연 개념을 경관에 적용할 때 생기는 한계가 된다. ●09● 그렇다면 이 한계의 벽을 한 번 더 뚫고 나갈 수는 없을까? 그러려면 기호를 다르게 볼 필요가 있다. 그 틀은 이제 기호의 정치경제학이 마련해 준다.

●09● 일찍이 이 한계를 지적한 경향이 없었던 것은 아니다. 예를 들어 제임스 덩컨과 낸시 덩컨은 '후기구조주의자가 의미의 무한the infinitude of meanings을 지나치게 강조하는 것을 거부하기는 하지만 의미가 복수적이라는 것은 인정한다'고 말하고 있다. 하지만 그 연구에서 데리다 식의 접근이 갖고 있는 한계를 뛰어넘으려는 시도가 보이지 않는 것 또한 사실이다. Duncan, J. & Duncan, N (1988) '(Re)reading the landscape', *Environment and Planning D: Society and Space*, 6, 125를 볼 것.

경관의 독해 (불)가능성:
기호의 정치경제학

먼저 몇 가지 질문을 던져 보자. 조금 더 심층적일 수도 있다. 여태껏 다뤄왔던 그 기호라는 것은 대체 어떤 것일까? 특별히 경관 텍스트를 이루는 수많은 기호는 도대체 어떤 것일까? 그 수많은 기호와 그것들이 한데 모여 있는 경관 텍스트는 정말 어떤 손도 타지 않은 날것 그대로일까? 그래서 가치중립적인 것인가? 아니면 이미 사람의 손을 탄 manipulated 것일까? 대답은 이렇다.

> 빠른 속도로 그 윤곽이 뚜렷해지는 것은 속이기 faking와 인위로 효과적 인상을 주어 마음에 새기기 artificial registering – 간단히 말하자면 어떤 문화적 기호 노동 – 의 양상과 이것이 물신 대상이 갖고 있는 지위의 기원에 있다는 것, 따라서 이것이 물신 대상이 행사하는 매혹에서 어떤 역할을 담당한다는 것이다. 이런 양상은 정반대의 표상에 점점 더 억눌리고 있다(이 둘은 포르투갈어 feitiço에 여전히 존재하는데, 이 말은 형용사로서 인위적이라는 뜻을, 명사로서 어떤 마법에 걸린 대상 an enchanted object, 또는 마법 sorcery이라는 뜻을 갖고 있다). 그리고 이는 **기호의 조작을 힘의 조작으로 치환** substitute하고 시니피앙의 질서정연한 내기[놀이] a regulated play를 시니피에의 전이로 이루어지는 마술적 경제로 치환한다●10●

위의 인용에서 보드리야르가 기호를 바라보는 시각은 데리다의 그것과 상당히 다르다. 먼저 한 '기호'에는 그것을 속임수의 매개체로 만들기 위한 '문화적 노동'이 더해지며 이 과정을 거쳐 그 기호는 '물신의 대상'이 된다. 이

●10● Baudrillard, J. (1981). *For a Critique of the Political Economy of the Sign*, C. Levin (tr.), Candor: Telos Press, 91 ─ 강조 원저. 보드리야르, 장(1992). 『기호의 정치경제학』, 이규현 옮김, 문학과지성사. 93. 곧이어 보드리야르는 다음과 같이 말하고 있다. 따라서 소비와 관련한 '물신숭배적fetishist'이론의 측면에서, 또한 소비자뿐 아니라 마케팅 전략가의 관점에서 대상은 어디에서나 힘을 나누어 주는 것force dispensers(행복, 건강, 안도감security, 특권 따위)으로 주어지고 받아들여진다. 이 마술적 실체가 너무도 자유롭게 편만(遍滿)해 있는 바람에 사람들은 우리가 우선적으로 다루고 있는 것이 기호, 곧 여러 기호로 이루어진 어떤 일반화한 약호이자 여러 차이로 이루어진 어떤 자의적 약호임을 잊는다. **그리고 대상이 행사하는 매혹은 바로 이에 근거하는 것이지 기호의 사용가치나 기호의 본유적 '효력' innate 'virtures' 때문은 전혀 아니라는 것도 잊는다**─ 강조 원저.

노동은 그 기호가 물신의 대상이라는 '지위'를 획득하는 데 없어서는 안 될 요소다. 예나 지금이나 돈이 되는 것이라면 무엇이든 마다않고 달려드는 자본주의의 습성 탓에 이 시대의 분업 체계는 한층 더 세분화했고 문화를 생산하는 '인위적' 가공 공정 또한 그 체계 속에서 당당히 한 자리를 꿰찼다. 단지 삶을 위해서 문화의 생산관계에 편입한 수많은 문화노동자는 그 공정에 필요한 총체적 생산력을 공급하고 문화자본가의 이익 창출에 봉사하면서 기호를 물신의 대상으로, '마법에 걸린 대상'으로 만들어 내고 있다. 이렇듯 기호를 조작하는 일은 결국 기호를 둘러싼 권력관계를 조작하는 일로 대체되고, 시니피앙의 물질성이 질서정연하게 걸어오는 이런저런 내기를 시니피에의 관념성으로, 곧 시니피앙이 끊임없이 벌이는 유혹의 운동 le mouvement de la séduction 을 시니피에의 무미건조한 정지 상태 stase로 뒤바꿔 놓는 효과를 불러일으킨다.●11● 하지만 이 '정지는 결코 정지에 머무르지 않고 '떠들썩한 한 술 더 뜨기' surenchère로 '증식'하며 '전이(métastase)'해 간다'.●12● 이 ''정지'와 '전이'의 아이러니, 그 속에서' 마술의 경제가 탄생하고, 마술의 경제 체제 속에서 문화는 이윽고 초문화적인 transculturel 것이 된다.●13● 분명히 이 모든 과정은 분명히 모종의 '기호술 sémiurgie'이며 문화는 그 속에서 마치 관념의 역사가 갖고 있는 것과 같은 초역사적 힘을 얻는다. 이 시대의 자본주의가 문화를 통해 천지사방으로 퍼뜨리고 있는 이 술책의 체제, 마치 신화의 그것과 흡사한 그 체

●11● 여기서 잠깐 '내기'와 '유혹' 이야기를 좀 해야 할 것 같은데 자세한 이야기는 글상자 2에서 하도록 한다.
●12● Baudrillard, J. (2000). La Transparence du Mal, Paris: Éditions Galilée, 23; 정두순(2012). 「발레리나의 시뮬라크르, 그리고 발레의 음모 — 보드리야르 이론의 적용과 확장」, 『인문학논총』 제29집, 경성대학교 인문과학연구소, 196에서 재인용. 곧이어 정두순은 보드리야르의 초미학transesthétique을 논의하는 맥락에서 이를 인용하면서 "정지'와 '전이'의 아이러니, 그 속에서 예술은 바야흐로 '초미적학인' 것이 되며 '예술의 음모' 또한 바로 이 아이러니 속에서 싹튼다'고 밝히고 있다. 현시대 자본주의의 문화 생산물 가운데 상당 부분이 예술 '작품'이라는 점, 또한 이 '작품'이 기호의 정치경제학을 구성하는 핵심 요소라는 점을 놓고 볼 때 깊이 생각해 봐야 할 문제가 아닐 수 없다.
●13● 정두순, 같은 책, 같은 쪽. 이 표현은 바로 앞의 주에서 밝힌 정두순의 입장을 문화영역으로 확대·적용한 것임을 밝힌다.

제 속에서 문화는 그 자체로 이데올로기가 되는 것이다.

이로써 경관 텍스트를 이루는 수많은 기호는 날것 그대로의 것이 아님이, 따라서 그 경관 텍스트 자체도 결코 가치중립적인 것이 아님이 드러났다. 이미 자본의 손을 탈대로 탄 이 시대의 경관에 북항의 경관이 포함되어 있다는 것 또한 분명하다고 볼 때 그 텍스트는 결코 읽힐 수 있는 것이 아니다. 그것을 읽으려 들면 들수록 경관의 문화적 의미, 곧 자본주의의 기호술에 대적할 수 있는 공간적 전술을 고안하고, 그것을 실천함으로써 전선을 만들고, 그 전선을 사이에 두고 대치함으로써 그간 자취를 감추고 있거나 숨죽여 있던 공간적 모순과 갈등, 그리고 지리적 불평등을 끄집어내고, 그 모순·갈등·불평등의 힘으로 투쟁을 벌여나갈 때 비로소 획득할 수 있는 경관의 문화적 의미는 사라져 버린다. 어느 누구라도 읽을거리가 있어야 할 경관 텍스트에서 경관의 모든 문화적 의미가 사라져 아예 그 텍스트를 읽을 수 없게 되어버리는 아이러니가 생겨나는 것이다. 따라서 이제 던져봐야 할 질문은 이것이다. '읽히기 위해 지어진 장소가 어떻게 해서 결국 완전히 읽을 수 없는 곳이 되어버리는가?' 결국 이 질문은 여태껏 다뤄왔던 텍스트 메타포가 유치환 우체통의 조망공간과 북항 경관을 다루는 데 뚜렷한 한계를 지니고 있음을 보여준다. 따라서 우리는 여기에다 '스펙터클 메타포'를 더해 경관이 '늘 권력의 물리적 구체화physical concretizations이며 경관 그 자체는 종종 권력을 전적으로 다른 무엇으로 물신화하기 위해 상당히 공을 들이며 작동한다'는 점을 살펴봐야 할 것이다. 이는 유치환 우체통의 조망공간과 그곳에서 바라보이는 북항 경관이 부산의 '광고판'이 되어버렸기 때문이다. 광고판, 바로 산복도로 르네상스와 북항 재개발이 낳은 두 번째 문제다.

경관의 정치경제학

이 시대의 소비 자본주의 사회에서 경관의 소비는 운명, 그것도 '명백한 운명 manifest destiny'이 되었다.●14● 그 운명의 한 가운데 '광고 advertising의 진정한 마술'과 '마술과 같은 광고(마술의 광고)'가 있다. 그렇다면 광고는 무엇이며 어떻게 작동하는가? 우선 광고는 '사물의 체계', 한 발 더 나아가 시뮬라크르, 곧 '초과실재 hyperreal'의 세계를 이루고 움직이는 핵심 메커니즘이다.●15● 광고는 사물의 체계에서 따로 떼어내어 생각할 수 없는데, 이는 그것이 상품 정보를 제공한다는 단순한 기능에 결코 머물러 있지 않기 때문이다. '엄밀히 말해서 정보의 제공에 한정되는 광고 같은 것은 없을뿐 아니라 그것은 쓸모없는 비본질적인 세계를 총체적으로 구성해' 내기도 한다. 광고는 '자신의 불균형[제품 정보를 전달하는 광고의 기능보다 기호-이미지로서 그 자신을 드러내는 쪽으로 치우쳐 있음으로 말미암아 생겨나는 불균형]'으로 인해 사물의 체계의 결정적 양상이 되고 있다'. 이를 구체적으로 이해하기 위해 광고가 갖고 있는 이중적 지위 두 가지를 이해할 필요가 있다. 첫째, 광고는 '소비와 관련 있을 뿐 아니라 그것 자체가 소비되는 사물이 되는' 이중적 지위를, 둘째, 소비의 대상이 되는 사물 그 자체로서, 그리고 '사물에 관한 담론'으로서 이중적 지위를 갖고 있다. 우리가 '문화적 사물로서' 광고를 소비할 때, 우리는 '쓸모없고 비본질적인 담론으로서' 그것을 소비한다.●16● 그리고 광고는 쓸모없고 비본질적인 담론으로서 '실재를 상품화'하는 데 앞장선다.

그렇다면 〈사진18〉에 담겨 있는 그 경관을 중심으로 한 부산의 광고판은 어떻게 실재를 상품화하며 그 효과는 무엇일까? 광고는 먼저 '상품의 물질성

●14● Mitchell. D. (2000). *Cultural Geography: A Critical Introduction*, Oxford: Blackwell, 130, 125, 133; 미첼, 돈(2011). 『문화정치 문화전쟁: 비판적 문화지리학』, 류제헌 외 옮김, 살림, 301~2, 292, 307.
●15● Goss, J. (1993) 'The "Magic of the Mall": An Analysis of Form, Function, and Meaning in the Contemporary Retail Environment', *Annals of the American Geographers*, 83:1, 20~1.
●16● 보드리야르, 장(2011). 『사물의 체계』, 배영달 옮김, 지식을만드는지식, 257~8.

에 가면을 씌운다. 마르스크주의적 의미로 보면 물신숭배'의 효과를 낳는 이 가면 씌우기는 '물신숭배의 생산물을 구조화하는 사회적이고 공간적 관계와 물신숭배를 구현하는 인간의 노동에서 상품의 물질성을 잘라 내어 버리는' 자신의 진정한 마술을 발휘한다.[17] 그리고 이 마술을 통해 광고는 실재, 곧 상품의 생산과 그것에 드는 사람의 노고 모두를 상품화하기에 이른다. 읽히기 위해 구성된 유치환 우체통의 조망공간과 거기서 바라보이는 북항의 경관을 읽을 수 없는 까닭이 바로 여기에 있다. 〈사진 18〉의 모든 경관은 상품으로 뒤덮여 있고, 상품으로 가득한 그 경관은 그 자체로 상품, 곧 '기호들의 광장'이 된다.[18] 기호-이미지로 가득한 그 경관은 모든 실재를 집어삼키고, 그 같은 상품의 세계에서 상품 밖의 모든 것은 그 속으로 사라져 버리기에 이른다.[19] 유치환 우체통의 조망공간 길 건너에 자리 잡은 장소가 증발하는 효과는 이렇게 드러난다. 이것이 바로 '자본주의를 촉진하고 홍보하는 사람들이 생산한 여러 공간에는 삶의 안녕, 행복·스타일, 예술·부·권력·번영 따위의 기호가 너무 차 있어서 그 기호의 주된 의미, 곧 수익성의 의미가 지워질 뿐 아니라 아예 모든 의미가 완전히 사라진다'는 말이 뜻하는 바다.[20] '이 모든 것은 너무도 자연스럽다!'[21]

[17] Goss, 앞의 책, 20.

[18] 배영달(2009). 『보드리야르의 아이러니』, 동문선, 36.

[19] 미첼은 고스의 논문을 인용하면서 '이데올로기적 재현'이라는 문화정치적 기능을 수행하는 경관의 분석(앞 장)에서 실재를 집어삼키는 '사물의 황홀경과 같은 경관, 곧 시뮬라크르(또는 스펙터클)로 변해버리는 경관의 분석으로 한 발 더 나아가고 있다. 이는 '재현의 대척점에 시뮬라크르가 있다'는 설명으로 뒷받침할 수 있는데, 재현은 기본적으로 기표와 기의의 '의미작용signification' 위에서 움직이지만, 시뮬라크르는 기의와 갖는 상호보완적 관계없이 혼자 독자적으로 '의미화signifiance'에 참여할 수 있다는 '기표개념의 과격화'에 바탕을 두고 있기 때문이다. 기표개념의 과격화를 '기호가치'의 개념으로 밀고 나간 보드리야르에 따르면, 결국 기호 가치는 주체우위/사물(대상)열위라는 근대의 존재론적 위상학이 포스트자본주의 사회에 이르러 역전됨으로써 생겨나는 것으로 볼 수 있다. '기표개념의 과격화'와 관련해서는 김상환(2002). 『니체, 프로이트, 맑스 이후: 현대 프랑스 철학의 쟁점』, 창비, 75를 볼 것.

[20] Lefebvre, H. (1991). *The Production of Space*, D. Nicholson-Smith (tr.), Oxford: Blackwell, 160; 르페브르, 앙리 (2011). 『공간의 생산』, 양영란 옮김, 에코리브르, 252.

[21] Mitchell, 앞의 책, 133:302.

북항 경관을 자연스럽다고 보는 시각은 그것을 낙관적으로 여기는 입장을 동반한다. 하지만 실상은 그렇지 못하다. 문화가 그렇듯 경관 또한 언제나 헤게모니를 둘러싼 투쟁이 구체적으로 드러나는 곳이기 때문이다. '어떤 장소를 **경관으로** 만드는 일은 경관 이상景觀 理想이 장소를 얻어 드러나게끔 하려는 to emplace the landscape ideal 시도'다. 지금 북항의 경관 이상은 부산부두라는 장소와 거기에 있던 노동의 모든 흔적을 깡그리 지우고 마치 해운대 마린시티의 그것과 같은 스펙터클을 지어 올리는 일이다. 하지만 그 장소의 경관화, 곧 그 장소의 상품화를 꾀하는 무리가 그곳이 갖고 있던 투쟁과 갈등의 역사를 가리고 자연스럽게 만들면서 그것들을 지우려고 하면 할수록 그곳은 더이상 경관으로 머무를 수 없게 된다. 바로 겨루기와 다투기 contestation가 생겨나는 공간이 되어버려 새로운 장소를 잉태할 가능성을 갖게 되는 것이다. 이를 설명하기 위해 대립하는 두 경관 이상, '경관이 **사유화된** 성격'과 상품화를 가운데 두고 양 끝에 자리를 잡고 있는 '공적 공간'의 아이러니를 살펴볼 필요가 있는데, 여기서 특별히 문제로 삼고자 하는 것은 후자다.

공적 공간의 경관 이상은 언제나 공적 공간을 상품으로 바꿀 수 있으면서도 동시에 철저하게 그 상품화를 거부한다. 유치환 우체통 조망공간은 북항 경관을 바라볼 수 있는 경관 이상을 담고 있지만, 그 같은 공간의 배치에 저항하는 모임을 가질 수 있다는 공적 공간의 경관 이상을 담고 있기도 하다. 그러나 이 두 경관 이상이 그곳을 통해 함께 드러나기란 무척 어려운 것이 사실이다. 그 자그마한 공간에서도 그럴진대 하물며 거대한 축제장터와 같은 곳은 오죽하겠는가. 오히려 축제장터처럼 공공성, 예컨대 공동체의 결속을 위한 제의祭儀라든가 그 공동체의 이익에 역행하는 어떤 부당한 권력에 대한 저항적 실천의 가능성과 같은 공공성을 갖고 있어야 하는 공간은 상품의 위안에 마음이 느긋해진 사람들이 아주 꼼꼼하게 설계된 상품과 광고의 스펙터클 속을 기분 좋게 어슬렁거릴 수 있도록 아주 잘 통제된 환경을 만들어 낸다. 그곳은 '불신의 이중적 유예'에 따라 작동한다. 다시 말해서 거대한 축제장터가 내어 놓은 길에 따라 수동적으로 참여하고 있을지도 모를 자신에 대한 불신을 능동적 참여라는 허위의식으로 포장하면서 발생하는 '자기 불신의 유예', 그리고 그 유예에 따라 달갑지 않은 사람들을 믿지 않고 내쫓고자 하는 욕심에 사로잡히기도 하지만 그렇게 될 경우 일어나게 될 소동이 축제 자체의 공공성 또는 축제장터의 장소가 갖는 공공성을 침해하는 점잖지 못한 짓거리라 여기는 허위의식 때문에 한 번 더 발생하는 '타자 불신의 유예'에 따라 움직이는 것이다.●22● 이에 축제장터를 열고 있는 공적 공간은 참여자로 하여금 자신이 누구이며, 또 무엇을 하고 있는지를 깨닫지 못하게 하면서 그 사람을 집어삼키는 기호, 곧 경관-기호가 된다. 이는 유치환 우체통 조망공간에도 똑같이 적용할 수 있는 이야기다.

　　이로써 공적 공간의 성격을 충분히 갖고 있는 유치환 우체통 조망공간은 '공간에 대한 능동적 정치 **개입** *involvement*'의 가능성, 곧 공간적인 것과 정치적인 것의 가능성을 함께 사라지게 함으로써 또 한 번 경관-기호로 탈바꿈한다. 그 속에서 사람들은 편안한 삶, 좋은 삶을 누린다고 착각하며 그 조망공간이 좋은 삶에 대한 기대를 충족해 주기를 끝없이 원하게 된다. 사람들이 공적 공간이라고 오해하는 그곳에서, 사람들의 감성 구조, '도시 '무대'의 **구경꾼** *spectators* of the urban 'scene''으로서 갖게 되는 감성 구조는 그렇게 만들어진다. 부산이라는 도시 무대에 올라가려는 노력조차 하지 않은 채 그냥 구경만 하

●22● 조금 더 보충하자면 '이와 같은 경관에서는 완전한 연극의 수행을 (그리고 완전한 경관을) 요구하는 청중의 입장에서 볼 때 불청객, 곧 노숙자, 실업자, 기타 위협적인 존재들의 출현은 애써 만들어진 신뢰 상황을 위협할 수도 있는 것이다. 혹은 아마도 이 중적인 신뢰 상황이 작동하는 것일 수도 있다'. 이 같은 경관에서 달갑지 않은 사람들을, 예컨대 노숙자, 실업자, 그 밖의 위협적인 사람들의 침범은 모든 연극이 (따라서 모든 경관도) 요구하는 '청중'이 조심스럽게 만들어 놓은 '불신의 유예'를 위태롭게 한다. 그리고 이 불신의 유예로 말미암아 공간적 구분 짓기가 이루어진다. 그에 따른 지리적 불평등 또한 함께 이루어지는 것은 두 말할 나위도 없다. 자세한 내용은 미첼, 2011: 133을 볼 것.

유치환 우체통에서 바라본 부산항대교 [사진 : 이인미]

는 부산 사람들은 점점 늘어나고, 그 사람들은 부산의 시민이 된다. 그에 반해 무대에 올라가서 목청을 드높이고자 하는 사람, 여전히 공간적인 것과 정치적인 것을 한데 묶어서 생각하는 사람은 점점 줄어들고, 이 사람들은 이 시대의 비시민, 곧 배제의 대상이 된다. 이 시대를 살아가는 '시민'이 정치를 바라보는 감성 구조, 곧 구경꾼의 감성 구조는 '여가로서 경관 landscape-as-leisure'을 통해 완전히 뿌리박는다. '경관을 통하여 정치는 완전히 심미화'하기에 이르고, 유치환 우체통 조망공간에서 겨루기와 다투기가 생겨날 가능성, 그리하여 그곳이 새로운 장소로 바뀔 가능성은 거의 희박해지게 된다.

끝으로 북항 경관이 갖고 있는 정치경제학의 실질적 함의를 건져내기 위해 한 번만 더 물어보도록 하자. 북항 경관은 과연 무슨 일을 할까? 그 경관, 부산을 광고하는 스펙터클의 일부가 되는 그 경관은 노동과 자본을 재생산한다. 노동계급 재생산의 핵심문제는 바로 계급관계의 재생산이다.●23● 기본적으로 한 사람이 마구 쓸 수 있는 돈은 다른 어느 곳에서 일하는 사람들의 '저임금과 비참한 노동 조건'을 발판으로 해서 생겨난다. 마찬가지로 '그것이 무엇이 되었든 간에 경관의 생산은 다른 장소에 있는 다른 경관의 지속적인 재생산을 필요'로 하며, '한 장소에서 이루어지는 노동력의 재생산은 다른 장소에서 이루어지기는 하지만 사회적으로 늘 상이한 노동력의 재생산 없이는 불가능하다'. 이것이 바로 포스트자본주의의 사회적 총체성이 담겨 있는 그

●23● '자본주의적 생산과정은 스스로의 진행을 통해 노동력과 노동조건의 분리를 재생산한다. 그리하여 그것은 노동자의 착취 조건을 재생산하고 영속화한다. 그것은 노동자에게 끊임없이 자신의 노동력을 팔아서 살아가도록 강요하고, 자본가에게는 자신의 치부를 위해 끊임없이 노동력을 살 수 있도록 만들어준다. 자본가와 노동자가 상품시장에서 구매자와 판매자로 서로 만난다는 것은 이제 우연한 일이 아니다. 노동자들이 끊임없이 자기 노동력의 판매자로서 상품시장에 들어가고 자신의 생산물을 끊임없이 타인의 구매수단으로 전화시키는 것은 이 생산과정이 진행되면서 빚어내는 필연적인 현상이다. 사실 노동자는 자신을 판매하기 이전에 이미 자본에 귀속되어 있다. … 이리하여 자본주의적 생산과정을 연속되는 과정으로[즉 재생산과정으로] 고찰하면 그것은 단지 상품이나 잉여가치만을 생산하는 것이 아니라 자본관계 그 자체[한편은 자본가, 다른 한편은 임노동자]를 생산하고 재생산한다'. Marx Engels Werke, 603~4; 하비, 데이비드(2011). 『하비, 데이비드의 맑스 『자본』 강의』, 강신준 옮김, 창비, 455에서 재인용, [ ] 안의 내용도 함께 인용함.

림이며, 이 맥락에서 그 그림의 필수 구성 요소는 자본 · 경관 · 노동의 재생산이 된다. 하지만 더 잘게 쪼개어 들여다보면 다른 모습도 볼 수 있다.

그 그림에는 기본적으로 여러 모순이 있을 수 있는데, 그 가운데 가장 중요한 것은 불평등과 저항의 관계에서 생겨난다. 그 그림은 여러 측면의 '불평등을 재생산'함으로써 가능해지고 이 재생산 체제에는 늘 '봉기 revolt'의 가능성이 있기 때문에 '사회적으로 하찮은 취급을 받게 된 여러 행위자'가 봉기를 실현에 옮기기 위해 필요한 실질적이고 위협적인 힘을 가지려 노력할 가능성 또한 늘 있다. 하지만 그 힘은 항상 '중화 neutralization'의 대상으로, 그 가능성은 '반드시 최소화해야' 하는 것으로 경관 안에 자리를 잡는다. 이 경우 경관은 '문화와 마찬가지로 사회적 통합', '사회적 헤게모니의 현장으로 기능'하게 됨과 동시에 그 행위자 또는 그런 사람들이 꾸린 모임의 힘을 중화하고 봉기의 가능성을 최소화하는 모습, 다시 말해서 '위협과 지배 사이에서 생겨나는 어떤 사회적 타협점 a social compromise, 사회적 권력의 부과와 사회적 질서의 전복 사이에서 생겨나는 타협점'이라는 모습을 띠면서 나타난다. 사회의 통합과 그 통합의 견고함을 자랑하는 듯한 경관은 실지로 '불안한 휴전 상태에 있는 모순 덩어리 a contradiction held in uneasy truce'인 것이다. 그런데도 경관의 생산은 이 모순을 가리면서 사회적으로 존재하는 여러 가지를 물신화 · 자연화 · 합리화 · 대상화한다. 그에 따라 봉기의 불씨는 사그라지고 자본의 축적은 경관의 '창조적 파괴'와 재생산까지 동원하면서 계속 이어진다.●24●

실지로 북항 경관에서 일어나는 일이 바로 이것이다. 부산부두로 부산의 역사를 함께 해 온 북항이 모조리 지워지고, 그와 함께 그곳에 숨 쉬고 있던 모든 노동의 흔적이 몽땅 사라졌다. 이제 모든 것이 사라진 그 위로 새로운

●24● Mitchell, 앞의 책, 133~42; 302~23 — 강조 원저.

경관이 들어서고 있다. 새로운 경관이 정말 무서운 까닭은 사람들로 하여금 그곳이 어떤 모습이었는지 기억하는 일을 무척 힘들게 만든다는 데 있다. 새로운 북항 경관도 마찬가지다. 수많은 사람의 노동이 이전에 있던 북항을 지우고 그곳의 공간 배치와 지리적 조건을 바꾼다. 그에 따라 북항의 물질적 조건 전반도 바뀌고 새롭게 일하게 될 사람들의 노동 조건도 함께 바뀐다. 새로운 북항에서 일을 하거나 그곳을 보고 찾게 될 사람들의 의식이나 의식 구조, 심지어 욕망 구조마저, 그곳에서 바뀐 물질적 조건에 따라 함께 바뀐다. 사람들은 바뀐 의식·의식 구조·욕망 구조에 맞는 노동을 끊임없이 해 나간다. 그리고 그 노동의 결과인 임금으로 소비를 하며 그것에서 이익을 취할 특정 계급에 봉사하는 삶을 산다. 결국 새로운 북항의 경관은 노동, 노동계급의 총체적 재생산 또 이와 직결해 있는 계급관계의 총체적 재생산에 일익을 담당할 수밖에 없게끔 되어 있다. 이와 관련해서 부산의 한 지역 연구자가 들려주는 우려의 목소리를 잠깐 들어보자.

재개발되는 북항이 명실공히 역사와 문화가 살아 숨 쉬는 공생의 공간이 될 수 있을지는 사업부지 내에 몇 개의 공원과 문화시설이 있는가 만으로는 담보될 수 없다. 수많은 자본 중심의 개발계획들은 숨긴 채 보여 주기 식 친수공간만 부각해 드러낼 수 있기 때문이다.

북항에 얽힌 시민의 다양한 경험과 기억을 소중하게 여기는 생각 그리고 그러한 기억들이 공생의 공간을 만들어가는 중요한 밑거름이 된다는 자각이 충분치 않으면 언제든 자본과 권력의 논리는 쉽게 재개발공간을 장악해버리게 될 것이다.●25●

●25● 이상봉(2013b).「역설의 공간-부산 근현대의 장소성 탐구 〈19〉 부산항의 얼굴 북항」,「국제신문」, 2013년 12월 10일 20면, http://www.kookje.co.kr/news2011/asp/newsbody.asp?code=0500&key=20131211.22020190955.

이 목소리는 더 이상 우려의 목소리가 아니다. 우려는 앞으로 닥쳐 올 일을 걱정하기에 생기는 것, 그도 아니라면 적어도 지금 일어나고 있는 일을 염려하기에 생기는 것이다. 앞의 글이 2013년 말에 쓰였는데도 대부분 미래 시제를 택하고 있음에 주목한다면 이 염려는 이미 시효를 상실한 셈이 되고 실제로도 그리 되고 있다. 아무리 타당한 이야기라도, 아무리 매서운 비판이라도 그것이 시의에 적절하지 않다면 비판의 목소리는 공허한 메아리가 되어 돌아올 뿐이다. 북항 경관의 정치경제학은 미래에 닥쳐올 일에 대비하기 위해 필요한 것이 아니라 적어도 지금 일어나고 있거나 이미 끝난 일에 맞서기 위해서 필요하다. 이미 그 경관은 노동과 자본을 재생산하고, 계급관계를 재생산할 모든 준비를 마친 상태에 있다.

유치환 우체통 조망공간에서, 또 그 조망공간과 북항 경관 사이에서 증발해 버린 장소의 문제, 그 둘이 한데 어우러져 만들어 내는 부산의 광고판 문제, 북항의 정치경제학 문제까지, 경관이 무엇이고 어떻게 작동하는가를 설명하기 위해 데리고 들어오는 메타포가 텍스트든, 스펙터클이든, 무대든 상관없이, 재현체제이자 기호체제인 경관이 그 속에서 일어나는 여러 일을 물신화·자연화·합리화·대상화하는 정치적 효과를 불러일으킨다는 점은 분명하다. 그리고 경관의 모든 것을 '정치경제의 여러 문제로 환원할 수는 없겠지만' 경관의 정치적 효과를 여러 경제적 요소와 함께 생각해 볼 때 경관의 논의는 더더욱 풍성해질 수 있다. 중요한 한 가지는 경관의 '물질성'을 고려하여 문화전쟁과 '문화정치의 가능성을 검토하고 분석하는 데 할 수 있는 만큼의 깊이를 더해야 한다'는 점이다.●26● 그러기 위해서 가장 우선적으로 필요한 작업은 이데올로기로서 문화를 비판적으로 바라보는 일이다.

●26● Mitchell, 앞의 책, 144; 329.

창조도시 부산 : 정치경제적 함의

공간·사회·문화적 재생을 바탕으로 한 창조도시 부산, 또 그 재생에서 비롯하는 다양한 문화콘텐츠를 개발하기 위해 불철주야 여념이 없는 창조도시 부산, 이런 표현에는 아주 심각한 모순이 있다. 언뜻 보기에 이런 표현은 아무 '것'도 없는 데서 이루어지는 창조 creatio ex nihilo 따위는 가정하고 있지 않은 듯 보인다. 그것이 재생과 그것에서 나오는 콘텐츠를 기반으로 하는 한 어떤 '것'은 반드시 필요하기 때문이다.●27● 하지만 앞서 유치환 우체통 조망 공간과 북항 재개발의 경우를 통해 살펴봤듯이 이 공간·사회·문화적 재생이라는 것 또 이 재개발이라는 것이 삶의 흔적을 지우고, 장소를 증발시키고, 공적 공간의 장소화 가능성을 없애고, 자본주의 생산관계와 그것에 따르는 계급관계를 재생산한다면, 이런 '재생'과 '재개발', 그리고 그 둘 모두에서 파생하는 다양한 '문화콘텐츠' 따위는 결국 포스트자본주의가 퍼뜨리는 이데올로기의 효과가 물질적·공간적·지리적으로 구현한 것으로 볼 수밖에 없다. 그렇기에 이 모든 것을 '창조'에 이르게끔 한 원인과 결과 모두 또한 결국 '문화'라는 한 단어로 수렴하거나 환원할 수밖에 없는 것이다. 이렇게 볼 때 문화는 철저히 이데올로기이며, 그 문화에 한껏 집중하고 있는 지금의 창조도시 부산은 '문화적 물신숭배'에 빠져 있다. 이것이 공간·사회·문화적 재생을 바탕으로 한 창조도시 부산이 빠져서 허우적대고 있는 모순의 늪이다. 이제부터 이 모순에 따르는 고민에 도움이 될 법한 '문화의 정치경제학'을 이야기하도록 할 텐데, 이 논의가 자리 잡을 스케일은 전 지구로 넓어진다.●28●

관념으로서 문화 또는 '문화라는 관념은 그 자체로 이데올로기다'.●29●

●27● '콘텐츠contents'가 반드시 어떤 '것'이야만 하는가 하는 반문의 가능성에 미리 한 마디 덧붙인다면, 'content'는 '완전히, 전적으로, 모두(또는 '함께) altogether의 뜻을 지닌 'con'과 '붙잡다hold'의 뜻을 지닌 라틴어 동사 'tenere'로 이루어져 있다. 특별히 동사 부분에 초점을 맞춘다면 붙잡을 '것'이 반드시 있어야 할 터이므로 관념적 의미보다는 물질적 의미가 더 강하다고 볼 수 있다.
●28● 다음부터 할 이야기의 일부가 「문화전쟁 — 경관의 정치경제학」의 제목으로 『경남도민신문』에 실렸음을 미리 밝힌다. http://www.gndomin.com/news/articleView.html?idxno=27983.
●29● Mitchell, 앞의 책, 78; 194. 다음의 내용과 관련한 더 자세한 내용은 같은 책, 78~82; 194~204를 볼 것.

그것은 물화 reification · 신성화 sanctificaiton · 형이상학 · 차별화 또는 차이의 강조
에 따른 개체화 individuation의 원리로 작동한다. 이는 각기 다른 개인이나 집단
이 갖고 있는 다양한 심미적 · 감성적 재현 체제가 특정한 물질적 재현 체제
로 바뀌는 것을 뜻한다. 이 변화 과정은 서로 다른 심미적 · 감성적 재현 체제
를 갖고 있는 개인이나 집단이 문화적 헤게모니를 쟁탈하는 과정이고, 거기
서 헤게모니를 거머쥔 특정 개인과 집단의 물질적 재현 체제가 정상화하고
자연화하는 과정과 같다. 문화는 관념으로서, 그리고 이데올로기로서, 차이
의 문화와 문화의 차이를 끊임없이 생산하고 그 모두를 자연스럽고 당연하게
만들면서 한 자리에 박아 놓는다. 그리고 문화는 그런 자연스러움에 걸맞은
물질적 재현 체제를 생산하며 그 체제를 물질적으로 구현하는 구체적 문화
생산물을 팔고 사는 관계를 형성한다. 다시 말해서 문화는 취향 · 이미지 · 스
타일 같은, 어떤 측면에서 보면 의사문화적 pseudo-cultural 재현 체제를 구현하는
문화적 산물 artefacts의 거래소가 된다. 거기서 문화가 아닌 문화적 헤게모니를
거머쥔 특정 개인이나 집단의 심미적 경향을 드러내거나 그 경향이 얼마나
강하고 약한지를 나타내는 문화적 산물이 팔리고, 그런 취향과 이미지에 맞
추고 싶어 하는 개인이나 집단은 그것을 산다. 사면 달라진다고 여기기 때문
이다. 차이 difference와 분화 differentiation를 통한 사회적 재생산, 그리고 그에 따른
계급 간 격차의 재생산은 어떤 특정 개인이나 집단의 취향과 이미지를 문화
의 이름으로 둔갑시켜 팔고 사면서 이루어진다. 중요한 것은 차이과 분화를
위해서 만들고, 팔고, 사는 일 한 가운데 지리의 문제가 있으며, 사회적 재생
산과 계급관계의 재생산은 지리적 불평등 또는 공간적 불 spatial injustice이라는
또 다른 사회적 재생산의 효과를 낳는다는 것이다.

　　의사문화적 산물, 곧 이데올로기로서 문화를 물질적으로 구현한 산물은
한 자리에 박혀 있기 때문에 그것을 만들고, 팔고, 사는 일이 여러 모로 번거

로울 수 있다. 예를 들어 그것을 사는 개인이나 집단은 그것이 박혀 있는 자리와 가까운 곳에 있을 수도 있고 먼 곳에 있을 수도 있다.●30● 소비자가 가까운 곳에 있는 경우는 별로 어려움이 없겠지만, 멀리 있는 경우는 얘기가 다르다. 번거롭고 불편하다. 이를 해소하기 위해 어떻게든 시장을 넓혀가야 한다. 하지만 시장을 넓힌다고 해서 그 시장이 대변하고 있는 특정 개인이나 집단의 취향과 이미지가 크게 바뀌지는 않는다. 만약 바뀐다 하더라도 그것은 포스트자본주의가 향하는 단 하나의 목적, 오로지 이윤 창출에 봉사할 수 있다고 생각하는 경우에 한해서만 가능하다. 이렇게 해서 관념으로서, 그리고 이데올로기로서 작동하는 문화, 곧 문화의 추상화는 글로벌 정치경제라는 동아줄에 매이게 되고, 이는 지리적 평등을 이룬다거나 공간 배치의 불균형을 최소화한다는 명목으로 상품을 살 수 있는 능력 또는 그것을 여러 모로 감당할 수 있는 능력의 격차를 공간적 배치로 구현한다.

'문화'는 어떤 관념이며, 그것을 통해 정치경제의 다양한 권모술수 machinations는 문화**로서** 재현된다(그리고 문화라는 그 관념 속에서 공평치 못한 발전은 자연스럽게 기정사실이 된다 naturalized). 게다가 문화라는 그 관념은 다른 사회나 이 *this* 사회의 여러 파벌을 판단하기 위한 수단, 어떻게 그것들이 전 지구적 경제의 요구에 부응하는지를 밝혀서 그 요구를 제대로 지킬 수 있는 전략을 고안하기 위한 수단이 되기도 한다. 그 요구가 제대로 작동하도록 하거나 그 요구의 '여러 취향'에 제대로 호응 cater하면서. 따라서 '문화'는 생산되기도 하고 소비되기도 하는 어떤 것으로 사회적 재생산과 관련한 지리적 불공평 체계의 으뜸가는 구성 요소 primary ingredient다.●31●

●30● 이 거리는 여러 측면에서 생각해 볼 수 있는데, 이를테면 물리적 거리 · 시간 · 돈 · 마음의 여유 같은 것이 있을 수 있다.
●31● Mitchell, 앞의 책, 80~1; 200. ― 강조 원저.

문화라는 관념의 가치는 유대감을 불러일으키는 사물을 일부러 애매하게 만듦으로써 사회적·지리적 불평등을 자연스러운 차이로 재현하고 물신화하는 데 있다. 그리고 이것이 바로 전 지구적 정치경제가 작동하는 대표적 방식이다. '통속적인 수준의 명칭, 말하자면 상품 레벨과 비슷했던 이름'인 '포스트모더니즘'에 편승한 전 지구적 정치경제의 작동 방식인 것이다.●32●

'정교한 분업'에 따라 문화와 문화상품을 생산하는 수많은 노동자가 있고, 그 사람들이 일하는 '중대한 산업인프라'가 있다. 문화가 관념이고 이데올로기라면, 그 사람들과 그 사람들이 일하는 곳이 중요한 까닭은 두 가지로 볼 수 있다. 첫째, 문화가 전 지구적 정치경제 체계 속으로 이미 편입했다. 둘째, 그렇다고 해도 그 사람들이 이데올로기의 생산을 담당하고 있는 이상 헤게모니를 거머쥐기 위한 문화전쟁에 뛰어들 수 있다.●33● 상품과 상품화가 세상의 모든 것을 잡아먹고 있는 이때, 우리가 벌일 수 있는 문화전쟁을 성공적으로 이끌기 위해 마음 속에 반드시 담아 두어야 할 사실은 상품이 다양한 사람, 집단, 사회, 세계, 그리고 이 세상를 정의하는 방식을 확정하고 그것에 거부하는 저항의 모습을 드러낼 뿐 아니라 그 모든 과정과 결과를 물질적으로, 다시 말해서 공간적·지리적으로 구현한다는 데 있다. 그렇기에 그 모든 것을 적극적으로 해석하고 틈이 될 만한 곳을 노려 '문화적 지도 cultural maps'를 다시 그리는 문화전쟁을 시작해야 한다.●34● 문화는 어떤 현상·취향·스타일·이미지 따위가 아니다. 그것은 문화라는 관념에서 출발해서 추상화라는 이데올로기적 과정을 거쳐 어떤 특정한 물질적 토대 위 또는 물질적 조건 안에서 나름의 '독특하고 다른' 옷을 입게 되기까지 벌어지는 크고 작은 일 모두

●32● 김상환·보드리야르, 장(2005). 「〈지성대담〉佛석학 보드리야르, 장·김상환 교수」, 『한국일보』, http://news.hankooki.com/lpage/life/200505/h2005052617284823400.htm.
●33● 앞서 밝힌 내용이지만 한 번 더 이야기하면 이는 그람시가 말하는 노동자의 계급성에서 비롯한다.
●34● Mitchell, 앞의 책, 83~5; 204~8.

가 이루는 구성물이다. 그것은 어떤 권력의 의도를 지닌 채 자연스럽고 정상적인 무엇으로 변모한 모든 과정을 담고 있는 '디아그람'●35●이다. 우선 그것을 독해해야 한다. 문화전쟁은 거기에서 시작한다.

자, 몇 사람이 새로운 '가치관'을 바탕으로 한 문화전쟁, 어떤 저항을 위한 문화전쟁을 시작했다고 상상해 보자. 당연히 그 문화전쟁은 더 많은 사람을 필요로 한다. '청중 audiences'을 모아야 한다. 게다가 그 전쟁을 이어갈 수 있도록 해 줄 지리적 여건, 곧 어떤 자리나 터도 필요하다. 이런 상황에서 우리는 어디를 그 터로 떠올려 볼 수 있을까? 예전에는 길거리가 그 터가 되어 주었다. 이런저런 까닭으로 시위를 벌였던 대규모 청중과 그이들을 진압하던 많은 전투 경찰은 서면의 찻길과 대청동의 동양척식주식회사 부산지점 사옥-미문화원-부산근대역사관 같은 곳을 사이에 두고 당대의 문화전쟁을 치렀다. 지금 그런 광경은 찾아볼 수 없다. 길거리는 더 이상 전쟁터가 아니다. 지금 허락된 대부분의 공간은 사유물로서 우리가 그곳을 전쟁터로 삼기에는 턱없이 힘에 부칠 정도로 깊숙이 숨어버렸다. 그리고 그런 곳은 흔히 말하는 '문화생활'을 누리기 위해 뭔가를 사야만 하는 곳이다. 여태까지 변변한 싸움 한 번 하지 못한 채 내어 준 숱한 공간, 바로 치밀한 정치경제의 간계가 생산한 문화라는 관념이 물질적 토대를 얻은 곳이다.

그곳에서 우리, 잠재적 청중이라고 할 수 있는 우리의 가치관은 어떻게 변했으며 우리가 자신을 조직하는 방식은 또 어떻게 변했는가? 그것은 앞으로 어떻게 변할 것인가? 만약 변하지 않는다면 그것의 사회적 재생산은 어떤 결과를 불러올 것인가? 그리고 이와 같은 질문에 스며들어 있는 가치는 또 무

●35● '하나의 디아그람은 하나의 지도, 혹은 차라리 수많은 지도들의 중첩이다. 그리고 하나의 디아그람에서 또 다른 디아그람으로 이행하면서 수많은 새로운 지도들이 만들어진다. 또한 자신이 연결하는 무수한 점들 곁에서 상대적으로 자유롭고 느슨한 점들, 곧 창조성과 변이의 저항의 점들을 갖지 않는다는 디아그람이란 존재하지 않는다. 그리고 전체를 이해하기 위해 우리는 아마도 이러한 점들로부터 출발해야 할 것이다'. 들뢰즈, 질(2003). 「푸코」, 허경 옮김, 동문선, 74~5.

엇인가? 이 모든 질문에 답하기 위해 먼저 '문화 생산의 조건'을 가장 먼저 생각하고 그것을 파악해야 한다. 그리고 그 조건의 목록에는 문화생산의 복잡한 분업체계에 몸담고 있는 우리 자신도 있다는 점을 분명히 깨닫고 있어야 한다. 문화를 생산하는 '중대한 산업기반'의 한 자리를 차지하고 있는 우리는 또 다른 측면에서 보면 청중이기도 하다. 문화를 생산하며 동시에 문화를 소비해야 하는 청중, 우리의 심미적 표상을 대변해 줄 수 있다고 여기는 물리적 표상, 곧 의사문화적 산물 같은 것을 '시장'에서 사들여야만 하는 청중이자 넘쳐나는 문화상품이 차이, 차별화·분화, 구분 짓기의 논리로 무장한 채 쉴 새 없이 겨냥하는 청중이다. 이렇게 볼 때 문화를 이해하는 열쇠는 무엇을 문화로 정의하는가에 있지 않고 누구의 문화가 어떻게 자리를 잡고 또 그 문화가 누구한테서 도전 받는가를 밝히는 데 있다.

이 시대의 정치경제, 곧 포스트자본주의는 전대 前代한테서 물려받은 문화생산의 지도제작술에 여러 새로운 기법을 더해 여전히 지배적인 문화생산의 지도를 새롭게 그려나가고 있다. 이에 우리는 그 지도를 시원하게 읽어 내려갈 수 있는 저항적 문화실천을 시작해야 한다. 차이, 차별화·분화, 구분 짓기를 조작하며 같은 방식의 문화생산을 고집하고 있는 이 시대의 정치경제가 불러일으킬 문화생산 방식의 사회적 재생산, 문화의 사회적 재생산을 할 수 있는 만큼 막아서기 위해서라도 그렇게 해야 한다. 그렇다면 가장 시급한 일은 무엇인가? 먼저 자본이 집어삼켜버린 여러 공간을 꿰뚫어 보려 애쓰는 일, 그리고 더욱 중요한 일은 그런 공간에 견주었을 때 이질성을 갖고 있는 두 종류의 장소, 곧 첫째, 아직 심미적 표상의 단계에 머물러 있어서 포스트자본주의의 문화가 제공하는 물질적 근거를 갖지 못했지만 그곳의 심미적 표상이 어떤 저항의 모습을 띨 수 있을 듯 보이는 어떤 자리나 터, 그리고 둘째, 이미 문화라고 확정하고 싶어 하는 물질적 근거를 갖고 문화적 헤게모니

를 거머쥐기 위해 다른 자리나 터의 물질적 근거와 다투고 있는 자리나 터를
발굴하여 그곳을 이 시대의 정치경제학을 바탕으로 하는 문화생산의 지정학
으로 생각해 보는 일이다.

글상자 1 /
「경관의 (재)독해」

이 연구는 대표적으로 바르트의 기호론과 데리다의 텍스트 이론을 경관에 접목하여 지리학자인 자신들이 '텍스트화한 행동', 더 구체적으로 '경관의 생산'과 관련한 여러 행동, 예컨대 경관을 조성하고 write, author 그것을 읽어 내는 read, interpret 사람들의 행동에 큰 관심을 가질 수밖에 없음을 시인한다. 그 관심사는 '어떻게 경관은 일단의 텍스트 a set of texts에 근거를 두고 구축되는가, 경관은 어떻게 읽히는가, 그리고 경관은 텍스트의 이미지 속에서 그런 여러 행동 형태를 만들면서 어떻게 매개하는 영향력으로서 자신의 역할을 하는가' 하는 문제의식으로 드러난다. 경관은 '사회적 과정이 이데올로기적'이라는 측면에서 아주 중요한 역할을 담당하는데, 이는 경관이 '다양한 관념과 가치, 곧 어떤 사회의 **현재**와 미래의 당위적 구성 방식 the way a society *is*, or should be organized에 대하여 아무런 의심을 받지 않는 가정을 뒷받침'하면서 '경관을 자연스러운 것으로 만들기' 때문이다. 경관이 쓰고 있는 이 '자연스러움의 가면을 벗겨 내기 위해 denaturalizing the landscape' 이 연구는 '경관이 사회적 관계가 기입된 텍스트로서 분석될 수 있다'는 주장, 단, 그 분석이 '순진한 독해'에 기초할 경우 이미 '경관에 구체화해 있는' 기존의 이데올로기를 도리어 강화할 수도 있기 때문에 신중을 기해야 한다는 입장을 펼친다. 오직 이 경우에 한해서 '해석은 물질적 결과를 갖는 정치적 실천'이 되며, 이런 실천이야말로 '비판적 이론가'가 수행해야 할 '중요한 과업'이라고 주장한다. '왜냐하면 경관은 사회구성과 관련해서 가장 만연해 있고 가장 당연시되는 텍스트 중 하나이며, 경관이 쓰고 있는 자연스러움의 가면을 벗기는 일은 우리[지리학자인 연구자 자신들]가 수행할 수 있는 가장 중요한 과업 중 하나이기 때문이다'.

더 자세한 내용은 Duncan, J. & Duncan, N (1988) '(Re)reading the landscape', *Environment and Planning D: Society and Space*, 6, 120~5를 볼 것 — 강조 원저.

글상자 2 /
'내기'와 '유혹'

먼저 '내기'는 보드리야르가 꿰뚫어 보고 있는 기호의 특질이다. 데리다와 보드리야르한테, 소쉬르가 했던 시니피앙과 시니피에의 구분은 이미 무의미하다. 그들한테 남게 되는 것은 시니피앙뿐이다. 하지만 이 공통점에서 둘은 갈려 나간다. 데리다가 시니피앙의 관념적 유희에 초점을 맞추면서 형이상학의 역사를 다시 쓰기에 골몰한 반면 보드리야르는 시니피앙의 물질적 내기를 강조하면서 자본주의의 역사를 다시 쓰는 일에 몰두하게 된다. 실질적으로 유희와 내기는 거의 같은 말이다. '놀이'나 '내기'로 곧잘 옮겨지곤 하는 영어의 'play'가 이 맥락에서는 프랑스어의 'jeu'를 옮긴 것이라면 내기는 곧 놀이가 되고 놀이는 곧 유희가 된다. 특별히 이 두 사상가 모두 니체한테서 받은 영향이 적지 않다는 점을 고려하면 시니피앙의 내기나 놀이는 기존의 거대담론을 주축으로 한 역사 기술에 도전한다는 측면에서 별반 다를 것이 없는 듯 보일 수도 있다. 데리다의 경우 이러한 도전은 차연과 해체를 통해 이루어진다. 하지만 보드리야르의 경우 리오타르 Jean-François Lyotard가 『포스트모던의 조건』La Condition postmoderne: Rapport sur le savoir, Paris: Éditions de Minuit, 1979에서 거대담론으로 규정하고 데리다가 1990년대에 이르러서야 다시 들여다보기 시작했던 마르크스 L'autre cap, Paris: Éditions de Minuit, 1991, Spectres de Marx, Paris: Éditions Galilée, 1993를 결코 손에서 놓은 적이 없으며, 기호의 물성(시니피앙)이 상품 기호의 관념성(시니피에)에 끊임없이 거는 '내기'를 분석함으로써 한층 더 적극적인 방식으로 '상품의 역사'에 도전한다. 그리고 많은 경우 그 도전은 그의 글쓰기를 통해 이루어진다. 다음의 대화는 이러한 보드리야르의 입장을 단적으로 보여준다.

김: 선생님께서는 종종 글쓰기를 '내기'하는 것과 같은 것이라고 말씀하셨는데, 조금 더 설명하면 어떻게 될까요.

보드리야르: 내기한다는 것은 도전한다는 것이고, 도전한다는 것은 진부한 것과 싸운다는 것이지요. 진부한 것과 싸우기 위해 극단으로 향해가는 것, 그것이 제가 말하는 내기하기이고, 여기에 글쓰기의 의미가 있다고 봅니다.●

이렇게 볼 때 보드리야르의 글쓰기는 이 내기, 이 도전의 적극적 실천 방식이
되며, 이는 '유혹'의 한 방편이 된다. 보드리야르가 보기에 유혹, 또는 유혹의
힘은 자본주의의 생산관계가 구축해 놓은 힘을 전복할 수 있는 내밀하고도 구
체적인 실천이다. 이는 '유혹은 생산보다 더 강하다. … 생산과 권력의 과정 속
에 유혹의 과정이 복잡하게 뒤얽히고, 불가역적인 과정 속에 최소한의 가역
성이 뜻하지 않게 나타나게 되는데, 이때 이 불가역적인 과정은 은밀히 부서
지고 파괴된다. 이 과정을 관통하는 쾌락의 연속체를 보장하면서 말이다. 만
약 이러한 과정이 없으면, 이 과정은 아무것도 아닌 것이 될 것이다. 바로 이것
이 우리가 분석해야 하는 것이다. 어디에서나 생산은 늘 유혹을 쫓아내 힘의
관계라는 유일한 구조 위에 자리 잡으려고 한다는 사실을 … 고려하면서 말이
다'고 힘주어 말하는 보드리야르의 입장을 보면 충분히 알 수 있다.●● 그렇기
에 지금 이 부분의 맥락에는 데리다의 기호이론보다 보드리야르의 그것이 더
잘 들어맞을 수밖에 없다.

● 김상환·보드리야르, 장(2005). 「〈지성대담〉 佛석학 보드리야르, 장-김상환 교수」, 「한국일보」, http://news.
hankooki.com/lpage/life/200505/h2005052617284823400.htm.
●● 보드리야르, 장(2002). 「유혹에 대하여」, 배영달 옮김, 백의, 64.

제2낙동대교(구포낙동강교) (사진 : 이인미)

셋

공동과 해방을 위한 지리

끊임없이 변하고 있는 도시 공간 부산과 거기에 살고 있는 '나', 이 모두는 결코 자족적 존재가 아니다. 그 둘은 오히려 관계적 존재다. 부산의 지리적 조건과 물질적 토대 위에 형성되어 있는 도시 공간 부산은 늘 바뀌기 마련이고, 이 공간과 관계를 맺고 있는 '나', 곧 그 관계에서 생겨나는 위치성과 상황적 지식에 열려 있을 수밖에 없는 '나' 또한 늘 바뀌기 마련이다. 그렇기에 '나'와 '도시 공간 부산'은 차라리 문화적 기호로 봐야 하며, 그렇게 볼 때 비로소 이 둘은 공간을 놓고 벌어지는 의미화 투쟁의 장소, 곧 위치성과 상황적 지식에 따라 늘 진행 상태에 놓여 있을 수밖에 없는 투쟁의 장소가 된다. 이 문제의식을 가장 잘 보여줄 수 있는 물질적 근거로 이 책은 '부산의 터널과 다리'를 분석 대상으로 삼았다.

부산의 터널과 다리는 부산이 부산의 지리와 함께 걸어 온 지난 반세기 남짓 동안의 발자취를 간직하고 있고, 부산 사람들과 그것들의 관계 속에서 만들어진 삶의 흔적 또한 감추고 있기에 그것들은 의미심장하고 구체적인 사료의 가치를 갖고 있다. 이때 부산의 지리란 부산 사회의 구성원들이 뒤엉겨 살아갈 수밖에 없는 좁은 의미의 지리 또 그렇게 살아가면서 반드시 생각해 봐야 하는 지리적 조건을 일컫는다. 이를 염두에 두고 이 책은 우선 부산의 뭍과 물이 갖고 있는 특이한 생김새, 곧 부산의 지형적 고유성을 메트로폴리스 부산이 지금의 모습을 갖추는 데 엄청난 영향을 끼친 지리적 제약으로 여김과 동시에 부산 사람들이 그 제약을 적극적으로 극복하며 활용하기에 이른 물질적 조건으로 보았다. 더 구체적으로 부산의 터널과 다리를 이 모든 과정을 고스란히 담고 있는 물질적 흔적으로 삼고, 그것들이 어디에 또 왜 자리를 잡고 있는지 한 눈에 파악하려는 작업을 통해 도시 공간 부산과 이곳의 문화를 이해하고자 노력했다. 이 같은 노력은 이 책이 공간 배치의 문제에 적극적이고도 구체적인 방식으로 접근할 수 있을 뿐 아니라 도시 공간 부산과 관련한 유물론적 문화연구에 어떤 새 길을 낼 수 있는 밑바닥을 다지려는 의지에서 비롯했다. 부산의 터널과 다리를 공간의 배치로 보는 것이 무엇보다 중요함 또한 아울러 강조했다. 공간의 배치라는 넓은 의미의 지리에는 그것과 관련한 공간의 사회적 정의나 지리적 불평등의 문제, 이로 말미암은 사회적 약자들의 연대와 그것을 불가능하게 하는 공간의 사회적 생산이라는 문제가 늘 붙어 다니기 때문이다. 이 책은 이런 여러 문제를 할 수 있는 만큼 깊이 들여다보는 일이야말로 문화연구에 지리를 접목한 성과임을 드러내 보이려 애썼으며, 이 성과를 발판으로 삼아 부산의 터널과 다리를 배치된 공간, 곧 사회적으로 생산된 공간으로 보려는 노력을 기울임과 동시에 그 공간에서 생겨나는 지리적 불평등과 공동체의 파편화를 짚어보고 그것들이 계급관계의 확대재생산, 그리고 그것에 맞선 저항과 연대의 가능성과 이어져 있는 문제임을 드러내려 힘썼다.

　이 책은 부산의 터널과 다리라는 구조물과 그것들의 주변 경관을 매개로 하여 세 가지 목적을 설정했다. 우선 부산이 1960년대부터 지금까지 걸어 온 도시 개발의 역사를 도시 팽창주의의 맥락에서 다루고, 그 역사를 계급투쟁의 역사가 아닌 계급의 역사로 보고자 하는 목적을 세웠다. 부산의 도시개발사를 부산의 지리적 조건과 물질적 토대를 바탕으로 한 계급의 역사로 비춰보는 일이 이후에 이 역사를 계급투쟁의 역사로 볼 수 있기 위해서라도 반드시 필요할 뿐 아니라 긴급하기까지 한 사전 이론 작업이라 믿었기 때문이다. 다음 2000년대 이후 등장한 신개발주의와 토건국가론을 비판적으로 검토하려는 목적을 세우고 이 문제가 국가적 규모뿐 아니라 지역적 규모의 문제이기도 하다는 것을, 더 구체적으로 말해서 부산의 경우 그 문제가 2000년대 이후에 갑작스럽게 나타난 것이 아니라 1960년대부터 이미 싹트고 있었음을 밝히는 데 집중했다. 마지막 목적은 1980년대 이후의 자본주의, 특별히 포스트모더니즘의 기세에 편승한 그 자본주의가 과잉축적에서 비롯한 위기에서 활로를 모색코자 여러 공간적 해결책을 시도하고 있음을, 그 결과 표면적으로 볼 때 가치 있는 의미를 만들어 내는 듯 보이는 장소가 오히려 심층적으로 볼 때 증발해 버리고 마는 효과를 불러일으킴을 드러내는 데 힘을 쏟았다.

이 모든 목적을 이루기 위해 이 책은 특정한 역사관을 도입했다. 그것은 도시 공간 부산이 지난 반세기가 조금 넘는 시간 동안 보이고 있는 통시적 차이와 그 차이의 근저에 자리 잡고 있는 공시적 공통성을 함께 고려함으로써 가능했다. 그 같은 역사관을 통해 통시적 접근으로 확인할 수 있는 부산의 표면적 변화, 곧 부산의 도시개발사가 보여주는 그 변화의 심층에 자리 잡고 있는 자본주의가 근본적으로는 변한 것이 없다는 입장, 아니 어떤 식으로든 자본주의가 자신의 힘을 강화하려 했으면 했지 그 반대의 경우는 결코 없다는 것을 드러냈다. 이는 그 역사를 구성하는 차이와 공통성의 요소를 한데 모으려는 노력에 따르는 결과뿐 아니라 부산이 갖고 있는 물질문화의 중요성을 선험적 방식으로 다루기보다 그 물질문화를 구체적이고 현실적으로 다루려는 노력, 다시 말해서 이미 관념화해 버리고 추상화해 버린 부산의 물질문화를 재물질화하기 위한 노력을 담고 있음을 뜻하기도 한다. 이 작업으로 말미암아 부산의 문화 · 지리 · 공간, 그리고 부산의 도시개발사에서 활개를 치고 있는 자본주의 체제와 그것을 견뎌 내는 부산 사람들과 부산의 공동체 문제를 비판적으로 생각할 수 있게 되었으며, 이로써 부산의 여러 장소가 어떠한 메커니즘을 통해 증발하게 되는지를 정확히 짚어낼 수 있게 되었다.

또한 위에서 언급한 목적을 위해 이 책은 세 가지 이론적 틀, 곧 부산의 지리에 대한 실천적 접근으로는 역사–지리적 유물론을, 도시 공간에 대한 존재론적 접근으로는 유물론적 문화론을, 끝으로 부산의 터널과 다리에 대한 인식론적 접근으로는 지표적 기호와 관련한 논의를 설정하고 각각에 '공동과 해방', 'interpoints', '지표'라는 제목을 붙여 제시했다. '공동과 해방'에서는 하비의 1984년 논문 「지리학의 역사와 현재적 조건에 관하여: 역사 유물론적 선언」을 집중적으로 살펴보면서 '개인의 윤리, 또는 어떤 것이 개인의 윤리라고 말할 수 있는 우리의 믿음을 구성하고 가능케 하는 물질적 조건, 특별히 지리적·공간적 조건을 검토하는 일이 선결되어야 한다'는 주장을 내어 놓았다. 'interpoints'에서는 『공산당 선언』과 르페브르가 이론화한 개념인 공간의 사회적 생산을 살펴보면서, 인터포인트 길인 터널과 다리를 아우르고 있는 '도시 공간은 근본적으로 사회적 생산물이며 이는 자본주의 사회의 계급 문제와 필연적으로 이어져 있다'는 점을 지적했다. 끝으로 '지표'에서는 기호와 관련한 몇 가지 논의, 곧 퍼스의 기호학과 그것을 응용한 바르트의 사진론을 통해 부산의 터널과 다리를 물질적 흔적이자 실존적 관계의 매개물로 보면서 그것들에 대한 인식론적 접근을 구체적으로 시도하는 '새로운 인식적 지도제작술'이 필요함을 밝혔다.

이제껏 이야기한 모든 것을 밑바탕으로 삼아, 이 책은 부산 도시개발사와 그것의 흐름을 뚜렷이 보여주는 인프라스트럭처의 맥락에서 도시 공간 부산과 부산의 터널과 다리를 살펴보았다. 먼저 부산을 '무계획적으로 태어난 도시', '모자이크 도시', '부정형 다핵구조'를 지닌 도시로 또 그런 까닭에 아주 독특한 도시화의 길을 걸어 온 도시 공간으로 보고, 부산이 지금의 메트로폴리스로 거듭나기까지 부산의 터널과 다리가 어떠한 구실을 해 왔는지를 1960년대부터 10년 단위로 하여 검토한 것이다.

부산의 제1차 동서팽창이 일어났던 1960년대는 '서툴지만 독자적인' 도시 계획이 주를 이루었던 때다. 그 서투른 측면이 드러났던 것은 1960년대 말에 시행된 도시재개발사업이었다. 당시 부산의 도심재정비사업이 활용했던 인프라인 동천교와 원동교를 통해 또 그 인프라 덕택에 가능했던 철거민 동네의 형성을 통해 도시 공간 부산의 지리적 불평등이 어디까지 확대재생산될 수 있는지를 짚어 보았다. 아울러 영주터널과 자성 고가도로를 통해 당시 도시 계획의 계획적 측면을 엿보았으며 국가 통치술의 공간적 구현과 국토 형성의 전조를 포착해 냈다.

이어서 1960년대와 70년대를 이어주는 다리로서 1970년에 개통한 '국토 대동맥 경부고속도로'에 초점을 맞추고, 그것을 역사경제적 측면과 정치경제적 측면에서 비판적으로 검토·분석했다. 여기서 국토는 주권과 함께 근대 국가의 양대 핵심 구성 요소라고 할 수 있는 영토가 도로와 항만을 비롯한 여러 인프라를 갖추게 됨으로써 구조화하는 것임을 우선적으로 밝혔다. 더 구체적으로 역사경제적 측면에서는 그 국토의 형성에 이바지할 목적으로 건설된 경부고속도로의 한 기점인 부산이 결국 일제강점기에 이은 두 번째 식민화의 시기로 진입하였음을, 또한 정치경제적 측면에서는 경부고속도로가 한국이 재벌을 중심으로 하는 기형적 자본주의사회로 진입하는 실질적 신호탄임을 논증했다.

1970년대는 '성장 위주'의 도시 계획이 수립되었던 시기로서 당시 부산의 터널과 다리는 국토의 본격적 형성과 부산의 지역적 팽창이라는 복합적 성격을 갖게 되었다. 다시 말해 지역적 규모의 팽창을 위한 터널과 다리가 등장한 시기였던 1960년대에 반해 1970년대는 그것과 더불어 전국적 규모의 도로망 연결을 위해 필요한 인프라가 본격적으로 선보이기 시작한 때였다. 그 두 성격은 때로는 따로 떨어지기도 하고 때로는 서로 겹치기도 하면서 서서히 메트로폴리스 부산의 모습이 드러나는 데 핵심 역할을 담당하게 되었으며, 이는 1973년 개통한 남해고속도로의 연장선에 있었던 당시 만덕터널과 제2낙동대교를 통해 충분히 파악할 수 있다. 당시의 지역적 팽창에 따라 지리적 불평등 또한 깊어져 갔는데, 그 같은 지리적 불평등을 대표적으로 보여주는 인프라가 부산의 제2차 동서팽창을 보여주는 지표임과 동시에 당시 생겨난 사상공업단지와 깊은 관계를 맺고 있는 만덕터널이다. 만덕터널을 통해 부산이 수많은 임노동자의 양산 체제로 변모하기 시작한 것을 볼 수 있으며, 이는 산업도시의 필연적 생산관계를 중심으로 하여 재편되기 시작한 당시 부산의 지리적 불평등이 그 규모에 관계없이 고착화하기 시작했음을 보여준다. 1970년대에 마지막으로 살펴본 것은 부산 도시고속도로의 개통이었다. 당시 부산의 제1차 남북팽창을 보여주는 지표인 도시고속도로는 부산이 허브가 아닌 바이패스의 도시기능을 점점 더 강화하기 시작했음을, 그리하여 끝내 고사의 길로 접어들었음을 보여주는 지표가 된다.

1980년대는 '도시 관리와 통제' 개념이 등장하고 집행되면서 유달리 많은 터널과 다리가 건조되었던 시기였다. 그 건조는 대상형 도시에서 환상형 도시로 전환하려는 부산의 도시계획과 그것에 필요한 도로망 구축에 필수적이었다. 당시 부산은 동서고가로로 대표되는 제3차 동서팽창을 꾀하고 있었는데, 이는 부산이 꿈꿨던 환상형 도시 그 자체가 바이패스가 되어 중앙 집중적 경제 구조에 한층 더 종속하도록 하는 효과, 곧 두 번째 식민화를 통한 종속의 효과를 한층 더 강화할 뿐이었다. 이 시기에서 특별히 주목한 것은 터널 요금소의 설치와 그것이 안고 있는 문제였다. 1984년에 개통된 구덕터널의 요금소는 터널에 대한 사용가치를 교환가치로 전환하는 구덕터널의 메커니즘을 보여주는 데 그치지 않고 상품화한 구덕터널을 통해 은밀히 형성된 특이한 갈취의 체제가 당시부터 생겨났음을 드러냈다. 결국 이는 도시 공간 부산이 사회적으로 생산됨과 동시에 축적과 사회적 재생산의 시간적 원동력 전체에서 발생하는 어떤 적극적 계기로 취급될 수 있는 공간적 편성을 생산했음을, 또한 부산이 그런 공간적 편성의 생산을 통해 계급의 사회적 재생산에 장기간 봉사하면서 심각한 지리적 불평등을 획책했음을 단적으로 드러내 보여준다. 끝으로 성장기계론과 도시체제론을 소개함으로써 앞선 논의를 뒷받침하도록 했다.

1990년대의 부산을 이끌어간 것은 '지속가능성을 위한' 계획으로, 그 계획을 바탕으로 부산은 권역화 · 조닝 · 광역권화를 통한 제2차 남북팽창과 제4차 동서팽창을 동시에 시도했다. 여기서는 개인에서 지역, 사회, 국가에 이르는 거의 모든 스케일에서 벌어진 차별화의 전략이 이른바 포스트모더니즘의 물결을 타고 사람들의 일상에 깊숙이 스며들기 시작했다는 점에 초점을 맞추고, 계급 간의 갈등이 소비로 봉합되어 버리면서 나타난 상황을 이야기했다. 이러한 상황은 개인이 한데 모일 수 있는 공간의 배치를 허락하지 않을 뿐더러 오히려 각 개인을 점점 더 심각한 지리적 불평등의 상황으로 밀어 넣으면서 자본주의적 총체성의 힘이 공간적으로 구현되는 데 여전히 핵심 역할을 담당하고 있음을 분명히 보여준다. 게다가 1990년대 들어 부산이라는 도시체제는 질주정을 도입함으로써 새로운 자본주의, 곧 포스트자본주의의 이데올로기적 효과를 한층 더 강화하고 있었다. 이는 터널-다리 공간과 백양터널의 요금소를 둘러싼 경관을 읽어냄으로써 밝혔는데, 특별히 그 둘이 불러일으키는 각각의 정치적 효과, 곧 편위의 발생불가능성과 가역적 속도성으로 말미암아 1990년대의 부산은 속도의 테크놀로지와 테크놀로지의 속도가 함께 하는 질주권과 질주정의 시대로 접어들게 되었다.

2000년대에서 현재에 이르기까지, 부산은 '도시재창조를 목표로' 하는 도시 계획에 따라 움직이고 있다. 2000년대는 제2차 남북팽창과 제4차 동서팽창을 계속 이어간 시기였으며, 그 중심에는 2003년에 개통된 광안대교가 있다. 따라서 여기서는 인식적 지도를 그리는 일의 중요성을 언급하고 돈 · 시간·공간의 객관적 특성이 확립되는 사회적 과정으로서 매축과 단일기능적 조닝, 그리고 그 둘을 상징적으로 구현하는 기념비주의와 함께 그 모든 것이 한데 어우러져 만들어내는 포스트모던 스펙터클을 살펴보았다. 부산을 대표하는 랜드마크인 광안대교는 성장과 진보를 향해 무한히 나아갈 수 있는 젊은 자본주의를 상징하면서 스펙터클을 생산해 낸다. 스펙터클은 과잉축적과 불황의 위기에 빠진 자본주의가 이를 타개해 나가기 위해 마련한 공간적 해결책의 이데올로기적 효과이며, 그것의 사회적 생산은 자본주의가 자신을 지속적으로 성장·발전시켜 나가기 위한 역사사회적 조건으로서 포스트모더니티를 적극 활용함으로써 가능해진다. 이렇게 볼 때 광안대교는 성장과 진보를 향해 내달려야 한다는 자본주의의 대명제를 적극적으로 구현하는 분리의 테크닉이며, 그 때문에 해운대라는 장소는 급기야 증발하기에 이른다.

　마지막으로 다룬 것은 2000년대부터 지금까지 부산을 지배하고 있는 문화적 물신숭배의 문제였다. 이 문제는 부산 산복도로에 있는 유치환 우체통과 북항대교를 통해 생각해 봤는데, 먼저 차연의 정치적 효과로 말미암아 증발하는 실체적 장소 인식의 한계를 지적했으며, 이어서 그 한계를 타고 넘어가기 위한 경관의 새로운 독법으로 기호와 경관의 정치경제학을 살펴보았다. 이를 통해 경관의 물질성을 충분히 고려한 뒤 문화전쟁과 문화정치의 가능성을 검토하고 분석하는 데 할 수 있는 만큼의 깊이를 더해야 한다는 것과 그러기 위해서 가장 우선적으로 필요한 일은 이데올로기로서 문화를 비판적으로 바라봐야 한다는 것을 밝혔다. 끝으로 이데올로기로서 문화를 이야기하면서 그 문화에 한껏 집중하고 있는 지금의 창조도시 부산이야말로 문화적 물신숭배에 빠져 있음을, 달리 말해서 공간·사회·문화적 재생을 바탕으로 한 창조도시 부산이 빠져서 헤어 나오지 못하고 있는 늪이 다름 아닌 이데올로기로서 문화임을 말했다.

　끝으로 글을 맺으며 다음을 주장했다 — 이 주장은 이 책이 남겨 놓은 숙제가 마땅히 지녀야할 문제의식일 것이다. 한 번 더 되뇌어 보자. 눈에 보이는 것이라고는 단 하나도 빠짐없이, 모조리 상품으로 만들어 버리는 포스트자본주의의 거센 물결이 세상을 뒤덮고 있다. 아니, 이미 뒤덮어 버렸는지도 모른다. 하지만 그렇다고 해서 마냥 손 놓고 그것을 멍하니 바라보고만 있을 수는 없는 노릇이다. 무엇이건 해야 한다. 무엇을, 어떻게, 어디서 시작해야 하는가? 가장 급박하게 시작해야 할 일은 포스트자본주의에 봉사하는 이데올로기로서 문화에 싸움을 거는 일, 벌일 수 있는 만큼 다양한 스케일의 문화전쟁을 벌이는 일이다. 단, 그 문화전쟁을 성공적으로 이끌기 위해 반드시 염두에 두어야 할 사실은 수많은 사람, 집단, 사회, 세계, 심지어 이 세상 자체를 정의하는 방식을 확정하고 그 방식에 거부하는 저항의 모습을 드러낼 뿐 아니라 그 모든 과정과 결과를 물질적 · 지리적 · 공간적으로 구현하는 것이 다름 아닌 상품이라는 점이다. 이를 마음 깊이 새긴 채 그 모든 상품과 그것들을 상품으로 만드는 메커니즘을 적극적으로 해석하고, 그곳이 어디든, 틈이 될 만한 곳을 노려 새로운 문화적 지도를 다시 그리려는 전쟁, 새로운 세상을 그릴 수 있는 지도제작술을 얻어 익히기 위한 전쟁, 아니면 적어도 그것의 실현 가능성이라도 타진할 수 있는 문화전쟁을 시작해야 한다.

　그 첫발을 위해 문화 생산의 사회적 조건을 가장 먼저 생각하고 그것을 파악하는 일은 필수적이다. 아울러 그 조건의 목록에는 점점 더 복잡해지는 문화생산의 분업체계에 몸담고 있는 우리, 문화노동자인 우리 자신도 있다는 점 또한 확실히 자각하고 있어야 한다. 현시대의 문화를 이해하는 핵심은 문화가 무엇인지를 정의하는 데 있지 않다. 오히려 누구의 문화가 어떻게 자리를 잡고 또 그 문화가 누구한테서 도전 받는가를 밝히는 데 있다. 이 시대의 정치경제, 곧 포스트자본주의가 자신의 조상한테서 물려받은 문화생산의 지도제작술에 다시 여러 새로운 기법을 더해 그려나가고 있는 현시대 문화생산의 지도를 막힘없이 읽어내고 그것에서 출발하는 문화전쟁의 전선을 형성하는 일이 시급하다. 차이와 차별화를 강제함과 동시에 구분 짓기를 조작하면서 문화생산 과정과 결과의 동질성과 동일성을 끊임없이 획책하고 있는 현시대의 정치경제가 불러일으킬 문화(생산 방식)의 사회적 재생산을 저지하기 위해서라도 문화전쟁은 불가피하다.

그렇다면 가장 긴박한 일은 무엇인가? 먼저 자본이 집어삼켜버린 여러 공간을 꿰뚫어 보려 애쓰는 일이며, 더욱 중요한 일은 그런 공간에 견주었을 때 이질성을 갖고 있는 두 종류의 장소, 더 구체적으로 말해서 아직 심미적 표상의 단계에 머물러 있어서 포스트자본주의의 문화가 제공하는 물질적 근거는 갖지 못했지만 그곳의 심미적 표상이 어떤 저항의 모습을 띨 수 있을 듯 보이는 어떤 장소, 또는 이미 문화라고 확정하고 싶어 하는 물질적 근거를 갖고 문화적 헤게모니를 거머쥐기 위해 다른 공간의 물질적 근거와 다투고 있는 장소를 발굴하여 그곳을 이 시대의 정치경제학을 바탕으로 하는 문화생산의 지정학으로 생각해 보는 일이다. 잉여로서 응결되어 있는 장소에 숨결을 불어 넣어 그 장소의 가치로써 이 시대의 장소 대부분에 담겨 있는 상품가치의 가치를 되묻고, 그 상품가치의 가치를 뒤집어엎는 문화전쟁이 필요한 것이다.

'공동과 해방'이라는 전리품을 얻기 위한 첫발로서 각자의 '지리'가 요구되는 것은 바로 그 때문이다.

부산항대교의 야경 [사진 : 이인미]

참고문헌

246

도서와 논문

- Abrams, P. (1982). *Historical Sociology*, Ithaca: Cornell University Press; Stone, 2006: 28에서 재인용.

- Assche, K. V. *et al.* (2012). 'What Place is this Time? Semiotics and the Analysis of Historical Architecture', *Journal of Urban Design*, 17:2, 233~254.

- Atkinson, D. *et al.* (2005a). 'Preface', *Cultural Geography: A Critical Dictionary of Key Concepts*, D. Atkinson, *et al.* (eds.), London & New York: I.B. Tauris, vii~xviii[앳킨슨, 데이비드 외(2011a).「서문: 문화지리학과 비판지리학에 대하여」, 이영민 옮김, 『현대 문화지리학: 주요개념의 비판적 이해』, 앳킨슨, 데이비드 외 엮고 지음, 이영민 외 옮김, 논형, 9~29].

- ─────── (2005b). 'Introduction: Space, Knowledge and Power', *Cultural Geography: A Critical Dictionary of Key Concepts*, D. Atkinson, *et al.* (eds.), London & New York: I.B. Tauris, 3~5 [앳킨슨, 데이비드 외(2011b).「01 도입_공간·지식·권력」, 진종헌 옮김, 『현대 문화지리학: 주요개념의 비판적 이해』, 앳킨슨, 데이비드 외 엮고 지음, 이영민 외 옮김, 논형, 33~6].

- Barker, C. (2004). *The SAGE Dictionary of Cultural Studies*, London: SAGE[바커, 크리스(2009). 『문화연구사전』, 이경숙·정영희 옮김, 커뮤니케이션 북스].

- Barthes, R. (2010). *Camera Lucida: Reflections of Photography*, R. Howard (tr.), New York: Hill and Wang [바르트, 롤랑(1986).『카메라 루시다: 사진에 관한 노트』, 조광희 옮김, 열화당].

- Baudrillard, J. (1981). *For a Critique of the Political Economy of the Sign*, C. Levin (tr.), Candor: Telos Press [보드리야르, 장(1992).『기호의 정치경제학』, 이규현 옮김, 문학과지성사].

- ─────── (2000). *La Transparence du Mal*, Paris: Éditions Galilée, 23; 정두순, 2012: 193에서 재인용.

- Bonnett, A. (2005). 'Whiteness', *Cultural Geography: A Critical Dictionary of Key Concepts*, D. Atkinson, *et al.* (eds.), London & New York: I.B. Tauris, 109~14[보네트, 앨라스테어(2011).「백인성·Whiteness」, 이영민 옮김, 『현대 문화지리학: 주요개념의 비판적 이해』, 앳킨슨, 데이비드 외 엮고 지음, 이영민 외 옮김, 논형, 211~20].

- Clarke, D.B. & Doel, M. A. (2004). 'Paul Virilio', *Key Thinkers on Space and Time*, P. Hubbard, R. Kitchin & G. Valentine (ed.), London: SAGE, 311~16.

- Cook, I. *et al.* (2005). 'Positionality/Situated Knowledge', *Cultural Geography: A Critical Dictionary of Key Concepts*, D. Atkinson, *et al.* (eds.), London & New York: I.B. Tauris, 16~26[국, 이안 외(2011). 「위치성/상황적 지식·Positionality / Situated knowledge」, 진종헌 옮김,『현대 문화지리학』, 이영민 외 옮김, 논형, 55~72].

- Cosgrove, D. (2005). 'Mapping/Cartography', *Cultural Geography: A Critical Dictionary of Key Concepts*, D. Atkinson, *et al.* (eds.), London & New York: I.B. Tauris, 27~33[코스그로브, 데니스(2011). 「지도화/지도학·Mapping/Cartography」, 진종헌 옮김, 『현대 문화지리학: 주요개념의 비판적 이해』, 앳킨슨, 데이비드 외 엮음, 이영민 외 옮김, 논형, 73~83].

- Cresswell, T. (2010). 'New cultural geography: an unfinished project?', *Cultural Geography*, 17:2, 169~74.

- Debord, G. (1970). *Society of Spectacle*, a Black & Red(tr.), Detroit: Black & Red

- Derrida, J. (1982). 'Différance', *Margines of Philosophy*, A. Bass (tr.), Sussex: The Harverster Press, 1~27[데리다, 자크(1996).「차연」, 『해체』, 김보현 엮고 옮김, 문예출판사, 118~59].

- Duncan, J. & Duncan, N (1988) '(Re)reading the landscape', *Environment and Planning D: Society and Space*, 6, 117~26.

- Elden, S. (2004). *Understanding Henri Lefebvre: Theory and the Possible*, London: Continuum.

● Goss, J. (1993) 'The "Magic of the Mall": An Analysis of Form, Function, and Meaning in the Contemporary Retail Environment', *Annals of the American Geographers*, 83:1, 18~47.

● Gramsci, A. (1992). *Prison Notebooks* Vol. 1, J. A. Buttigieg, & A. Callari. (trs.), 2011 Paperback Edition, New York: Columbia University Press.

● Gregson, N. (1995). 'And now it's all consumption?', *Progress in Human Geography*, 19:1, 135~41.

● Hall, S. (1987). 'Minimal Selves', *Identity: the Real Me*, H. K. Bhabha & L. Appignanesi (eds.), London: Institute of Contemporary Arts, 44~6.

● ———— (1997). 'Culture and Power: interview with Stuart Hall', 28; Procter, 2004: 2에서 재인용.

● Harvey, D. (1982). *The Limits to Capital*, Oxford: Blackwell.

● ———— (1984). 'On the History and Present Condition of Geography: An Historical Materialist Manifesto', *The Professional Geographer*, 36:1, 1~11.

● ———— (1989). *The Condition of Postmodernity: An Enquiry into the Origin of Cultural Change*, Oxford: Blackwell[하비, 데이비드(1994). 『포스트모더니티의 조건』, 구동회·박영민 옮김, 한울].

● ———— (2000). *Spaces of Hope*, Edinburgh: Edinburgh University Press[하비, 데이비드(2001). 『희망의 공간』, 최병두 외 옮김, 한울].

● ———— (2001). *Spaces of Capital: Towards a Critical Geography*, New York: Routledge.

● Heidegger, M. (1971). 'Building Dwelling Thinking', *Poetry, Language, Thought*, A. Hofstadter (tr.), Perennial Classics edition (2001), New York: HarperCollins, 143~59.

● Hinchliffe, S. (2005). 'Nature/Culture', *Cultural Geography: A Critical Dictionary of Key Concepts*, D. Atkinson, *et al.* (eds.), London & New York: I.B. Tauris, 194~9[스티브 힌치리프(2011). 『자연/문화·Nature/Culture』, 이영민 옮김, 『현대 문화지리학: 주요개념의 비판적 이해』, 앳킨슨, 데이비드 외 엮고 지음, 이영민 외 옮김, 논형, 353~62].

● Jackson, P. (2000). 'Rematerializing social and cultural geography', *Social & Cultural Geography*, 1:1, 9~14.

● James, I. (2007). *Paul Virilio*, London & New York: Routledge[제임스, 이안(2013). 『속도의 사상가 폴 비릴리오』, 홍영경 옮김, 앨피].

● Jameson, F. (1991). *Postmodernism, or, The Cultural Logic of Late Capitalism*, Durham: Duke University Press.

● Kirsch, S. (2009). 'Historical-geographical materialism', *International Encyclopedia of Human Geography* Vol. 5, N. Thrift & R. Kitchin (eds.), London: Elsevier, 163~8.

● ———— (2012). 'Cultural geography I: Materialist turns', *Progress in Human Geography*, 37:3, 433~41.

● Krier, L. (1987). 'Tradition-modernity-modernism', *Architectural Design*, 57, 8~43: http://zakuski.utsa.edu/krier/tradition.html (텍사스 대학 샌안토니오).

● Leach, N. (2000) 'Virilio and Architecture', *Paul Virilio: Theorist for an Accelerated Culture*, S. Redhead (ed.), London: SAGE, 71~84.

● Lefebvre, H. (1969). *The Explosion: Marxism and the French Upheaval*, A. Ehrenfeld (tr.), New York: Modern Reader.

● ———— (1970). *La révolution urbaine*, Paris: Gallimard.

● ———— (1991). *The Production of Space*, D. Nicholson~Smith (tr.), Oxford: Blackwell[르페브르, 앙리(2011). 『공간의 생산』, 양영란 옮김, 에코리브르].

● ———— (2001a). *Du rural à l'urbain* (3e éd.), Paris: Anthropos.

● ———— (2001b). *La fin de l'histoire* (2e éd.), Paris: Anthropos.

- Logan, J. R. & Molotch, H. (1987). *Urban Fortunes: The Political Economy of Place*, Berkeley: University of California Press.
- Mitchell. D. (2000). *Cultural Geography: A Critical Introduction*, Oxford: Blackwell[미첼, 돈(2011). 『문화정치 문화전쟁: 비판적 문화지리학』, 류제헌 외 옮김, 살림].
- Mitchell. D. & Breitbach, C (2011). 'Raymond Williams', *Key Thinkers on Space and Place* (2nd ed.), P. Hubbard & R. Kitchin (eds.), London: SAGE, 469~476.
- Mitchell, K. (2005). 'Hybridity', *Cultural Geography: A Critical Dictionary of Key Concepts*, D. Atkinson, *et al.* (eds.), London & New York: I.B. Tauris, 188~193[미첼, 캐서린(2011). 「혼성성 · Hybridity」, 박경환 옮김, 『현대 문화지리학: 주요개념의 비판적 이해』, 앳킨슨, 데이비드 외 엮고 지음, 이영민 외 옮김, 논형, 343~52].
- Olin, M. (2002). 'Touching Photographs: Roland Barthes's "Mistaken" Identification', *Representations*, 80, 99~118.
- Procter, J. (2004). *Stuart Hall*, London & New York: Routledge[프록터, 제임스(2006). 『지금 스튜어트 홀』, 손유경 옮김, 앨피].
- Shields, R. (2011), 'Henry Lefebvre', *Key Thinkers on Space and Place* (2nd ed.), P. Hubbard & R. Kitchin (eds.), London: SAGE, 279~85.
- Stone, C. N. (2006). 'Power, Reform, and Urban Regime Analysis', *City & Community*, 5:1, 23~38.
- Strinati, D. (2004) *An Introduction to Theories of Popular Culture* (2nd ed.), London & New York: Routledge.
- Sturken, M. & Cartwright, L. (2009). *Practices of Looking: An Introduction to Visual Culture* (2nd ed), New York & Oxford: Oxford University Press.
- Tuan, Yi~Fu (1977). *Space and Place: The Perspective of Experience*, Minneapolis: University of Minnesota Press[투안, 이-푸(2007). 『공간과 장소』 개정판, 구동회 · 심승희 옮김, 대윤].
- Uggla, Y. (2010). 'Risk, Uncertainty, and Spatial Distinction: A Study of Urban Planning in Stockholm', *Theoretical and Empirical Researches in Urban Management*, 6:15, 48~59.
- Virilio, P. (1991). *The Lost Dimension*, D. Moshenberg (tr.), New York: Semiotext(e), 102; James, 2007, 31; 54에서 재인용.
- ——— (1995). *The Art of the Motor*, J. Rose (tr.), Minneapolis: University of Minnesota Press, 141; James, 2007: 12에서 재인용.
- ——— (1998). 'The Overexposed City', *Architecture Theory since* 1968, K. M. Hays (ed.), Columbia Books of Architecture, First MIT Press paperback edition (2000), Cambridge & London, MIT Press, 540~550. [비릴리오, 폴(2003), 「과잉 노출의 도시」, 『1968년 이후의 건축이론』, 봉일범 옮김, Spacetime·시공문화사, 722~35].
- ——— (2005). *Negative Horizon*, M. Degener (tr.), London: Continuum, 30; James, 2007: 15에서 재인용.
- Wegner, P. E. (2002). 'Spatial Criticism: Critical Geography', *Introducing Criticism at the 21st Century*, J. Wolfreys (ed.), Edinburgh: Edinburgh University Press, 179~201.
- Williams, R. (1980). *Culture and Materialism*, London: Verso.

● 강혁(2008). 「근대화의 충격과 이 땅에서의 거주와 건립」, 『인문학논총』, 제13집 1호, 경성대학교 인문과학연구소, 197~211.

● ── (2009). 「해운대 별곡」, 『오늘의 문예비평』, 75호, 161~76.

● 고병권(2001). 「역자서문」, 『데모크리토스와 에피쿠로스 자연철학의 차이』, 고병권 옮김, 그린비, 5~9.

● 김덕현(2000). 「발전주의 지역개발론과 지역불균등발전론」, 『공간의 정치경제학: 현대 도시 및 지역 연구』, 한국공간환경학회 엮음, 175~91.

● 김민수(2010). 「한국 도시 이미지와 정체성」, 『도시 공간의 이미지와 상상력』, 서울시립대학교 도시인문학연구소 엮음, 메이데이, 19~41.

● 김상환(2002). 『니체, 프로이트, 맑스 이후: 현대 프랑스 철학의 쟁점』, 창비.

● 김석준(2009). 「부산지역 계급 구조 연구 ─ 2000년대를 중심으로」, 『한국민족문화』, 35, 275~314.

● 더글라스, 마이크(2011). 「동아시아 지역내 지구화되는 도시와 경계초월 도시 네트워크: 부산~후쿠오카 "공동생활구역(common living sphere)" 사례 연구」, 『도시 인문학 연구』, 제3권 2호, 9~54.

● 들뢰즈, 질(2007). 「루크레티우스와 자연주의」, 『들뢰즈가 만든 철학사: 생성과 창조의 철학사』, 박정태 엮고 옮김, 이학사, 55~81.

● ────── (2003). 『푸코』, 허경 옮김, 동문선.

● 로사우, 율리아(2010). 「'틈새 생각하기' 현대 공간 논의에 대한 문화지형학적 단평」, 『토폴로지』, 슈테판 귄첼 엮음, 이기흥 옮김, 에코리브르, 65~81.

● 마르크스, 칼 (2001). 『데모크리토스와 에피쿠로스 자연철학의 차이』, 고병권 옮김, 그린비.

● ────── (2006). 『경제학-철학 수고』, 강유원 옮김, 이론과 실천.

● 마르크스, 칼·엥겔스, 프리드리히(1988). 「공산당선언」, 『마르크스·엥겔스 저작선』, 김재기 엮고 옮김, 거름, 35~90.

● ────────── (1992). 「독일 이데올로기」, 최인호 옮김, 『칼 맑스 프리드리히 엥겔스 저작 선집 1』, 김세균 감수, 박종철 출판사, 191~264.

● 마르크스, 칼(1988). 『정치경제학 비판을 위하여』, 김호균 옮김, 중원문화.

● 메를로-퐁티, 모리스(2002). 『지각의 현상학』, 류의근 옮김, 문학과 지성사.

● 박배균(2010). 「한국에서 토건국가 출현의 배경: 정치적 영역화가 토건지향성에 미친 영향에 대한 시론적 연구」, 『글로벌폴리스의 양가성과 도시인문학의 모색』, 서울시립대학교 도시인문학연구소 엮음, 271~313.

● 박훈하(2009). 『나는 도시에 산다』(개정판), 비온후.

● 배영달(2009). 『보드리야르의 아이러니』, 동문선.

● 보드리야르, 장 (2001). 『불가능한 교환』, 배영달 옮김, 울력.

● ────── (2002). 『유혹에 대하여』, 배영달 옮김, 백의.

● ────── (2011). 『사물의 체계』, 배영달 옮김, 지식을만드는지식.

● 비릴리오, 폴(2004). 『속도와 정치』, 이재원 옮김, 그린비.

● ────── (2006). 『탈출속도』, 배영달 옮김, 경성대학교 출판부.

● ────── (2007). 『동력의 기술』, 배영달 옮김, 경성대학교 출판부.

● 슈카, 제임스 야쿱(2013). 『퍼스기호학의 이해』, 이윤희 옮김, 한국외국어대학교 출판부.

● 안소영(2008). 「일본 국회의사록을 통해서 본 한일국교정상화 교섭과정에 관한 연구 ─ 교섭의제의 전환과 그 의미를 중심으로」, 『동북아역사논총』, 22호, 143~84.

● 알튀세, 루이(1991). 「이데올로기와 이데올로기적 국가장치 ─ 연구를 위한 노트」, 『아미엥에서의 주장』, 김동수 옮김, 솔, 75~130.

● 윤일성(2012). 「부산시 대규모 난개발에 대한 비판적 접근 ─ 토건주의적 성장연합의 개혁을 위하여」, 『한국민족문화』, 42, 205~39.

● 이미정(2007). 「바르트, 롤랑의 사진이미지론에 관한 연구」, 경성대학교 대학원 철학과 석사논문.

● 이성훈(2006). 「스타일, 패션, 육체」, 『대중문화를 통해 문화 들여다보기』, 부산발전연구원 부산학연구센터, 115~38.

● ──── (2012). 「인문학과 그 위기, 그리고 문화연구」, 『오늘의 문예비평』 봄 호, 139~57.

● 정두순(2012). 「발레리나의 시뮬라크르, 그리고 발레의 음모 ─ 보드리야르 이론의 적용과 확장」, 『인문학논총』 제29집, 경성대학교 인문과학연구소, 165~203.

● 최병두(2012). 『자본의 도시: 신자유주의적 도시화와 도시정책』, 한울아카데미.

● 하비, 데이비드(2011). 「하비, 데이비드의 맑스 『자본』 강의」, 강신준 옮김, 창비; Marx Engels Werke, 603~4.

● 한영숙(2013). 「마을만들기와 스토리텔링」, 『문화정책과 스토리텔링』, 제7회 경성대학교 문화발전연구소 학술대회 발표 논문집(2013. 10. 28), 경성대학교 문화발전연구소, 14~20.

기관 자료

● 구자균(2007). 「광안대교 프로젝트」, 『메가프로젝트와 오늘의 부산』, 부산발전연구원 부산학연구센터, 119~39.

● 국가기록원, 「국토의 대동맥 경부고속도로 건설」, http://theme.archives.go.kr/next/gyeongbu/roadStatist ics02.do.

● 국가통계포털, 「국토의 대동맥 경부고속도로 건설」; 「직할시 설치에 관한 법률」; 「1970년 부산 총 인구수」, http://kosis.kr/.

● 경성대학교 문화발전연구소(2013). 「주민공동체, 반송 사람 이야기」, 『마이너리티, 또 다른 부산의 힘』, 부산발전연구원, 부산학연구센터, 60~71.

● 기획재정부(2013). 『2012 경제발전경험모듈화사업: 고속도로 건설 및 운영』, 정부간행물번호 11-7003625-000051-01.

● 낙동문화원, 「역사」, http://nakdong.kccf.or.kr/home/main/history.php?menuinfo_code=history.

● 박진근(2009). 『한국 역대정권의 주요 경제정책』, 한국경제연구원.

● 부산경제정의실천시민연합(2003). 「구덕터널 징수기간 연장에 따른 부산경실련 성명」, http://www.we21.or.kr/bbs/board.php?bo_table=bbs_2_2&wr_id=21&sfl=&stx=&sst=wr_hit&sod=desc&sop=and&page=1.

● ─────── (2008). 「통행료 1,423억 원 거둬들이고도 343억이던 투자 잔액이 420억으로 늘어나」, http://www.we21.or.kr/bbs/board.php?bo_table=bbs_2_1&wr_id=9&sfl=&stx=&sst=wr _hit&sod=desc&sop=and&page=1 등록일자 불명(접속일자 2013년 12월 28일).

● 부산광역시(1997). 『부산지명총람』 제3권 — 남구·북구·해운대구편, 부산광역시사편찬위원회, 행정간행물등록번호 2100-86100-86-9503.

● ─────── (2013). 『2012 시정백서』, 발간등록번호 52-6260000-000180-10.

● 부산광역시 투자프로젝트, 「부산과학지방산업단지」, http://www.investkorea.org/.

● 부산직할시(1991). 『부산시사 제3권』.

● 부산직할시·대림산업(1988). 『제2만덕 TUNNEL 건설지』, 31; 「제2만덕터널」, 『위키백과』에서 재인용.

● 부산경제통계포털, 「부산광역시 구군별 지역내 총생산(2005~2010)」, http://becos.kr/.

● 신대구부산고속도로주식회사, 「회사개요」, http://www.dbeway.co.kr/.

● 우석봉(2011). 「부산 MICE 산업 급속 성장」, 『부산발전포럼』, 제132호, 부산발전연구원, 19~20.

● 주수현·서혜성·이기영(2009). 「부산지역 제조업의 산업구조 및 성장기여도 분석」 미래경제 기획연구 2009-01, 부산발전연구원 미래경제연구센터.

● 최치국(2010). 「BDI 시론 — 세계 도시들 속도 혁명: 세계 도시들은 속도 혁명으로 MCR〈Megecity Region〉 형성 중」, 『부산발전포럼』, 4~9.

● 황영우(2013). 「특집 2 부산의 도시개발사: 무계획·불균형적 도시 문제 창조적으로 바꿔나가는 과정」, 『부산발전포럼』, 9~10호, 부산발전연구원, 24~33.

신문기사와 칼럼

● 권이상(2012). 「부산 대신동의 부활 … '주거1번지' 명성 되찾는다」, 「중앙일보」, 조인스랜드부동산,
http://news.joinsland.com/total/view.asp?pno=101542.

● 김상환·보드리야르, 장(2005). 「〈지성대담〉佛석학 장 보드리야르 - 김상환 교수」, 「한국일보」,
http://news.hankooki.com/lpage/life/200505/h2005052617284823400.htm;
佛포스트모더니즘 이론가 장 보드리야르 내한 회견
http://m.blog.daum.net/_blog/_m/articleView.do?blogid=04WaW&articleno=2282316.

● 김정현(2011). 「부산 과정교·해운대방면 접속도로 개통: 총 679억8500만원 투자…1797m 건설」, 「건설타임즈」,
http://www.constimes.co.kr/news/articleView.html?idxno=45725.

● 김종열(2005). 「구덕·제2만덕터널 내달 1일부터 무료 개방」, 「부산일보」, 2005년 6월 28일 12면,
http://news20.busan.com/controller/newsController.jsp?sectionId=1010010000&subSectionId=1010010000
&newsId=20050628000047.

● 신동명(2005), 「부산 구덕·제 2만덕터널 통행료 폐지」, 「한겨레신문」,
http://www.hani.co.kr/arti/society/area/46081.html.

● 유진오(1980). 「항도의 새 명물로 등장한 부산 도시고속도로 전경」, 「경향신문」, 1980년 10월 8일 6면.

● 이상봉(2013a). 「역설의 공간~부산 근현대의 장소성 탐구 〈8〉 사상공단 국제상상」, 「국제신문」, 2013년 8월 20일 21면,
http://www.kookje.co.kr/news2011/asp/newsbody.asp?code=0500&key=20130821.22021194339.

● ―――― (2013b). 「역설의 공간~부산 근현대의 장소성 탐구 〈19〉 부산항의 얼굴 북항」, 「국제신문」,
2013년 12월 10일 20면, http://www.kookje.co.kr/news2011/asp/newsbody.asp?code=0500&key=
20131211.22020190955.

● 이상헌(2012). 「사진으로 만나는 56년 전 부산 … 천지개벽 광안리 같은 장소 맞아?」, 「부산일보」,
http://news20.busan.com/controller/newsController.jsp?newsId=20100712000238.

● 이승륜(2013). 「부산 남구, 용호만매립지 주상복합 건축 허가」, 「국제신문」, 2013년 6월 28일 6면,
http://www.kookje.co.kr/news2011/asp/newsbody.asp?code=0300&key=20130629.22006230314.

● 이재인(1973). 「영·호남 새길 천리(완)」, 「경향신문」, 1973년 11월 16일 6면.

● 정대하·최상원(2014). 「세금먹는 '광주 맥쿼리 도로' 2년 다툼 항소심도 광주시 손들어줬다」, 「한겨레신문」,
2014년 1월 10일 6면, http://www.hani.co.kr/arti/society/area/619162.html.

● 중(重)(1970). 「뉴·코리아④: 하이·웨이〈고속도로〉」, 「매일경제신문」, 1970년 6월 18일 1면.

● 「내년초 착공」, 「매일경제신문」, 1969년 10월 27일, 2면.

● 「시채발행재원확보 고가도로건설위해」, 「매일경제신문」, 1969년 2월 8일, 2면.

● 「원동교 확장공사 준공」, 「연합뉴스」, http://news.naver.com/main/read.nhn?mode=LSD&mid=sec&sid1=
102&oid=001&aid=0003461059.

블로그와 카페

● 부산시 공식블로그, 「갈맷길 700리⑧ 상현마을~민락교」, http://blog.busan.go.kr/2446.

● 산지니출판사, 「못사는 동네 반송에서 희망세상으로」, 지역에서 책 만드는 이야기, http://sanzinibook.tistory.com/27.

● 「마린시티 내 치안시설 신설의 건」(마린시티 입대연 제2012-09호),
http://blog.naver.com/jjh8442896/60177283451.

● 「소달구지·점쟁이 … '그땐 그랬지' 천지개벽 광안리 같은 장소 맞아?」, http://blog.daum.net/jhr2580/420.

● 「운촌사람들」, http://cafe.daum.net/unchonio/.

● 「인천을 알면 역사가 보인다. 우리나라 최초 자동차 생산지 — 부평과 자동차산업」,
http://inchon.edukor.org/i_7/n7_1.htm.

● 「2012년 한국 광역 지자체별 승용차 보유대수와 자동차 세수」, http://blog.naver.com/esuccess/40195529763.

방송물

● Saunders, A. Carmen, T. & Tauber, J. (2008). 'Merleau-Ponty and the Lived Body', *Philosopher's Zone*,
호주 ABC 방송 라디오 프로그램 웹사이트, 방송일자: 2008년 12월 13일,
http://www.abc.net.au/radionational/programs/philosopherszone/merleau~ponty~and~the~lived~body
/3165890.

● 「단지 이름 바꿨더니 아파트값 3천만 원 올라」, RTN 부동산·경제 뉴스, 방송일자: 2013년 8월 1일,
http://www.rtn.co.kr/user/news/new_tv_news_r_2012.jsp?rno=0000000005570.

그 밖의 자료

● '1965년 한일협정 체결에 관한 내용' 가운데, http://ask.nate.com/qna/view.html?n=5724454.

● 「신진자동차공업」, 「위키백과」.

● 「장산로」, 「위키백과」.

● 「제2만덕터널」, 「위키백과」.

터널
과 다리
의
도시
부산